党 斌 —— 著

民族·盟约·边界·战争

陕西出土
宋代墓志辑释

社会科学文献出版社
SOCIAL SCIENCES ACADEMIC PRESS (CHINA)

凡 例

一、本书收录今陕西省境内出土宋代墓志资料，包括墓志、买地券等。所收墓志据葬期，时限为北宋建立（960）至南宋灭亡（1279）。

二、本书收录墓志依志主卒期排序，卒期不明者以葬期为准。

三、本书收录各篇墓志前，均有对墓志基本信息、志主生平事迹、墓志著录情况等相关问题的说明，以供读者查阅。

四、本书收录墓志之释文采用新式标点断句，以通用规范简体字录文。人名、地名等部分专有名词仍保留墓志原字。志文中出现的衍字、错字、假借字等保留原貌。残缺或漫漶无法辨识的志文以"□"填充；阙文不可数者，以"☒"标识。志文模糊不清者，在释读文字外加方框存疑。

五、志文误字后以"〔 〕"标注正字；脱文以"（ ）"标识；衍文以"〔 〕"标识。存疑处在脚注中说明。

目　录

绪　论 // 1

姚希冲墓志 // 18

康成此墓志 // 21

吕继旻墓志 // 25

何公墓志 // 28

雷有邻墓志 // 32

刘慎微墓志 // 35

郭朝威墓志 // 39

龚德方墓志 // 42

雷孝孙墓志 // 44

李若拙墓志 // 47

吕通墓志 // 53

雷有终墓志 // 58

谭元吉玄堂志 // 66

王汉妻张氏墓志 // 68

邓珣墓志 // 71

刘孟坚墓志 // 73

杨怀忠墓志 // 77

卢士隆墓志 // 80

淳于广墓志 // 82

吕通妻张氏墓志 // 87

侯莫义墓志 // 89

吕大忠妻姚氏墓志 // 91

侯訢妻孙氏墓志 // 93

吕大防母方氏墓志 // 95

马端墓志 // 97

刘诜墓志 // 100

吕英墓志 // 102

潘龟符妻严氏墓志 // 105

药昭纬墓志 // 107

苏昕夫人张氏墓志 // 109

吕大钧妻马氏墓志 // 111

苏通墓志 // 113

刘胜墓志 // 115

苏昕墓志 // 118

程希道墓志 // 120

侯訢墓志 // 122

宋寿昌妻师氏墓志 // 125

李义太父墓志 // 127

宋寿昌墓志 // 129

吕大受墓志 // 132

孙胜墓券 // 134

王扬庭妻梁氏墓志 // 136

刘玘墓志 // 138

吕大章墓志 // 140

苏通夫人王氏墓志 // 142

王奕墓志 // 144

王奕妻范氏墓志 // 149

吕大雅子兴伯墓志 // 152

吕大观墓志 // 153

折惟忠妻李氏墓志 // 155

吕大防下殇岷老墓志 // 158

任台买地券 // 159

吕大圭妻张氏墓志 // 161

吕大雅子郑十七墓志 // 162

吕蕡墓志 // 163

吕大钧庶母马氏墓志 // 167

张喜墓志 // 169

刘绛墓志 // 171

于君家族改葬墓志 // 174

张守节墓志 // 176

韩应墓志 // 179

元迅墓志 // 182

程枢墓志 // 184

李邦直墓志 // 186

温若愚墓志 // 188

宗延英墓志 // 189

吕大雅妻贾氏墓志 // 191

吕大忠子汴墓志 // 193

李宗师墓志 // 194

成法师塔志铭 // 198

郭子彦墓志 // 200

吕义山子麟墓志 // 203

杨遇墓志 // 204

郭迈墓志 // 205

宋寿昌妻张氏墓志 // 208

安觌妻胡氏墓志 // 211

王夫人墓志 // 213

韩介卿墓志 // 215

封志安墓志 // 217

刘玘妻水丘氏墓志 // 219

王知常墓志 // 222

张清墓志 // 224

武梦龄墓志 // 225

吕英妻王氏墓志 // 228

刘奕墓志 // 231

罗直温墓志 // 234

孙昭谏妻范氏墓志 // 238

刘全淑墓志 // 241

李夫人墓志 // 243

吕大忠妻樊氏墓志 // 244

刘宗墓志 // 247

刘伯庄妻陈婉墓志 // 249

游师雄墓志 // 251

吕大忠墓志 // 259

刘伯庄墓志 // 261

孙昭谏墓志 // 263

韩公才暨妻郭氏墓志 // 266

吕锡山女文娘墓志 // 267

潘龟符妻阴氏墓志 // 268

吕锡山妻侯氏墓志 // 271

刘奕妻张氏墓志 // 274

潘龟符墓志 // 277

吕景山女吕嫣墓志 // 280

吕大雅墓志 // 282

吕锡山妻齐氏墓志 // 285

赵谌墓志 // 287

柴炳墓志 // 291

贾公墓志 // 293

张延迈夫人雷氏墓志 // 295

阎噩墓志 // 297

吕大钧妻种氏墓志 // 299

刘伯通妻梁珣墓志 // 302

吕大圭墓志 // 303

傅铎墓志 // 307

王延年墓志 // 309

张延迈墓志 // 312

周谔墓志 // 315

何怀保买地券 // 318

李潮妻贺氏墓志 // 319

柴炳妻茹氏墓志 // 321

王熙墓志 // 323

折彦文妻曹氏墓志 // 325

王达夫墓志 // 327

折可存墓志 // 329

安觌墓志 // 331

闰公塔铭 // 333

党明买地券 // 334

罗再昌买地券 // 336

武元正墓志 // 337

党十三郎墓志 // 339

雷时泰墓志 // 340

杨从仪墓志 // 343

杨大勋墓志 // 351

滑璋买地券 // 353

周伦墓志 // 355

刘宗道父买地券 // 358

张祖德墓志 // 360

郄震买地券 // 363

辨正大师塔铭 // 364

释迦如来真身舍利棺铭 // 366

唐宁父母买地券 // 368

吴忠嗣墓志 // 370

王仁杰妻陈氏墓志 // 374

阿来村买地券 // 376

李居柔买地券 // 378

了然子同尊师墓志 // 379

段继荣墓志 // 382

韩瑞墓志 // 385

参考文献 // 388

后　记 // 393

绪 论

墓志是石刻文献的重要类型之一，它刊载墓主姓名、籍贯、家族世系、生平事迹和悼念性的铭辞，具有较高的史料价值。20世纪后半期，伴随着各类基础设施工程建设和考古事业的飞速发展，大量墓志得以出土，对于推进史学、文学、宗教等相关领域的研究具有重要意义和价值。

目前，国内外关于中国古代墓志的整理和研究成果有两方面特点：一是时间上侧重于年代较早的北朝、隋、唐时期，虽也有学者对年代相对较晚的宋、元、明、清时期墓志展开研究，但成果相对较少，关注点比较分散；二是内容上侧重于对涉及历史上重要人物或重要事件的墓志进行相关讨论，对志主未见于正史记载的墓志，关注和研究则相对较少。

陕西是中华民族和中华文明的重要发祥地，周、秦、汉、唐等中国古代历史上最辉煌的朝代均建都于此，传世历代文物资源相当丰富，在全国首屈一指。陕西现存古代墓志资源十分可观，20世纪中期以来陆续出土和发现的唐代墓志是陕西古代墓志之大宗，也是国内外学术界持续关注的重要出土文献资料，相关的大型墓志文献整理成果和专题性研究论著颇丰。与之形成鲜明对比的是，尽管有单篇研究性论文发表，但关于陕西出土宋代墓志的综合性文献整理工作较为滞后，这一点严重限制了相关研究的深入开展。

一

陕西宋代墓志未能受到学术界的充分关注，与墓志自身发展演变的规律以及陕西在唐代以后的国家政治、经济、军事、文化领域的地位变化密切相关。

关于墓志的出现和起源问题，众说纷纭，尽管已有多位学者进行了考察和论述，① 但关于此问题学界尚无定论。毛远明指出，墓志的形成应当经历了从"志墓"到"墓志"的长期发展和演变，汉代刑徒砖为其滥觞，而未成定制却已有其实的墓志当产生在东汉，定制墓志的出现至迟不会晚于晋代。② 顾春军在综合考察前人研究的基础上，认为"把墓志出现时间定为东汉初期，既符合历史事实，也符合历史发展规律"。③ 经过北朝、隋代几百年的不断发展演变，墓志在形制尺寸、撰文书体、文本内容等方面趋于定型，在唐代进入鼎盛时期。宋代以来，作为出土文献重要类型的墓志逐渐衰微，同时由于雕版印刷技术的广泛应用，大量文人撰写的行状、墓志等文本内容通过各类典籍流传至今。这也是学界对宋代墓志重视程度远远低于前代墓志的重要原因之一。

北宋建国后以开封为都城，靖康之变后都城再迁杭州。国都向东南迁移，使得地处西北地区的陕西作为国家政治、经济、军事、文化中心的地位逐渐弱化。秦晖指出，中国古史学界的"断代史"研究特别发达，而每个地方又多以当地历史上最辉煌的"断代"（建都于此就是一个标志）为研究重点。国都东迁、王气黯然的五代以后，似乎成了陕西史家的"鸡肋"。与汉唐相比，陕西的宋元断代研究是较为薄弱的。④ 辉煌的唐代文化和丰富的

---

① 赵超认为墓葬中具有相对固定的外形形制和陈设位置的专门用于标志墓主身份的石刻才能称为墓志。除赵超的意见外，关于墓志起源问题的讨论主要有：熊基权《墓志起源新说》，《文物春秋》1994年第1期；吴炜《墓志铭起源初探》，《东南文化》1999年第3期；赖非《有关墓志起源问题的辨析》，《中国书法》2001年第10期；李永明《中国古代墓志铭的源流》，《山东图书馆季刊》2003年第1期；程章灿《墓志文体起源新论》，《学术研究》2005年第6期；朱智武《中国古代墓志起源新论》，《安徽史学》2008年第3期；孟国栋《墓志的起源与墓志文体的成立》，《浙江大学学报》2013年第5期；顾涛《墓志源流考辨》，《湖北社会科学》2013年第7期；顾春军《墓志源流考论》，《民俗研究》2015年第6期。日本学者窪添庆文《墓志的起源及其定型化》（《中国魏晋南北朝史学会第九届年会论文集》，2007）、室山留美子《试论北魏墓志史料的特性》（《第五届中国中古史青年学者国际会议论文集》，2011）、梶山智史《北魏における墓誌銘の出現》（《骏台史学》第157号，2016）等亦曾论及此问题。
② 毛远明：《碑刻文献学通论》，北京：中华书局，2009，第108、111页。
③ 顾春军：《墓志源流考论》，《民俗研究》2015年第6期，第75页。
④ 秦晖：《宋元明陕西史》，太原：山西人民出版社，2020，序言，第1~2页。

唐代墓志，在吸引大量学者关注的同时，也在一定程度上限制了国内关于出土宋代墓志的整理和研究，陕西尤是如此。

国内出土宋代墓志约有数百种，数量远不及唐代墓志。赵超指出："当时（2001年左右）已发表的新出土宋代墓志近三百件，就其分布情况来看，在中原的各个省市都有所发现，其中出土墓志数量较多的主要有河南、江西、陕西、江苏与浙江等地。……宋代社会使用墓志的人物主要是官员、贵族与士人等社会中上层人士，这些人士多聚居在政治中心与经济较发达的地区，而河南、江苏、浙江、江西等地在当时正属于这样的地区。"[①] 不可否认，陕西出土宋代墓志与唐代墓志在数量上有天壤之别，但正如赵先生提到的，陕西虽不是宋代的"政治中心与经济较发达的地区"，却仍然是国内宋代墓志的集中发现地之一。

根据《中国文物地图集·陕西分册》《陕西省志·文物志》《陕西省第三次全国文物普查丛书》和部分期刊，结合实地调研考察获得的各种资料，近年来陕西境内陆续发掘和清理的规模不等的宋代墓葬约有200座，以规模较小的砖室墓为主，亦存在一定数量的结构更为简单的竖穴土坑墓，墓葬等级和规格相对较低。随葬品数量较少，以各类瓷器和钱币为主。这一方面与宋代流行节葬观念有一定关系，另一方面则从侧面反映出宋代瓷器制造业和商品货币的发展状况。目前陕西发现的宋代墓葬，大多有墓志出土，总数近150种。郭茂育、刘继保编著的《宋代墓志辑释》是目前收录国内宋代墓志最多的著作，所收226种宋代墓志中，以河南境内出土者最多，陕西出土者有20余种。这与陕西实际出土宋代墓志在数量上有较大的差距。

唐代以后，尽管国家的经济中心和政治中心一度向东南迁移，但陕西作为西北重镇的特殊地理区位优势，使其在国家政权的稳固、西部边疆的控驭、民族融合和发展等方面，均发挥着不可替代的重要作用。从文本内容来看，陕西出土宋代墓志与民族、盟约、边界、战争这四个关键词密不可分，涉及统一多民族国家的社会历史演进、通过盟约实现的和平交往和互动、古

---

① 郭茂育、刘继保编著《宋代墓志辑释》，郑州：中州古籍出版社，2016，序，第2页。

代行政区划制度的发展变革,以及历史时期不同民族政权之间的战事等多方面内容,是研究宋代陕西社会、历史、文化的重要文献资料。

二

陕西是统一多民族国家发展过程中各民族不断交往融合的重要区域。

先秦两汉时期是我国统一多民族中央集权国家逐渐形成和发展的重要阶段,数百年间,北方游牧民族与中原农耕民族在封贡、争战、和亲、交往的过程中,共同推动了华夏民族和中华文明的发展和演进。秦汉时期,乌桓、鲜卑、匈奴、月氏、诸氐、诸羌、东胡、夫余、朝鲜、南越等诸族首领的朝觐、质子的入侍、使臣的往来、封赐的传达、土贡的进献、商人的贸易等,均集中于国都长安,以长安为中心的陕西因此成为各民族经济、文化往来交流的核心区域。

魏晋南北朝时期,各民族在长期迁徙、交错杂居、往来交流的过程中不断融合同化。在诸多游牧民族不断内迁的基础上,各民族之间的风俗习惯和思想文化发生了激烈的碰撞,在冲突、分解、消化、吸收的循环往复中,陕西境内的民族融合在深度和广度上均远超秦汉时期。

隋唐时期,伴随着分裂割据局面的结束,统一中央集权再度得到巩固和强化。陕西作为国都所在区域,成为诸民族交流融合的中心。官方"华夷如一"的开明民族观念和民族政策极大地推动了各民族之间的往来和交流,为民族融合发展注入了强劲的动力。

经历唐末五代割据势力长期争战之后,两宋时期,伴随着中央集权的弱化,国都向东南迁移,宋人与党项、女真、契丹等不同民族建立的政权在陕争夺、冲突、往来、交流,民族融合发展呈现出不同于隋唐时期的新态势。党项族李继迁、李德明、李元昊祖孙三代统治的西夏在陕北与北宋并立,女真族完颜阿骨打建立的金在关中、陕南与南宋长期对峙。此外,在陕北地区还长期活动着突厥、回纥(回鹘)、契丹、吐谷浑等少数民族。陕西出土宋代墓志有大量内容与之相关。

长期活动于陕北的党项拓跋氏，曾割据夏州、绥州、银州、宥州。20世纪90年代出土于榆林市靖边县红墩界乡附近的《康成此墓志》《何公墓志》，志主及其家族成员均长期在时任定难军节度使的党项拓跋氏后裔李彝昌、李仁福、李彝超、李彝殷麾下任职。结合相关文献记载，党项族首领拓跋思恭因功得赐"李"姓，其家族后裔遂以之为姓，自唐末历五代至宋初数十年间，雄踞夏州。北宋建立之初，曾授定难军节度使李彝兴太尉之衔，而李彝兴亦入贡以示臣服。

党项折氏家族自唐代中期即活动于陕北地区，雄踞府州、麟州，今陕西省榆林市府谷县境内已发现和出土其家族成员的多方碑志，如《折继闵神道碑》《折可存墓志》《折惟忠妻李氏墓志》《折彦文妻曹氏墓志》等。据《折继闵神道碑》记载："折氏自唐末世有麟府之地，初，宗本为唐振武军缘河五镇都知兵马使，其子嗣伦为麟州刺史，孙从阮、从阮子德扆相继据府谷，五代周以为永安军节度，捍蔽戎虏，历世赖之。太祖皇帝建隆二年，德扆朝京师，陈太原可取状，沾赐甚渥，复遣还镇。尔后子孙遂世为知府州事，得用其部曲，食其租入。"[①] 北宋初年对折氏家族势力采取恩宠笼络政策，主要是以其作为对抗北方契丹、北汉之力量。

汉中略阳发现的南宋时期《罗再昌买地券》，全文仅有百余字，采用正、倒相间方式刻写。这样的刻写方式在陕西出土的其他买地券中再未发现，根据相关资料来看，应与当地羌、氐等少数民族风俗有关。而置地入葬并刻买地券则体现了汉族丧葬习俗与少数民族风俗的相互影响和融合。

宋、西夏、金在陕西长期角逐，陕西境内的汉族与党项、突厥、回纥（回鹘）、契丹、吐谷浑、女真、诸氐、诸羌等民族交错杂居，各族文化习俗相互影响、彼此交融。

三

有鉴于唐末五代藩镇割据以及武人专权局面的出现，北宋建国后采用了

---

① 陕西省古籍整理办公室编《榆林碑石》，西安：三秦出版社，2003，第259~260页。

重用文臣、内重外轻的统治政策。在地方行政区划方面，创设了路—府（州、军、监）—县三级政区。具体来说，路以水陆转运使为行政长官，又置安抚使、刑狱使、常平使以分军事、司法和财政之权；府、州主要沿袭唐代旧制，在国都及重要区域的核心城市设置；军沿用五代时期旧制，并逐渐演化为军政合一的地方行政机构；监则主要设置于矿场、牧场、盐场等重要物资区。为进一步控制地方，北宋朝廷常派京师供职官员到州县执行中央政令，其职衔为知府、知州、知县等。同时，在各府州置通判，以牵制地方长官，分化其实权。北宋至道三年（997），将全国划分为15路，即京东路、京西路、河北路、河东路、陕西路、淮南路、江南路、荆湖南路、荆湖北路、两浙路、福建路、西川路、峡西路、广南东路、广南西路。①

宋初设15路中，有"陕西路"之名。《宋史》称："陕西路盖《禹贡》雍、梁、冀、豫四州之域，而雍州全得焉。"② 这也是"陕西"作为正式行政区划名称之始。之后"陕西"历经元、明、清、民国沿用至今，而以关中为核心的陕西地域概念自宋元以后也基本固定下来。

宋代所设陕西路的辖区范围较今陕西省境要大得多，其地西涉汧陇，与羌、戎相接；东至殽函，以潼、陕为界；南达商洛，并连蜀、汉；北抵萧关，以备朔方。主要包括今天的陕西关中和陕北大部分地区，以及甘肃、宁夏、青海、河南等部分区域。陕西路的设置在不同时期多有调整和变更，据《宋史·地理志》记载："庆历元年，分陕西沿边为秦凤、泾原、环庆、鄜延四路。熙宁五年，以熙河洮岷州、通远军为一路，置马步军都总管、经略安抚使。又以熙、河等五州军为一路，通旧鄜延等五路，共三十四州军，后分永兴保安军、

---

① 宋代路一级的设置变化较为复杂，大体上至道三年（997）后，又于咸平四年（1001）分西川路为益州、梓州二路，分峡西路为利州、夔州二路；天禧四年（1020）分江南路为江南东、西二路；熙宁五年（1072）分京西路为南、北二路，分淮南路为东、西二路，分陕西路为永兴军、秦凤二路；之后又分河北路为东、西二路，分京东路为东、西二路；崇宁五年（1106）又将开封府升为京畿路。南宋建立后，设两浙东、两浙西、江南东、江南西、淮南东、淮南西、荆湖南、荆湖北、京西南、成都府、潼川府、夔州、利州、福建、广南东、广南西共16路；嘉定元年（1208），分利州路为东、西二路，增至17路。

② （元）脱脱等：《宋史》卷八七，北京：中华书局，1985，第2170页。

河中、陕府、商解同华耀虢鄜延丹坊环庆邠宁州为永兴军等路，转运使于永兴军、提点刑狱于河中府置司；凤翔府、秦阶陇凤成泾原渭熙河洮岷州、镇戎德顺通远军为秦凤等路，转运使于秦州、提点刑狱于凤翔府置司；仍以永兴、鄜延、环庆、秦凤、泾原、熙河分六路，各置经略、安抚司。"①

伴随着北宋与西夏、南宋与金实力的此消彼长，各地边界区域变化频繁，而陕西在两宋时期则一直是不同政权之间边界争夺的重要地区。

从今天的陕西版图来看，关中以及陕北的大部分地区在北宋建国后即成为其辖地。此外，神木、府谷的大部分地区仍为党项折氏家族控制。据《宋史·折德扆传》记载："（折德扆）建隆二年来朝，待遇有加，遣归镇。"②则神木、府谷两地于建隆二年（961）成为北宋辖地。宋朝统治者一方面沿用后周对折氏家族在地区的策略，厚加赐赉，借助折氏势力管理其地，使其成为西北边境之屏障；另一方面则派遣官员，监视折氏家族举动，逐渐削弱其力量，最终实现对该地区的直接控制。北宋对党项李氏家族控制的榆林、横山、绥德、靖边等地区采取与对待折氏家族治地基本相同的政策。直至太平兴国七年（982），李氏家族成员相继内附，北宋才实现对银、夏、绥、宥等地的控制。陕西北部的府州、麟州、银州、夏州、绥州、宥州等之后成为北宋与西夏争夺最激烈的边界区域。

今陕南地区在北宋初年为后蜀占据，至陕西北部边境相对稳定之后，乾德二年（964），北宋派遣忠武军节度使王全斌征讨后蜀。后蜀军队节节败退，并烧毁栈道退入葭萌关（今四川省广元市昭化区昭化镇），北宋由此确立了对陕南地区的控制。

靖康之变后，宋室南迁，陕北和关中多数地区成为金人辖地，神木、府谷则为西夏占据。宋金之间在陕长期较量，互有胜负，双方均无法控制陕西全境。南宋绍兴十一年（1141），宋金议和并划定两国疆界，东以淮河中流、西以大散关为界，宋割唐、邓二州及商、秦二州之大半予金，形成了南

---

① （元）脱脱等：《宋史》卷八七，第2143页。
② （元）脱脱等：《宋史》卷二五三，第8861页。

北对峙的格局。由此，宋与金在陕西的边界大致以秦岭、大散关为界，秦岭以南多属南宋，秦岭以北大部分地区成为金国辖地。据《金史·地理志》记载："金之壤地封疆……西历葭州①及米脂寨②，出临洮府③、会州、积石之外，④ 与生羌地相错。复自积石诸山之南左折而东，逾洮州，越盐川堡，循渭至大散关北，⑤ 并山入京兆，络商州⑥……而与宋为表里。"⑦ 金国境内的府路中，京兆府、凤翔路、鄜延路、庆原路、河东北路等均与今陕西有关，其辖境虽受政治和军事因素影响，屡有变化，但基本稳定在金皇统二年（1142）前后的状态。

概言之，陕西特殊的地理位置，使其成为北宋与西夏、南宋与金之间军事活动最频繁的边界区域。

四

陕西是宋夏、宋金战争的主要战场，故陕西出土宋代墓志中对于宋、西夏、金边界地区的大规模战役如三川口之战、富平之战、尚原之战等，记载

---

① 金贞元元年（1153），分隶河东路汾州；大定二十年（1180）升为晋宁州，二十四年（1184），又以西城下川名葭芦改为葭州；兴定二年（1218），以河东残破，复改隶延安府。州治在今陕西佳县，辖境包括今陕西佳县、神木、吴堡等地。参见《陕西通志》卷9《建置沿革下》，西安：三秦出版社，2006，第433页。
② 金大定二十二年（1182），置第二将营，属鄜延路绥德州。正大三年（1226），设米脂县。
③ 金皇统二年（1142）改熙州为临洮府，置熙秦路总管府，治狄道县，属临洮路。元、明均沿用。清乾隆三年（1738）移治所于兰州，改称兰州府。
④ 金与西夏均置会州。西夏之会州沿用北朝、隋、唐、宋旧制，辖境包括今甘肃靖远、定西、会宁等地；金朝以侨寄之法管理与西夏交界地区，在靖远西南侨置新会州。积石州属熙秦路，为金大定二十二年（1182）由积石军升置，辖境包括今青海海东、黄南相交的循化、化隆、尖扎、同仁等地。此为金朝辖区的最西端。
⑤ 洮州属临洮路，金天会十二年（1134）为金占据。盐川堡，宋代为盐川寨，金为盐川镇，属巩州。洮州、盐川堡、大散关均为秦岭山脉及其西段延伸区域，为金在今甘肃、陕西地区的南界。
⑥ 商州本属宋代永兴军路，宋金和议后割予金，王如玖《（乾隆）直隶商州志》卷一称："所谓割商、秦之半，以鹡鸰为界者也。"（《中国地方志集成·陕西府县志辑》第30册，南京：凤凰出版社，2007，第24页）金废乾祐为镇，属咸宁，以商州隶京兆府。
⑦ （元）脱脱等：《金史》卷二四，北京：中华书局，1975，第549页。

十分丰富，可与正史文献互相补证。

宝元元年（1038），李元昊建立西夏，北宋对其称帝行为非常不满，遂削夺其赐姓和封爵，终止通使和互市。由此，宋夏边界的军事活动日益频繁，数年之间接连爆发了三川口之战、好水川之战、麟府丰之战、定川寨之战等一系列战役。

《马端墓志》志主曾协助范仲淹镇守延州，志文称："夏戎寇延州，大将战殁，范文正公为帅，辟公贰郡事，兵术民政，动多谘访。时日不暇给，公眠之有余力。及庞丞相至，公建议筑桥子谷寨，以扼贼径。与诸将被坚戮力，以终其役。"此即与北宋在边境地区防御西夏进攻有关，《宋史》亦有相关记载。

《刘胜墓志》提及的"时康定，以西虏用兵之际"，即康定元年（1040）宋与西夏"三川口之战"，又称"延州之战"。据《宋史》记载：康定元年正月，"元昊寇延州，执鄜延、环庆两路副都总管刘平、鄜延副都总管石元孙。诏陕西运使明镐募强壮备边。二月丁亥，以夏守赟为宣徽南院使、陕西马步军都总管、经略安抚使。……释延州、保安军流以下罪，寇所攻掠地除今夏税，戍兵及战死者赐其家缗钱。……丁未，诏陕西量民力，蠲所科刍粮"；五月"癸酉，诏夏守赟进屯鄜州。戊寅，以夏竦为陕西马步军都总管兼招讨使。是月，元昊陷塞门寨，兵马监押王继元死之，又陷安远寨"；六月"甲辰，增置陕西、河北、河东、京东西弓手"；八月"戊申，夏守赟罢，以杜衍同知枢密院事。辛亥，诏范仲淹、葛怀敏领兵驱逐塞门等寨蕃骑出境，仍募弓箭手，给地居之"；九月"元昊寇三川寨，都巡检杨保吉死之；又围师子、定川堡，战士死者五千余人，遂陷乾沟、乾河、赵福三堡"。①

《李宗师墓志》志主曾任延州东路同都巡检使、安定堡寨主、知绥德城等职。关于李宗师协助韩绛、种谔与西夏作战之事，志文记载十分详细："丞相韩公绛宣抚河东、陕西两路，命君副鄜延路将领，与种公谔同进兵讨夏贼，俘获甚众，又破贼众于马护川。及招纳降附，筑啰兀城，以功进官二

---

① （元）脱脱等：《宋史》卷一〇，第206~209页。

等，授文思副使，且俾提举本城兵马。贼以十万众围之，城中兵止三千。君曰：'彼众我寡，强弱异势。彼若知我虚实，则必乘我矣。'于是设奇计，张虚声，开门延敌。贼果疑而不敢逼。围既久，士卒震恐。君虑士气不振，难与共守，乃亲劳吏卒，抚之曰：'国家育汝等，正为今日。若不同心固守，一旦城坏，则首领不保。苟能自奋，则富贵可取。'众皆感激自厉，士气益振。虏知城不可拔，因请和。忽有暴风自南来，尘埃蔽天。虏疑有援兵至，引众遁去。时同筑者七城，皆不能守，独啰兀赖君以完。君在延安，贼犯境者一十九次。君每将兵锋，追奔出寨，骑卒无伤。幕府上功，君居多焉。"

《游师雄墓志》志主是宋代陕西地区一位重要官员。据志文记载，时任提举陕西常平的刘琯欲自延州经安定黑水堡、绥平寨进攻西夏，游师雄认为该路线有伏兵，后经侦查，果然西夏伏精骑数千于黑水堡附近。志云："赵卨帅延安，以公权管句机宜文字。夏人将扰边，时鄜延之兵与战具悉为保安、啰兀二将所分据，自延州龙安以北诸寨无屯备，卨患之。公为谋，发义勇以守，且聚石于城上以待寇。夏人闻其有备，乃引兵入麟州，袭荒堆、三泉而归。韩康公尝遣公按视啰兀城、抚宁和市。公言啰兀无井泉，抚宁在平川，皆不可守。康公然之。未几，抚宁果陷贼中，啰兀终弃而不用。"《游师雄墓志》关于上述战事的记载较《宋史》要详细许多，可补正史之阙。

关于导致北宋灭亡的靖康之变，《张祖德墓志》详细记载了其祖父张存参与劝谏宋室南迁之事。志称："当靖康丙午，金虏犯顺，京城失守，二圣北狩，神器久虚。明年夏四月，高宗皇帝以天下兵马大元帅，师次济州。中奉公（即张存）实守兹土，首倡大义，躬率官吏军民等，屡上劝进之书，力陈祖宗社稷安危大计，御札批答，至于再四，圣意感动，开允其请。中兴劝进之功，中奉公良有力焉。"

陕西作为西北军事重镇，对于宋、金两国统治的稳固均有重要意义，双方在边界地区的争夺从未中断。今陕南地区出土的《吴忠嗣墓志》《杨从仪墓志》等，其志主均为当时著名将领。

吴忠嗣为宋代名将吴玠、吴璘后裔，长期带兵在南宋北境防御金朝进攻，《宋史》关于其家族事迹有相关记载。据《吴忠嗣墓志》记载可知，吴忠嗣本名吴明叔，其从兄弟吴曦叛宋降金，僭称蜀王。吴忠嗣以吴曦反叛为耻，遂改名。《宋史》记载，吴氏家族成员多因吴曦反叛连坐，唯独吴玠子孙未受牵连，但并未说明其原因。据《吴忠嗣墓志》来看，吴玠子孙得以幸免，当与吴忠嗣之拒降金朝有关。

杨从仪为吴玠麾下重要将领，《宋史》于其生平事迹记载十分简略。绍兴三十二年（1162），吴璘派杨从仪领兵攻大散关，据和尚原，金人败走宝鸡。① 《杨从仪墓志》关于此役经过叙述得十分详细，称："（绍兴）三十二年闰二月，公乘势遣兵出御爱山，抵天池原，掠扰敌寨及断其饷道。又密遣兵焚其东西两山楼橹，鼓躁从之，声震山谷。虏人惊骇，弃关而走。公乘胜进据和尚原，则虏亦宵遁矣。翌日，有骑数千，复来入谷，公领兵逆击之。时天大雨雹，风雾昼晦，公选神臂弓射之，虏酋中流矢，引众败去，若神助焉。宝鸡贼帅恐我师乘胜击之，尽焚大寨，退保凤翔。由是，渭水以南复归版籍。"《杨从仪墓志》叙述志主的仕途履历，并有很多内容涉及宋金战事，史料价值颇高。

五

陕西出土宋代墓志除记载两宋时期陕西境内战事之外，还有部分内容涉及宋朝在西南边境与交趾的一系列遣使和军事活动。

据《宋史》，北宋雍熙三年（986），右补阙李若拙出使交州。② 《李若拙墓志》出土于今西安市长安区，志称："雍熙中，黎桓服我德，惧我威，请罪纳款，乞受真爵。太宗仁抚远俗，遂以分阃可之，诏公（李若拙）借秘书监，持节往焉，车服仪注，悉从官给。遵路日具，行人之式，缙绅

---

① 参见（元）脱脱等《宋史》卷三二，第609页。
② 参见（元）脱脱等《宋史》卷四三一，第12821页。

咏皇华诗，饯于都门之南，荣观者如堵焉。爰止海滨，黎桓备兰舟桂楫，迎出天池，接于境上。冠盖色目，尚存窃号，僚属称呼，仍多僭拟。公遣左右通好，责以臣礼，明谕受恩之则，俾改从事之官。黎桓听伏，靡不禀正。公然后揽辔徐行，始相兄焉。翊日，黎桓具军容弄舞拜命……周岁复命，对扬日，面奏异域风俗，黎桓喜受正朔两使之恩。……交州自公奉使后，朝廷累颁恩信，行人或非其人。黎桓多聚巨蟒侮之，至道中，来扰海隅。国家谓公前使得宜，亟召赴阙，借礼部侍郎，持节再往。黎桓郊迎，曰：'万里小国，叠降玉趾，潇湘之会，何以加也。'公申明命，存大体，俾箕踞慢态变为肃容。南鄙顿安。"《李若拙墓志》关于其出使交州的记载详细而生动，相比之下，《宋史》记载较为简略，志文可补正史之不足。

皇祐年间，侬智高起事并攻占邕州，建立大南国，北宋西南边境出现危机，交趾亦觊觎其地。北宋派遣狄青平定侬智高叛乱后，交趾仍对邕州及其附近地区持续侵扰。熙宁年间，宋朝先后任命沈起、刘彝等人，加强广南西路军事力量。熙宁八年（1075），交趾李乾德以受宋朝威胁为由，命李常杰率领水军、宗亶率领陆军先后攻占钦州、廉州、邕州等地，史称"熙宁战争"。西安市出土的《张守节墓志》所载"熙宁八年冬，交趾叛，陷钦廉，攻邕州，广西摇动"即指此次战役。张守节其人，《宋史》无传。据《宋史·苏缄传》记载："邕既受围……（苏）缄初求救于刘彝，彝遣将张守节救之，逗遛不进。"① 也就是说张守节在战争过程中采取了逗留不进、消极应战的态度。但《张守节墓志》则称："经略刘彝与公（张守节）议所以御贼计。公自求领兵以援邕。时桂兵不多，又已先遣，所余皆荆湖僝弱之卒，得二千人。不习战阵，与驱市人何异。公遂益张旗帜，严金鼓，倍道兼行，扼昆仑关以图进取。会本路监司不知兵者，妄处军前事，谓公观望，檄公速救邕。公叹曰：'食君之禄，岂特惜死哉！第须侦贼之虚实，权宜以应之，则举无不利。今以势见逼，不可不行，然必不能破贼也。'遂拔营度山驻金

---

① （元）脱脱等：《宋史》卷四四六，第13157页。

城。交人知公远来，营垒未办，恙众迎战，其多数倍。公申严号令，激发士卒，贾勇当先。会日暮，贼兵益增。公顾伤夷者半，谓左右曰：'众寡不敌，今与诸君戮力尽命，以报朝廷。'是夜，全军覆殁，而邕州随陷，时年四十八岁。"张守节在此役中表现出的智勇双全、精忠报国，与《宋史》叙述迥然相异。关于正史与墓志记载相左的原因，志文中可略见端倪，即"监司先不喜公，又讼公不疾救邕。状章累上，其言甚广。朝廷信之，恩礼一切皆罢。众知其冤，而终不能辩"。虽然正史文献和出土墓志均存在与历史事实不符的可能性，但《张守节墓志》的出土，至少为世人展现了另一种不为人知的情况，以孰为是，有待其他新材料的佐证。

熙宁九年（1076），北宋以郭逵为安南行营经略招讨使，率军三十万征讨交趾李乾德，先后收复邕州、廉州，并于富良江之战取得大胜。但之后因士兵水土不服，病亡过半，无奈撤军。郭逵还朝之后，获罪被贬。关于此役，现藏西安碑林博物馆的《游师雄墓志》亦有相关记载：北宋以郭逵任安南行营经略招讨使，以赵卨为宣抚招讨副使，赵卨数次邀游师雄随军出征，游师雄则认为赵卨与郭逵指挥意见不同，出征未必能够凯旋班师，故而恳辞。志称："公（游师雄）忧其无功，悉以书勉之，其后皆如所料。"所谓"皆如所料"，即指郭逵兵败贬官之事。

六

战争虽然是维持政权稳固以及不同势力之间较量争夺的特殊方式，但在频繁而持久的战争消耗中，无论是宋、西夏、金的王室、贵族、百官等统治阶层，还是不同政权统治下的普通百姓，多对和平充满向往。在统治阶层达到目的、利益得到保证的情况下，盟约即取代战争，成为双方博弈和实现和平交往的重要方式。

1038年，西夏李元昊称帝，北宋削其赐姓，罢其官爵。自此，宋夏双方在边境地区的军事摩擦频繁发生。经过数年较量，宋和西夏虽互有胜负，但均不能取得决定性胜利。北宋兵力调动和物资补给均因战线过长而受到影响。西夏物资匮乏,无论粮食、茶叶,还是冶炼所需铁矿,均需依靠与北宋的边境贸易获取;一旦战争爆发,北宋即采取关闭互市、禁止边贸的政策,故西夏亦苦于物资不足,无心再战。庆历四年(1044),北宋与西夏议定和约,西夏取消帝号,奉宋正朔,受宋封王,向宋朝贡,与宋保持名义上的"君臣之义";北宋则给西夏丰厚的银、绢、茶等作为岁赐。户县出土的《马端墓志》称"既而夏戎请盟",所指即宋与西夏达成的庆历和议。此后,尽管双方在边界地区仍有战事,但基本保持了相对和平稳定的状态,使者往来、岁赐贡赋、榷场互市、民间贸易等成为宋和西夏之间主要的交往方式。关于庆历盟约签订之后的情况,陕西出土宋代墓志亦有相关记载。《赵谌墓志》称:"熙宁六年,差元镇戎军三川寨赤崖堡巡检。年劳,转借职未崖堡,部属之民常越生界采木以贸粮食。时方与西夏讲和,约束甚严,虑生事,会岁旱艰食,民无聊赖。君不忍坐视,因弛其禁,民全活者众矣。"王安石变法之后,北宋国力逐渐恢复,宋朝在与西夏的战争中表现出强势态度。熙宁年间,王韶向朝廷提出"收复河湟,招抚羌族,孤立西夏"的策略,北宋派出大军先后收复熙、河、宕、洮、岷等州,并在河湟新边之地设郡县、建堡寨,西夏在被围困的情况下向宋请和,史称"熙河开边"。志文中提及的"时方与西夏讲和",其背景即为此。《赵谌墓志》中的"元镇戎军三川寨赤崖堡"即为"熙河开边"后所置堡寨之一。虽然王安石变法失败后,开边之事遂停,但"熙河开边"之后当地兴起的边境贸易并未受影响,仍然继续开展。《赵谌墓志》所载"部属之民常越生界采木以贸粮食"即为民间私下贸易。即便在战时紧张状态下,政府之间闭关罢市,民间贸易仍屡禁不绝。《赵谌墓志》称"君不忍坐视,因弛其禁",实则为官方对屡禁不止的私市采取姑息态度的反映。

正如秦晖所说,宋夏之间的民间交往更为密切,"互市"则是民间交往的重要方式。这一方面是由于西夏的经济结构特点使它比金、辽更依赖于与宋的"互市";另一方面则因宋夏边境地区交错居住着大量未统一的羌族部落,不论居西夏或属宋,诸羌在经济、文化方面的联系颇多,民间往来从未断绝。① 据府谷县出土的《宗延英墓志》记载："向因夏国纳款，始议和市通商。郡官委君（宗延英）往定博买协中之式，西人咸听约束，无敢增损其价。后屡载缯帛茶货，市贺兰之牛、紫河之马，岁且千数，利或倍蓰。"就提及马、牛、缯、帛、茶等货物。在北宋与西夏的边境贸易中，无论是官方榷场互市，还是民间私人易货，马、牛、盐、茶叶、丝帛、瓷器、金属等均为主要交易商品。

靖康之变后，南宋将陕西看作扭转与金战局的关键地区，金国则希望通过攻取秦陇占据四川，控扼长江上游，进而灭亡南宋。因此，陕西成为宋金交锋的重要战场之一。经过富平、和尚原、饶凤关、仙人关等数次战役的胜利，绍兴十一年（1141），宋同金达成和议：宋向金称臣；双方东以淮河、西以大散关为界；宋割唐、邓及商、秦之半予金；宋向金纳岁币，银二十五万两、绢二十五万匹。《杨从仪墓志》称金军"既不得意，遂伸和好。是时将迎奉徽庙梓宫，请还太后銮辂，遂许割和尚原。十二年春，诏宣谕使郑刚中分画其地"，"割和尚原"和"中分画其地"即为执行"绍兴和议"之条款。此后，尽管宋金双方仍偶有冲突甚至战争，但通过和议实现的相对稳定的局面持续了二十余年。《杨从仪墓志》称其"镇守其地垂二十年，保固无虞"，正是宋金和议之后进入和平时期的写照。

七

目前，获取出土宋代墓志资料的主要途径有三：一是考古单位公布的发掘报告和相关资料；二是考古文博单位编辑出版的墓志专辑，如《陕西省考古研究院新入藏墓志》《风引薤歌：陕西历史博物馆藏墓志萃编》等；三是各类期刊发表的相关墓志研究论文。此外，伴随着网络信息技术的普及，互联网也有零星新出土墓志拓本刊布。

但是，从实际情况来看，陕西出土宋代墓志的公布相对比较分散，从出

---

① 秦晖：《宋元明陕西史》，太原：山西人民出版社，2020，第76页。

土到正式刊布大多时间间隔较长，时效性较低，严重限制了相关领域研究向纵深化、细致化推进。这也导致原本存在密切关系的宋代墓志资料，由于种种原因，无法得到充分利用。如1999年出版的《西安碑林全集》收录的《严有邻墓志》，因志石右上部残缺，志题仅存"墓志铭并序"五字，整理时据志文"上意乃悟，严君遂还，特敕授秘书省正字"一句中的"严君"将该墓志命名为《严有邻墓志》。据说明文字介绍，此志出土时间、地点不详，系西安碑林博物馆旧藏。[1] 2000年出版的《新中国出土墓志·陕西》（壹）公布的1973年出土于陕西省渭南市合阳县的《雷有终墓志》和《雷孝孙墓志》，与《西安碑林全集》所收《严有邻墓志》密切相关，三方墓志互相佐证，结合相关史料，可以认定"严有邻墓志"当为"雷有邻墓志"。再如《宋代墓志辑释》收录的《安覩妻胡氏墓志》和《宋故安君（觊）墓志铭》，[2] 两方墓志主人实为夫妻，因墓志使用了异体字，部分志文受损，造成拟定墓志名称存在一定疏误，"安覩"当更正为"安觊"。同类情况于此不再逐一列举。

本书收录陕西境内出土宋代墓志文献近150种。凡葬期在960～1279年之间的陕西出土墓志均在收录之列。《姚希冲墓志》志主虽卒于后周显德元年（954），但其墓志为开宝九年（976）与夫人合葬时所刻，且志题为"宋故征事郎郿县令姚公墓志铭并序"，故仍予以收录。《温若愚墓志》出土信息缺失，且志文未载葬地，因现藏陕西历史博物馆，亦收录。此外，部分墓志使用了金、元等政权的纪年，则仍依其原文纪年方式，不再单独说明。本书研究所据资料来源主要有四类：一是陕西省古籍整理办公室收藏墓志拓本；二是实地调研考察获得的墓志拓本或照片；三是各类出版物中所附的墓志图版，包括各类图书、考古报告和研究性论文；四是网络媒体上搜集的墓志图像资料。其中，第一类是本书最主要的资料来源。此外，少数已经出土的陕西宋代墓志，因仅有基本信息而未能获取拓本或清晰图版，志文内容无

---

[1] 高峡主编《西安碑林全集》卷94，广州：广东经济出版社，1999，第4545～4552页。
[2] 郭茂育、刘继保编著《宋代墓志辑释》，郑州：中州古籍出版社，2016，第322、499页。

法核对，故暂未收录。

　　针对陕西出土宋代墓志进行系统性文献整理，从史学、文学、宗教学、社会学等不同学科及交叉领域视角发掘其文献价值，并就相关问题进行深入研究，尚有大量工作需要开展。与此同时，针对出土墓志文献的整理和研究，也是抢救性保护出土文物资源的重要途径。陕西出土宋代墓志是珍贵的出土文物资源，也是重要的史料文献，其文物和史料的双重价值不容忽视。

　　限于诸多客观因素的制约，本书所收陕西出土宋代墓志资料尚不够全面。部分问题的考察和结论，亦有待今后陆续出土和发现的新材料加以佐证。

姚希冲墓志

后周显德元年（954）。志正方形，边长0.58米。志文行书31行，满行字数不等，题"宋故征事郎郿县令姚公墓志铭并序"。彭衍撰。出土时间、地点不详，2009年于宝鸡市眉县首善镇西关村征集，现藏眉县文物局。

志主姚希冲，字光化，卒于后周显德元年（954）九月九日，卒时七十二岁，则其生年当在唐中和二年（882）。

姚希冲曾祖姚哲未仕，祖父姚瑜为左监门卫、率府率，父亲姚集为左金吾卫大将军，所授职官当均在五代时期。姚希冲初补国子四门助教，此职始置于北朝，一直沿用至唐宋时期，为从八品上阶。之后，姚希冲历任沈丘令、虢州阌乡令、河中府解县令、万泉令，又移凤翔府郿县令。姚希冲长子姚岳为护国军节度巡官，次子姚玘为鄜州团练推官。

姚希冲卒后，开宝九年（976）与夫人合葬于郿县斜渭乡常村，其地当在今宝鸡市眉县首善镇附近。

撰文者彭衍为志主姚希冲门人，署"汾州防御巡官"，未见正史记载。

〔志文〕

宋故征事郎郿县令姚公墓志铭并序

前汾州防御巡官彭衍撰

夫伟哉天地之间，唯人为贵。感星光而应运，叶岳气以呈祥。当五百年之间生，□为家瑞；应一千载之英哲，来作国祯。降自宗周，荣隆宋代。用光其事，固刊铭文。公讳希冲，字光化，京兆人也。门传阀阅，世袭簪缨。

思胄介于雪霜,爰复亲于翰墨。临莅有规于典则,整繁不紊于朝纲。美誉既彰,益增九族。曾祖讳哲,不仕,养性希夷,凝神慕道。悠悠若天边之鹤,飘飘如象外之云。祖讳瑜,左监门卫、率府率。皇考讳集,左金吾卫大将军。皇妣始平夫人冯氏,素魄融辉,坤源莹静,宜家训子,聚族有闻,长扇清规,永垂令范。公幼知奇骨,长实多能。诗酒全才,琴棋上士。问望荫绪,斋郎出身。向感天恩,亲承墨绶。金銮殿里,沾衣而馥郁祥烟;凤阙阶前,满目而缤纷瑞彩。捧承宸翰,克奉纶言。授国子四门助教,宣扬道义,特主群书,尽许长才,咸称得士。岁余,授沈丘令。君称有土,理洽无私,布政一同,惠化百里。庭闲绝讼,凌晨而雀戏栏花;狱静无人,清夜而萤栖露草。以令名远著,授虢州阌乡令。坚诚许国,直道临民。陈仲弓之太丘,星光夜聚;密[宓]子贱之单父,琴曲朝闻。久播政声,须移剧邑。授河中府解县令。清廉恤物,设法安人。彭泽之翠柳扬辉,香风烂漫;潘县之奇花绰约,细雨霏微。阐雅量振龙庭,扬徽猷闻帝里。授万泉令,以克勤王道,移凤翔府郿县令。下车肃物,才洽民歌。一方之礼义全殊,比户之恩荣迥异。何期灾临无极,命奄有涯。梦梁栋折于两楹,叹凶变生于二竖。膏肓转甚,寝疾不瘳。去显德元年九月九日,卒于郭下私弟[第],享龄七十有二。公娶夫人朱氏,名推四德,训子超陶氏之规;礼备三从,事亲继班家之则。秾华早落,岂尽终年。有男二人:长曰岳,摄护国军节度巡官;次曰玘,摄郓州团练推官。新妇何氏、李氏。女三人:长适博陵崔氏,次适清河南氏,小适陇西彭氏。孙男光被、光泽、光睿、光嗣、光义、宝儿,孙男新妇赵氏、马氏。孙女滕姑、赵六、最得、娇子、妹子。玄孙福哥、刘十、荣娘子、至孝等。俱以悲悼伤情,哀摧毁性。念劬劳之未报,思恩爱以徘徊。特选龙冈,新封马鬣,卜吉辰于开宝九年二月十七日,公与夫人合祔于郿县斜渭乡常村新茔,礼也。呜呼,公之服枕也。自会府权贵,僚友亲属,继□忱间,门无虚日。及归全之际,则叹息出涕者甚众,岂非公德行之昭晰,孰若是耶。衍游公之门,熟公之义,既捧行状,固敢直书。铭曰:

为时俊彦,当代贤良。簪笏赫弈,墨绶辉光。文林日月,儒苑笙簧。烹鲜制□，□而安康。英廉耿耿，气□□□。何期不利，忽染膏肓。针石无效，命奄□□，□□怆悼，令子□□。□□□□，特选龙冈。遂勒贞石，永镇玄堂。

康成此墓志

宋乾德四年（966）。盖边长0.57米，厚0.17米。志边长0.57米，厚0.11米。盖文篆书3行，满行3字，题"太原郡康公墓志之铭"。志文楷书33行，满行约40字，题"故大宋国定难军管内都军指挥使康公墓志铭并序"。20世纪90年代出土于榆林市靖边县红墩界乡，现藏榆林市文物保护研究所。《榆林碑石》、《新中国出土墓志·陕西》（叁）著录。

志主康成此卒于宋乾德四年（966），卒时六十二岁，则其生年当在唐天祐二年（905）。

志文并未提及康成此籍贯情况，由此推测其家族并非望族。康成此曾祖康山金曾任洪门镇使、上平关使，兼北衙都知兵马使。"洪门"，《宋史》记载称："从延州入平夏有三路：一、东北自丰林县苇子驿至延川县接绥州，入夏州界；一、正北从金明县入蕃界，至卢关四五百里，方入平夏州南界；一、西北历万安镇经永安城，出洪门至宥州四五百里，是夏州西境。"① 由此可知，康成此家族至少在唐后期已在延州、夏州一带定居。康成此祖父康文义曾任东城副兵马使，父亲康爽曾任节度押衙，均为武职。

结合《旧五代史》《宋史》等文献记载可知，唐末五代时期，延州、夏州等地属定难军节度使辖地。唐僖宗年间，以军功赐镇将拓跋思恭"李"姓，此后拓跋思恭、拓跋思谏、李彝昌、李仁福等世袭定难军节度使，割据夏州。后唐长兴四年（933）李仁福卒后，其子李彝超、李彝殷继任并统领

---

① （元）脱脱等：《宋史》卷二六四，第9129页。

夏州兵马割据一方。[①] 康成此父亲康爽当在定难军节度使李仁福麾下任职，按照时间推算，康成此壮年从军后，李仁福已死，故志文中提及的"府主大王"当指时任定难军节度使的李彝超或李彝殷。康成此在其麾下先后任定塞都副兵马、安远将军使、东城都虞候、随使左都押衙、随都知兵马使、五州管内都军指挥使等。

志称康成此卒于乾德四年（966），此时夏州已为北宋辖地，其治所在今陕西省靖边县北白城子，领朔方、宁朔、德静三县。康成此卒后归葬夏州张继堡北，其地很可能为康氏家族墓地。

此志写刻较为草率，文中有多处脱字、误字，如："府主以无事之日，赏有（功）之人"一句脱"功"字；"（庭）训之情恒切，优闲之道垂芳"一句脱"庭"字；"修短（之）期，固无遗恨"一句脱"之"字；"昼惊夜巡"一句"惊"当作"警"；"寝疾於于私第"一句"於"当作"终"；"挟弓功坚，有寇皆除"一句"功"当作"攻"；"剪除寇孽，开托封壃"一句"托"当作"拓"。此外，志文中出现了大量俗写别字，如："授"写作"受"、"遽"写作"据"、"增"写作"僧"、"闰"写作"润"等。

撰文者郭贻，此志署"摄定难军节度馆驿巡官"。另撰有宋开宝二年（969）《何公墓志》，署"摄节度掌书记"，即"定难军节度使掌书记"。

〔志文〕

故大宋国定难军管内都军指挥使康公墓志铭并序
摄定难军节度馆驿巡官郭贻撰

盖闻大厦成阴，必借红梁之力；明王建位，须凭上将之功。即见善领师徒，能和部件，外展纵横之策，内怀慷慨之诚。致令戎境无虞，王庭大治，不惟遐迩，悉慕威名，乃管内都指挥使康成此之功也。曾讳山金，皇任洪门

[①] 参见（宋）薛居正等《旧五代史》卷一三二，北京：中华书局，1976，第1746~1749页；（元）脱脱等《宋史》卷二六四，第9130页。

镇使，次任上平关使，兼授北衙都知兵马使。曾祖母株氏，次曰季氏。祖讳文义，皇任东城副兵马使。祖母卢氏。烈考讳爽，任节度押衙。烈妣长任氏、次南氏。公即元爽之令子也。仪表卓尔，情怀豁然。发言而音似洪钟，回视而眼如岩电。爰从丱岁，便有沉机。从于昆季之间，操持迥异；待向烟尘之下，功业终成。尝值上府多难，南军相逼。时府主大王独权度旅，外应龟城，甚借奇人，共平家难。公唯思立事，务在荣身，因生归附之心，愿效驱驰之节。自后陪随霜戟，扈从风蹄。无若之不同，有艰危而备历。披坚执锐，罔辞深入之劳；破寨收营，屡奋先登之勇。旋致凶徒自溃，峻垒复完，人民例免于伤残，疆境再获于宁静，盖公之力也。府主以无事之日，赏有（功）之人。重禄所临，唯公是首，因差补充定塞都副兵马。公授[受]宠若惊，临危不惧。攀鞍跃马，每呈[逞]骁捷之能；拔剑屠龙，深蕴恢张之志。寻又补充安远将军使。既被渥恩，迥殊伦等。亡身为主，常怀匪石之心；斩馘争雄，誓著铭山之绫。又补充东城都虞候。昼惊[警]夜巡，洁己而备彰公干；抑强扶弱，当官而别播威风。久治繁难，颇多勤恪，寻又补充随使左都押衙。道光武列，德冠辕门。静乱分忧，爰处爪牙之任；安人和众，共传钩距之铭。寻又补随都知兵马使。名标上将，誉美公衙。宽弘之器益恭，弼辅之功莫比。规模可法，品秩弥高。寻又补充五州管内都军指挥使。公累荷殊荣，显膺峻级。从微至著，有以见功业之多；自下升高，有以见官资之义。正分重寄，尤恨得年。方嗟蒲柳之姿，据[遽]染膏肓之疾。良医莫验，大限难逃。重泉之路俄归，逝水之悲空切。即以康公于乾德四年三月廿八日寝疾於[终]于私弟[第]，享年六十有二。府主大王忽闻倾，莫遏悲伤。俯念勤劳，仍颁吊赠。以其今年闰八月十三日，归葬于夏州张继堡北之礼也。公婚长曰郝氏，次曰贺氏。德比椒兰，容方桃李。（庭）训之情恒切，优闲之道垂芳。弟见任衙前将副兵马使。恭和禀性，刚猛驰声，义以先人，唯忠奉主。男长曰延祚，衙队都副兵马使；次曰延义、福香、团圆、番成、番重、香番儿等，皆以幼从庭训，长有父风，洞知礼乐之规，深晓安危之理。女长曰适氏周家，次曰适氏李家。公汪洋大度，倜傥宏才。为圣代之祯□，作明王之手臂。挟弓功[攻]坚，有寇皆除。荷戟挥戈，剪荡而无妖不散;韬尽妙擒,从如致家国以长安。俾峰疆之不举,有以见公为主道也。勋名已遂,问望弥隆。修短(之)期,① 固无遗恨。贻叨承眷奖,幸卜岁寒,惭将鄙拙之才,仰叙英贤之德。盖不获已,强而述之。乃为铭曰:

家传福祉,世袭英贤。堂堂人表,落落心田。文兼武立,孝与忠全。恢张志大,辅弼情专。力壮明王,名标上将。燕颔殊姿,猿臂异相。意义坚刚,诚怀和畅。倜傥宏材,深沉器量。身当矢石,手执锋铓。剪除寇孽,开托[拓]封疆。艰难备历,勋绩络彰。僧[增]加品秩,超越班行。节比松筠,年偃蒲柳。据[遽]染延灾,虚劳针灸。大限俄临,浮生莫守。贞石须镌,垂名不朽。

乾德四年岁次丙寅润[闰]八月壬戌朔十二日癸酉

---

① 疑当作"修短之期"。可参见郭贻所撰《何公墓志》"荣华之事是焉,修短之期定矣"一句。

吕继旻墓志

宋乾德五年（967）。盖近正方形，边长0.62米。志长0.64米，宽0.63米。盖文篆书3行，满行2字，题"东平吕公墓志"。志文楷书35行，满行37字，题"大宋故承奉郎检校尚书工部员外郎守泸州录事参军兼殿中侍御史东平吕公墓志铭并序"。郭忠恕撰。1986年出土于西安市灞桥区长乐东路附近，现藏陕西省考古研究院。《陕西省考古研究院新入藏墓志》著录。

志主吕继旻卒于宋乾德五年（967），卒时六十岁，则其生年当在后梁开平二年（908）。

志题"东平吕公"，志文称吕继旻为须句人，说明其祖籍山东东平。"须句"亦作"须朐"，春秋时期古国名，其地宋代属京东路东平府，在今山东省东平县、梁山县附近。吕继旻曾祖吕涛曾任千牛卫将军；祖父吕环曾任光州刺史；父亲吕遇曾任邢、洺、磁等州制置使，金紫检校左仆射。"千牛卫"在唐代属禁卫军官员，但沿用至北宋初年时已不具备原有职能，仅为虚衔。"制置使"为唐后期设置的地方官员，负责管理地方军政事务，北宋初年并不常置。

吕继旻于后晋天福年间得授陕府硖石县令，加儒林郎。此后历任醴泉县令、高陵县令、邠州录事参军、泸州录事参军等。

志称吕继旻卒于永兴里私第，之后葬于万年县长乐原吕氏祖茔。

此志志主及其家族成员名讳均以小字写刻。此外，志文中"恶巧宦以沽名"一句中，"恶"字之后刻小字"去声"二字；"琴枝有菀，行叶垂阴"一句中"菀"字后刻小字"音郁"二字。两处小字注释均为前字注音，当出自撰文者郭忠恕之手，此种音释在墓志实物中较为少见，在一定程度上反映了宋代音韵学在墓志撰写方面的影响。

〔志文〕

大宋故承奉**郎检校尚书工部员外**郎**守泸州录事参军兼殿中侍御史东平吕公墓志铭并序**

郭忠恕撰

至矣哉！钧□开国，齐海岱之全封；执玉来朝，谅宗祧之遐裔。秦系兴绝，汉赖安危。达讽喻以赋美人，衍阴阳而端术士。在邦必达，为时而生。弦歌弹纠之命官，兰省霜台之华贯。予所否者，吾知免夫。公讳继旻，字□远，须句人也。曾祖讳涛，皇任千牛卫将军，礼优宿卫，刃掌发硎，勾陈必赖于乐推，黄道全资于警跸。祖讳环，皇任光州刺史，名高牧伯，位重使君，降甘雨以随轩，扬仁风而逐扇。考讳遇，皇任邢、洺、磁等州制置使，金紫检校左仆射。妣彭城刘氏夫人，漏泽宠光，肥家德教，循名责实，自叶流根，时论荣之，遐不谓矣。公即仆射之长子也。弱不好弄，游必有方。习诗礼以过庭，效揣摩而观国。淹中学问，师唯谨于素王；汶上丘园，重为澜于费宰。虽五侯同日，一鹗秋天。恶去声巧宦以沽名，胡能就桀；待明君之悬爵，亦既安刘。采访以闻，丝纶乃降。天福中，特授陕府硖石县令，超文林散官，历览史书，此非常例。有是拜者，谨而日之，余刃割鸡，维桑驯雉。俄属蒲坂之下，板筑克勤。府帅以干济闻天，就加儒林郎。墨绶升阶，彩衣余庆。奉养而旨甘毕备，侍疾则药饵先尝。俄钟彼岵之哀，并洒望天之血。树梓果除于死鹿，嘉禾复赖于去螟。旋拜京兆醴泉县令，加试大理司直。下车布政，为亲割股者八人；解印而归，揽辔伤心者百姓。未几，大君有命，举尔所知，吏部赵侍郎上交简在宸衷，兼官台宪。即除京兆高陵县令，加承务郎、兼监察御史。守封疆于近蜀，兴疏凿于浊泾。载南亩者忘其劳，食夫稻者怀其惠。府帅以公政能克著，褒奏遂行，既达天庭，就加帝泽，由是检校尚书工部员外郎、兼殿中侍御史。柔亦不茹，猛以济宽。宠加粉署之资，政满亲民之任。间者左司黄郎中□达聪明目，推贤让能，当举主以访闻，恨知人之已晚。俄迁邠州录事参军，加承奉郎。六联重寄，千里□□。科徭必预于为丁，狱讼冈欺于先甲。吁！南陔失志，西被初降。牛善粪金，通流美利；鱼能濯锦，浚道朝宗。滂泽思及于远人，精选率先于时彦。遂移授泸州录事参军。天遥拱北，徒劳恋阙之心；水接云南，俄染饮弓之疾。遂求长告，却返旧居。七编之家训遗留，一夜之文星陨落。以大宋乾德五年九月十三日，寝疾终于永兴里之私弟[第]，享年六十。元婚樊氏、李氏并早世。今夫人陇西李氏，姬嬴族盛，陶孟母仪，天倾既□于如宾，昼哭不违于从子。有嗣三人：孟曰济，早亡，严霜摧木，朽壤倾山；仲曰澈，季曰涣，并毹松节操，绪柳风流。家出珪璋，必为珍于希代；时生麟凤，终作瑞于昌朝。有女四人：长适汝南周氏，早亡，月华方盛，篱蕣俄凋；次适安定皇甫氏；次二女在室，皆克全妇德，勤事女工，俱怀谢氏之才，咸有文姬之辩。有孙三人：山翁、村翁、钓翁，尚幼。琴枝有苑音郁，行叶垂阴，未求择木之知，有相召云之宠，而皆衔哀荼毒。卜吉蓍龟，即以当年十二月六日葬于万年县长乐原北，祔先茔，以故孟子陪葬，礼也。地叶青乌，庭飞白鹤，既安滕室，必大于门。于是记其姓名，写之琬琰。忠恕才惭浚发，事免愧辞，聊泣故人，乃为铭曰：

天地交兮云雷屯，宫为君兮商为臣。配三才兮生哲人，胡万年兮赎其身。唯公清兮若止水，征近古兮罕伦比。方贴职兮登柏台，何强魂兮闭蒿里。平生志气在凌烟，殁后遗芳如谪仙。我作辞兮今绝笔，泫然挥涕恨终天。

何公墓志

宋开宝元年（968）。盖正方形，边长0.67米，厚0.12米。志长0.68米，宽0.67米，厚0.11米。盖文篆书3行，满行3字，题"南阳郡何公墓志之铭"。志文楷书35行，满行40字，题"大宋摄夏州观察支使何公墓志并序"。郭贻撰。20世纪90年代出土于榆林市靖边县红墩界乡，现藏榆林市文物保护研究所。《榆林碑石》、《新中国出土墓志·陕西》（叁）著录。

志主何公，名讳不详，卒于宋开宝元年（968），卒时五十七岁，则其生年当在后梁乾化二年（912）。

志盖题"南阳郡"当为其郡望。其曾祖何子岩，为节度随军文林郎、试左武卫长史、夏州医博士、将仕郎、试太常寺协律郎；祖父何德遇曾任夏、银、绥、宥等州观察衙推等；父亲何维文曾任夏州观察支使。何氏家族至少在何子岩任夏州医博士之职时已定居夏州，之后几代均担任夏州地方官吏。祖父何德遇、父亲何维文和志主均曾任"夏州观察支使"。

志文称何公"幼习家风，颇积医论"，又有"转留心于方术""内则以妙散神丸，供应上命"等文句，结合其曾祖曾任夏州医博士，其家族有可能是以精擅医学而被任用的。志主何公于后唐清泰元年（934）得授文林郎、试左武卫兵曹参军，改充节度要籍，次年又得授将仕郎、试太常寺协律郎，之后摄授观察衙推、宣德郎等。后周显德元年（954），任夏州观察支使。

志主卒后，于次年归葬夏州朔方县崇信乡绥德里信垓原。

志文"追太魂，屡彰神效"，"追"字前疑脱一字；"归葬于夏州朔方县崇信乡绥德理信垹原"一句,"理"当作"里";"荣华之事是焉,修矩之期定矣"一句,"矩"当作"短";"昆季三人,敦时阅礼"一句,"时"当作"诗"。

撰文者郭贻,曾撰宋乾德四年(966)《康成此墓志》。撰此《何公墓志》时署"摄节度掌书记",即"定难军节度使掌书记"。此时定难军节度使已经为李光睿,也就是此志文中提及的"府主"。

〔志文〕

大宋摄夏州观察支使何公墓志并序
摄节度掌书记郭贻撰

夫洪源脉壮,分万派以长流;大树根深,耸千枝而竞茂。亦犹人之积善,天庭降休。禀正义以相承,袭芳踪而莫绝。果于昭代,又产奇人。世德家风,不可尽述。曾祖子岩,字隐之,皇任节度随军文林郎、试左武卫长史、摄夏州医博士、将仕郎、试太常寺协律郎。曾祖母琅琊郡王氏。祖德遇,字嗣宗,皇任夏、银、绥、宥等州观察衙推、宣德郎、守绥州长史,右可授朝散大夫、右监门卫长史同正,充夏、银、绥、宥等州观察衙推,右可授将仕郎、试大理评事,充夏、银、绥、宥等州观察支使,试大理司直、□赐绯鱼袋。祖母清河郡张氏。烈考维文,字继昭,皇任观察支使。烈妣东平郡叱吕氏。公即支使令子也。仪貌卓尔,情怀豁然,抱温雅之规,蕴谦和之礼。在乡闾之内,孝悌有称;居朋友之中,始终无易。咸推国器,迥绝人伦。而况幼习家风,颇积医论。愈咸王之疾,已播良名。(□)追太魂,屡彰神效。非卢生之辈,董氏之徒,莫能偕也。清泰元年九月廿三日,先王以医见重,奏授文林郎、试左武卫兵曹参军,改充节度要籍。公以侯伯相知,功名必遂。转留心于方术,益砺节于衙庭。清泰二年十月十日,可授将仕郎、试太常寺协律郎。迹托侯门,品居郎伍。惟奉赤心之道,仰酬清眄之恩。天福六年九月五日,可授府衙推、宣德郎、守绥州长史,兼监察御史、柱国。守属郡之官资,佐雄蕃之德教。言惟正直,道屏奸邪。天福九年二月八日，摄授观察衙推、宣德郎，兼监察御史、柱国。内则以妙散神丸，供应上命；外则以文才武略，开拓边封。广顺元年正月廿五日，摄授节度衙推、守银州长史、朝请郎、试大理司直，兼殿中侍御史、柱国，仍摄夏州长史。王恩转异，帝渥弥隆，爰彰裨益之功，以接从客之位。显德元年十月十日，请摄当道观察支使。公履历宾筵，匡持侯府，正当重任，尤恨得年。因陈止足之诚，果遂好闲之意。门前五柳，别是芳阴；宅伴群蛙，时听雅韵。已革趋名之路，但忻养性之心。不意晋竖为灾，秦医弗应。残阳西嗟，隙影以难停；逝水东流，叹波之不返。俄辞明代，永掩幽途。即以开宝元年十二月二十七日，寝疾于私第，享年五十有七。府主闻哲士之云亡，罢公衙而兴叹，以为折吾梁柱，丧我股肱，追想无宁，悲伤倍切。仍差吊使，厚赐赠仪。卜明年十一月十一日，归葬于夏州朔方县崇信乡绥德理［里］信堥原之礼也。於戏！生逢景运，职佐蕃方，荣华之事是焉，修矩［短］之期定矣。公婚东平郡吒吕氏。公而亡，丝萝失托，方积恨于闺闱；寒暑未更，遽同归于泉壤。男五人：长曰令图，见任朔方县令，于国尽忠，在家称孝，常谨过庭之礼，终成构厦之材；次曰令柱，见任厅直行首；次曰令蕢，见任仓曹参军；次曰令珣、令谭等。或奥究诗书，或颇精方论，不辜门望，悉有父风。女一人，适张氏，贞和著美，令淑驰名。咸称举案之贤，迥播肥家之义。昆季三人，敦时［诗］阅礼，尽是英髦；让枣推梨，惟闻孝悌。公性禀自然，道惟固本。仗忠贞而取位，执信义以修身。爰自涉历宦途，弭谐正道，吐论则不言非理，□忠则周惮严戚。但蕴雄谋，以匡霸业。固得公王见待，鱼水同荣，外则以哲士筵客，内则以良医委任。胸襟有术，必能兴久覆之山河；丸散通神，可以返已终之魂魄。官资渐峻，年齿方高，善始令终，天之道也。贻才非满库，词乏成林。偶遵请托之诚，强阅荒虚之思。将垂后代，取笑他人。乃为铭曰：

  高门积庆，后胤垂芳。不辜继绍，又产贤良。容仪卓荦，器度汪洋。神通丸散，妙绝针汤。术追魂魄，脉认阴阳。清名焕耀，至艺昭彰。功□董郭，智迈卢桑。官崇幕府，位佐侯王。内为心腹，外壮纪纲。抑强扶弱，替否献藏。性怀正直，道救危亡。岂惟疾疢，忽染膏肓。俄悲逝水，永掩高岗。贞珉是勒，盛绩难藏。陵迁谷变，地久天长。

雷有邻墓志

宋开宝七年（974）。志长0.58米，宽0.55米。志文楷书23行，满行字数不等。朱昂撰。志石右上部残损，部分文字受损。出土时间、地点不详，现藏西安碑林博物馆。《西安碑林全集》著录作"严有邻墓志"，[①]有误。

志主雷有邻，字道光，卒于开宝七年（974），卒时年龄未详。《宋史》有载。

雷有邻为雷德骧之子，同州郃阳人。志文所称"皇考工部侍郎"即指雷德骧。据《宋史》记载：雷德骧，字善行，后周广顺三年（953）举进士，解褐磁州军事判官，召为右拾遗，充三司判官，赐绯鱼。显德中，入受诏均定随州诸县民田屋税，称为平允。宋初拜殿中侍御史，改屯田员外郎、判大理寺，后为秘书丞、分判御史台三院事，兼判吏部南曹，再迁户部员外郎兼御史知杂事，改职方员外郎，充陕西、河北转运使，太平兴国四年（979）为太原西路转运使，后又为两浙转运使等。淳化三年（992）卒。[②]

史称雷德骧"颇以强直自任，性褊躁，多忤物，不为士大夫所与"。[③]结合《雷有邻墓志》关于雷德骧"府君不徇权势，直奏其事，鼎臣丑正，堂骨合噪。青蝇上棘，反谮贞良，未能辩明，窜谪边鄙"的记载来看，史书关于雷德骧的评价是较为公允的。雷德骧因上书弹劾赵普而被贬为商州司户参军，后削籍徙灵武。雷有邻代父申冤，"击登闻鼓，诉中书不法事，赵

[①] 高峡主编《西安碑林全集》卷94，广州：广东经济出版社，1999，第4545～4552页。
[②] 参见（元）脱脱等《宋史》卷二七八，第9453～9454页。
[③] （元）脱脱等：《宋史》卷二七八，第9454页。

普由是出镇河阳"，因此得授秘书省正字之职。志文与正史记载吻合。

关于志主雷有邻，《宋史》载："开宝中，举进士不第。其父既窜灵武，意宰相赵普挤抑之。时堂后吏胡赞、李可度在职岁久，或称其请托受赇，而秘书丞王洞与德骧同年登第，有邻每造谒洞，洞多以家事委之。一日，洞令有邻市白金半铤，因曰：'此令吾子知，要与胡将军。'盖谓赞也。时又有诏，应摄官三任解由全者许投牒有司，即得召试录用。有邻素与前摄上蔡主簿刘伟交游，知伟虽尝三摄，而一任失其解由，伟造伪印，令其兄前进士侁书写之，因是得试送铨。遂具章告其事，并下御史府按鞠。有邻出入赞家，故其事多实。狱具，伟坐弃市，洞等并决杖除名，赞、可度仍籍其家。有邻授秘书省正字，赐公服靴笏、银鞍勒马、绢百匹，自是累上疏密告人阴事。俄被病，白昼见伟入室，以杖箠其背。有邻号呼闻于外，数日而死。赐德骧钱十万，以给丧事。"[①]《宋史》记载较为详细，而《雷有邻墓志》则补充了其"字道光"以及卒葬时间等相关信息。

志文称"君既殁之十九年……自东京迁起灵柩，归祔新茔"，其归葬之年当为淳化四年（993）。至于其归葬具体地点，志石残损，不得而知。但结合已出土的《雷有终墓志》《雷孝孙墓志》可知，其葬地当在"同州郃阳县如意乡"，即今渭南市合阳县同家庄镇。

撰文者朱杲，署"乡贡进士"，未见史籍记载。

〔志文〕

☐墓志铭并序

乡贡进士朱 杲 撰

☐君既殁之十九年，以皇考工部侍郎☐始自东京迁起灵柩，归祔新茔之☐总督☐而合古礼也。君讳有邻，字道光☐长幼靡好弄，立而慷慨，博窥坟史，洞识古今。☐怀经济之才，耻在举选之后。未及筮仕，属工部☐君以七

---

① （元）脱脱等：《宋史》卷二七八，第9454~9455页。

田外郭权莅廷尉。时丞佐与法吏因私忿□竞递诉曲直。府君不徇权势，直奏其事，鼎臣丑正，堂骨合噪。青蝇上棘，反谮贞良，未能辩明，窜谪边鄙。君诚志内激，感愤横发，拜书关下，请雪冤沉。睹万乘之龙颜，折三台之鹿角。上意乃悟，严君遂还，特敕授秘书省正字，嘉孝□也。曼倩自负，方待诏于汉皇；颜渊不幸，遽兴恸于夫子。以开宝乙亥岁夏五月三日，□手足于京师之里第。远近悲悼，痛不登于贵仕也。夫人恒农杨氏，先君而亡。男二人：孝先、孝孙，并怀才抱□干父之蛊。所谓龙翰凤雏，一日千里。女三人，皆归士家□除☒及畴克有后之若是，今龟筮告吉，丘垄□□。□□哀号，俾果撰叙，辞不获听，直纪事实。其世代震□之□，备详贰卿之墓志，故不复载。铭曰：

雷氏之始，重华后昆。如彼河流，出于昆仑。唯君之生，奇特□□。疏雪严父，仇佞慑骇。芸阁初仕，台命不融。伤嗟□□，归全幽宫。

刘慎微墓志

宋开宝九年（976）。志长0.73米，宽0.63米，厚0.12米。志文楷书32行，满行32字，题"大宋故文林郎守郴州录事参军彭城刘府君墓志铭并序"。王保衡撰，刘象书。2011年出土于铜川市新区未来城小区，现藏铜川市考古研究所。《铜川碑刻》著录。

志主刘慎微，字恒检，卒于宋开宝九年（976），卒时七十二岁，则其生年当在唐天祐二年（905）。

刘慎微祖籍深州安平县，据《旧唐书·地理志》"深州"条记载："武德四年，平窦建德，于河间郡之饶阳县置深州，领安平、饶阳、芜蒌三县。初治安平，其年，移治饶阳。贞观元年，割故廉州之鹿城，冀州之武强、下博来属。省芜蒌县。十七年，废深州，以饶阳属瀛州，安平属定州，鹿城、下博、武强属冀州。先天二年，复割饶阳、安平、鹿城置深州，仍分置陆泽县。天宝元年，改深州为饶阳郡。乾元元年，复为深州。旧领县五……安平，汉县，属涿郡。武德初，置深州，以县属。十七年，州废，属定州。先天二年，来属。"[①] 志文仅载刘慎微曾祖刘瞻、祖父刘淙、父亲刘霸名讳，当如志文"唐季乱离……不事王侯"之语，三人均无仕宦经历。

刘慎微家族于后晋开运末年因避乱徙居晋阳。志称后汉乾祐三年（950），"晋阳居守、汉高祖之母弟念周朝敌怨，谋割据未宾，署置伪庭官常，一如偏霸故事。……（刘慎微）俛俛从事，制授宗正寺主簿"。此处汉高祖之母弟即指刘崇，据《旧五代史》记载："刘崇，太原人，汉高祖之从

---

① （后晋）刘昫等：《旧唐书》卷三九，北京：中华书局，1975，第1505~1506页。

弟也。……汉祖起义于河东，以崇为特进、检校太尉、行太原尹。是岁五月，汉祖南行，以崇为北京留守，寻加同平章事。隐帝嗣位，加检校太师、兼侍中。乾祐二年九月，加兼中书令。时汉隐帝以幼年在位，政在大臣，崇亦招募亡命，缮完兵甲，为自全之计，朝廷命令，多不禀行，征敛一方，略无虚日，人甚苦之。三年十一月，隐帝遇害，朝廷议立崇之子徐州节度使赟为主，会周太祖为军众所推，降封赟为湘阴公。崇乃遣牙将李锽奉书求赟归藩，会赟已死，唯以优辞答之。周广顺元年正月，崇僭号于河东，称汉，改名旻，仍以乾祐为年号，署其子承钧为侍卫亲军都指挥使、太原尹，以判官郑珙、赵华为宰相，副使李鍰、代州刺史张晖为腹心。"① 志文所谓割据偏霸即指刘崇建立北汉之事。刘慎微仕北汉，任宗正寺主簿、守太原府交城县主簿。

志文"大宋太祖皇帝义征不谏，薄伐太原"即北宋征讨北汉之史实。据《新五代史》记载："（刘）继元立，改元曰广运。王师北征，继元闭城拒守……（宋）太祖皇帝命引汾水浸其城，水自城门入，而有积草自城中飘出塞之。是时，王师顿兵甘草地中，会岁暑雨，军士多疾，乃班师。"② 太平兴国四年（979），宋太宗复征北汉，刘继元穷窘而降。刘慎微由北汉仕宋，志称"帝用弥嘉，真授耀州华原县主簿，再迁郴州录事参军"。说明刘慎微在北宋考满得授正职。

刘慎微卒于郴州官舍，后迁葬于华原县流惠乡西原，以先卒之夫人李氏祔葬。

刘慎微共有四子：刘麟、刘懿、刘颙、刘象。志文提及刘象"去春预御前明试，登进士甲科。袍笏之颁宣，悉非常例；州县之事任，聊以假途。见知冯翊县"。据志文，此事发生在太平兴国八年（983）。对于太宗朝的会试，《宋史·选举一》："太平兴国二年，御殿覆试，内出赋题，赋韵平侧相间，依次而用。命李昉、扈蒙第其优劣为三等，得吕蒙正以下一百九人。越

---

① （宋）薛居正等：《旧五代史》卷一三五，第1810～1811页。
② （宋）欧阳修：《新五代史》卷七〇，（宋）徐无党注，北京：中华书局，1974，第870～871页。

二日，覆试诸科，得二百人，并赐及第。又阅贡籍，得十举以上至十五举进士、诸科一百八十余人，并赐出身；《九经》七人不中格，亦怜其老，特赐同《三传》出身。凡五百余人，皆赐袍笏，锡宴开宝寺，帝自为诗二章赐之。……三年九月，廷试举人。故事，惟春放榜，至是秋试，非常例也。是冬，诸州举人并集，会将亲征北汉，罢之。自是，间一年或二年乃贡举。五年，覆试进士。有颜明远、刘昌言、张观、乐史四人，以见任官举进士，特授近藩掌书记。……八年，进士、诸科始试律义十道，进士免帖经。"① 由志文可知，太平兴国八年会试后，朝廷也曾对新科进士颁赐袍笏。

撰文者王保衡，撰此志时为志文所说之开宝九年（976），其时北汉政权尚在，故署"伪汉中书舍人"。《十国春秋》本传称："王保衡，仕英武帝为中书舍人，直翰林院。保衡博学有文名，所著《晋阳见闻要录》若干卷行世。"②

〔志文〕

大宋故文林郎守郴州录事参军彭城刘府君墓志铭并序

刘氏得姓因尧，兴宗自汉彭城，高帝始大，本源中山靖王，遂分枝派。府君维桑及梓，世为赵人。赵于中山，我疆我理。靖王之裔，夫复何疑。今深州安平即府君之本贯也。曾祖讳瞻，祖淙，父霸。咸遭唐季乱离，屡困鬼方侵扰。苟全性命，不事王侯，有名于时，无禄而逝。府君讳慎微，字恒检。幼孤寡托，自立其身。为儒不俟于三年，学《易》诋遵于五十。开运末，乡原尚梗，边鄙益搔，徙居晋阳，匪求闻达。入芝兰之室者，遂饮清芬；纵桃李不言焉，已成通道。乾祐三祀，晋阳居守、汉高祖之母弟念周朝敌怨，谋割据未宾，署置伪庭官常，一如偏霸故事。聆府君洁静精微而不贼，乐天知命以无忧，洎公卿大夫之间，抠衣请益者众矣。声光藉甚，执政

---

① （元）脱脱等：《宋史》卷一五五，第 3607 页。
② （清）吴任臣：《十国春秋》卷一〇八，徐敏霞、周莹点校，北京：中华书局，1983，第 1534 页。

上言，府君不获已，而俛俛从事，制授宗正寺主簿。秩满，出守太原府交城县主簿。皆用古道，恪居官次。大宋太祖皇帝义征不谖，薄伐太原。是时府君脱屣伪官，望风行在，复之不远。帝用弥嘉，真授耀州华原县主簿，再迁郴州录事参军。行简易之化，治犷傲之民，下车得情，期月报政。嗟呼，死生定数，贤智难逃，苟过纵心，未为不禄。即以开宝九年七月十二日，疾殁于官舍，享年七十有二。幼子象，抑蓼蓼之哀，勉栾栾之瘠，扶护旅槥，归于华原。夫人李氏，先府君终于晋阳交城之私第。暨府君之即真华原，赖诸子持丧以从，亦权厝是邑。今以大宋太平兴国九年岁次甲申十月丁丑朔，迁祔于华原县流惠乡之西原，叶远日礼也。有子四人，曰麟、懿、颙、象。懿则不幸短折，有室而亡。若麟洎颙，咸能善继。如幼子象，生且不群，读书属文，自致宵汉。去春预御前明试，登进士甲科。袍笏之颂宣，悉非常例；州县之事任，聊以假途。见知冯翊县。一日，愀然告余云：旧国旧都，瞻之弗及，厚葬薄葬，礼贵从宜。称家之有亡，惟孝之终始。凡供丧事，止竭俸余，但激信诚，奚论丰杀。噫嘻！哀荣之极，斯子得之。议者曰，《礼经》云"今人与居，古人与稽"，先儒之所重；《孟子》云"修其天爵，邀其人爵"，振古之难能。猗欤刘君，兼有二事。专经自适，竟为学者之师；好古何求，终享王朝之禄。历官数四，岂曰穷乎？享寿七旬，可称耄矣。高门袭庆，幼子堂仁，莫京之谈，于是乎在。惟则永言畴昔，同事胁从，备熟操修，眇观出处，敢书无愧，以君子儒比德而志之。词云：

将圣立言，儒则有二，或曰小人，或曰君子。小人伊何？听言则对，颂言如醉，荣通丑穷，惊愚饰知。君子伊何？甲胄忠信，干橹仁义，含章可贞，用和为贵。猗欤府君，义之与比。无适无莫，有终有始。信哉真君子之□，焉敢以前言为戏。

伪汉中书舍人王保衡撰
象书

郭朝威墓志

宋太平兴国五年（980）。志正方形，边长0.50米。志文楷书34行，满行42~45字，题"大宋故汾阳郭公墓志铭并序"。崔锡撰。近年出土于西安市灞桥区。《宋代墓志辑释》著录。

志主郭朝威卒于宋太平兴国五年（980），卒时六十三岁，则其生年当在后梁贞明四年（918）。

郭朝威祖籍晋阳西河县开义乡，即汾州西河郡西和县，《旧唐书·地理志》称："临汾，汉平阳县，隋改为临汾。贞观十七年，省西河县，并入临汾。"[1]《新唐书·地理志》亦称："晋州平阳郡，望。本临汾郡，义宁二年更名。"并在"洪洞"下注曰："武德元年析洪洞、临汾置西河县，贞观十七年省入临汾。"[2] 志文未记郭朝威曾祖、祖父名讳，其父郭旻则仅称"以辅弼藩侯，累迁勋职"，由此来看郭氏并非望族。

志称"时属晋君失位，汉祖龙飞，公负羽从军，推诚择主"，晋、汉之交，郭朝威已近而立之年，其是否曾经仕晋，志文并未提及。志文对郭朝威仕汉履历叙述较为简略，仅称其受到宋公赏识，因功"累迁职至都教练使、银青光禄大夫、检校左散骑常侍兼御史大夫、上骑都尉"。同时，宋公还将自己的"素浐别墅"赠给郭朝威，以示褒奖。

郭朝威卒于鸣犊镇私第，后葬于万年县白鹿乡焦吕村，先卒之弟郭朝美、长子郭文遂祔葬。

撰文者崔锡，署"乡贡进士"，未见史籍记载。

---

[1] （后晋）刘昫等：《旧唐书》卷三九，第1473页。
[2] （宋）欧阳修、（宋）宋祁：《新唐书》卷三九，北京：中华书局，1975，第1001页。

〔志文〕

大宋故汾阳郭公墓志铭并序

乡贡进士崔锡撰

郭氏之先，姬周之裔，始肇封于虢叔，爰命氏以成周。代有贤杰，激扬清望。泰有神龙之智，贺彰露冕之风。巨纯孝以动天，嘉忠谋而佐魏。仅施仁政，期竹马于并州；隗负宏才，陟金台于燕国。焕乎史策，此不备焉。公讳朝威，晋阳西河县开义乡人也。曾祖讳□□，烈祖讳□□，并高尚不仕。烈考讳旻，皇晋以辅弼藩侯，累迁勋职。妣琅琊王氏，世振英风，代施阴骘。播徽猷于里闬，彰礼让于乡间。或道之不行，乐丘园而适性；或仁而有勇，依勋烈以成功。咸高垂裕之规，尽显贻谋之德。果生令嗣，克绍家声。公即勋职之元子也。幼而孝悌，长实雄稜。威声凌汾晋之郊，勇气挫孙吴之阵。常谓所亲曰："大丈夫当输忠立节，贾勇扬名，岂可事生业，顾交亲，屑屑于乡里哉。"时属晋君失位，汉祖龙飞，公负羽从军，推诚择主。今同师宋公，时以金张贵胄，冠登殊勋。始膺鸣凤之祥，旋降建牙之命。以公有弈世赞佐之劳，有曩昔乡里之旧，署职辕门，数提虎旅。平原位重，全因毛遂之功；无忌名高，尽赖侯生之力。莫不沉谋有断，智略无前，纲纪元戎，肃清方镇。宋公累抚麾幢，亟更藩屏，尊奖王室，绥抚疲氓。下车而政绩堪嘉，仗节而妖氛自弭。故得军储有羡，国用无亏。将幕临时，尽仰宋均之德；台星照处，咸歌召伯之风。皆公裨佐之力也。累迁职至都教练使、银青光禄大夫、检校左散骑常侍兼御史大夫、上骑都尉。宋公之镇邠也，一旦谓公曰："吾一领旌旄，垂数十载矣，勤劳之绩，尔实居多。今素浐别墅，景物甚嘉。外有井邑，以聚其民。内有池亭，可怡其性。地利繁富，人烟栉比。俾公居之，盖以酬勋德而均劳逸也。"公之初至也，辟荆榛而树花卉，就泉石而葺亭台，构小楼而望终南，筑缭垣而临素浐。优游宴乐，勤恪奉公。唯将礼义化人，不以货财润己。小之比大，仅〔汲〕黯卧理于淮阳；卑以齐高，廉范行歌于蜀郡。岂谓才逾耳顺，方展壮心，俄嗟电露之光，遽迫崦嵫之景。呜呼哀哉！以太平兴国五年十二月二十五日，启手足于鸣犊镇之私第，享年陆拾有三。公箭可丽龟，剑能剺兕，英姿廓落，雅量宏深。加以猛可济宽，仁而有信，秉公忠而事主，用孝义以肥家。故遂天命超迁，贤侯倚赖，书称五福，公实得之。有于兹，没何足恨。夫人长沙秦氏，贤明有节，婉淑无俦。勤丝枲以兴乡，奉蘋蘩而不倦。方期偕老，俄叹未亡。愿吊鹤以兴悲，舞孤鸾而起恨。公有弟一人，讳朝美。有妹二人，长适河西郡毛氏，次适清河郡张氏。芝兰并秀，鸾凤和鸣。虽疏与邑之封，咸叙室家之庆。有子三人：长曰文遂，与叔俱先公而亡，今亦附［祔］于葬所；仲曰文通，随使系职；季曰文度，习进业而未举。有侄一人曰文正，公念惜之情，逾于诸子。或四科而就业，或七德以彰名。珪璧殊形，尽琢礼天之器；宫商迭奏，俱呈治世之音。咸能制度克终，箕裘不坠，亦公积善之庆也。有女二人：长在室而卒，次幼而未笄。今则日月遥迈，宅兆有期，得马足之嘉城，卜牛眠之吉地。以太平兴国七年十月十五日，葬于万年县白鹿乡焦吕村之原，礼也。锡学昧渊微，文亏藻丽，岂可纪扬盛德，刊勒贞珉。徒以早熟英猷，常聆懿行，直而不文，志于幽壤。辞之靡获，遂为铭曰：

  猗欤郭氏，受姓于周。代生间杰，世有贤侯。晋阳竹马，洛浦仙舟。昭彰简策，永播徽猷。懿彼烈祖，世居并土。用之则行，文而有武。阴骘显征，乡闾仰附。燕翼孙谋，有庆于鲁。伟哉郭公，少振英风。驱驰上国，翼赞元戎。沉谋宏远，奇貌恢融。戴仁履信，善始令终。税息方谐，膏肓忽起。天道宁论，人生至此。白鹤来翔，青鸟荐祉。谷变陵迁，贞珉不毁。系曰：公之德兮合天常，公之道兮没而彰。倘积善兮有庆，期子孙兮必昌。

龚德方墓志

宋淳化四年（993）。盖长0.65米，宽0.66米。志长0.62米，宽0.66米。盖文篆书3行，满行3字，题"大宋故武陵龚公之墓"。志文楷书17行，满行17字，无题。龚德方撰，高湛填讳，阿重看书，魏和篆盖，安文璨刻。出土时间、地点不详，现藏陕西省考古研究院。《陕西省考古研究院新入藏墓志》著录。

志主龚德方卒于淳化四年（993）。盖题称"武陵龚公"，志文云"雍人武陵龚德方"。武陵龚氏奉汉代龚奇英为先祖，系龚氏多支起源中规模和影响较大的一支。志文又称"吾祖岐人也，本实编户，唐季徙家于是"，由此可知，龚德方家族本在凤翔府岐山定居，唐末徙居雍州。故志文称"雍人武陵龚德方"。《旧唐书》载：京兆府，隋京兆郡，领大兴、长安、新丰、渭南、郑、华阴、蓝田、鄠、盩厔、始平、武功、上宜、醴泉、泾阳、云阳、三原、宜君、同官、华原、富平、万年、高陵二十二县；武德元年（618），改为雍州；天授元年（690），改雍州为京兆郡，其年复旧；开元元年（713），改雍州为京兆府，复隋旧名；天宝元年（742），以京师为西京；旧领县十八，天宝领县二十三。[1]

据"吾是以得自而志"可知此志系龚德方自撰。志文记其祖父龚顺，字孝和；父龚吉，字全庆；叔父龚远，字思之。据文末题名"兄德裔，弟德源、德舆、德林、德成、德风"等，龚德方兄弟至少七人。不过关于龚德方本人及其祖父、父亲、叔父、兄弟等人生平事迹，志文并未详细叙述。

---

[1] 参见（后晋）刘昫等《旧唐书》卷三八，第1395～1396页。

志称龚德方家族墓在西邑布政乡大郭村，未见史籍记载，具体位置不详。结合龚德方自称雍州人以及文末"京镐之西兮苍苍冢木"推测，龚氏家族墓地可能在今西安市西南。

书者阿重看、填讳者高湛、篆盖者魏和，均未见史籍记载。刻字者安文璨，亦有题作"安文粲"或"安璨"者，为北宋时期著名刻工，另刻《梦英十八体篆书碑》《龙兴寺碑》《大宋勃兴颂碑》等。①

〔志文〕

有宋淳化四祀癸巳冬仲月七日，雍人武陵龚德方茔。父讳吉，字全庆；暨叔氏讳远，字思之，于西邑布政乡大郭村，以祔于祢祖讳顺字孝和之坟，以成其礼。弗求志于它士，非吝有侑，盖惧其佞而虚孋，俾千古而下，明吾望者，以名僇焉，吾是以得自而志。吾祖岐人也，本实编户，唐季徙家于是。呜呼，一世仅革，兹世又从而革。幽兰胡败而蔓草胡盛，平昔事实，竟何云尔。且吾父、叔生无罪于乡曲，殁无憾于宗族，共享一百有五岁，而吾父得半之四。有男八、女八、孙十。吾愚朴，故直书其事，再拜，刻石而铭云：

京镐之西兮苍苍冢木，彼冢之人兮吾天与叔，笔兹石兮庶明夫氏族。

兄德裔，弟德源、德舆、德林、德成、德风
阿重看书
进士高湛填讳
安文璨镌字
进士魏和篆盖

---

① 路远等：《西安碑林藏石所见历代刻工名录》，《碑林集刊》第5辑，西安：陕西人民美术出版社，1999。

雷孝孙墓志

宋咸平元年（998）。志盖尺寸相同，长0.66米，宽0.61米。盖文篆书4行，满行4字，题"大宋故光禄寺丞雷公墓志铭"。志文楷书30行，满行28字，题"大宋故光禄寺丞雷公墓志铭并序"。雷孝先撰，乐夔书。1973年出土于渭南市合阳县杨家庄（今同家庄镇），现藏合阳县文物局。《新中国出土墓志·陕西》（壹）著录。

志主雷孝孙为雷德骧之孙、雷有邻之子、雷有终之侄，卒于北宋咸平元年（998），其生年未详。

雷孝孙的名讳和生平，未见正史记载。出土之《雷有邻墓志》载其长子雷孝先、次子雷孝孙，《雷有终墓志》载其侄为雷孝先、雷孝连二人，此《雷孝孙墓志》称雷孝孙为"先侍中（雷有终）之次侄也"，三者记载基本吻合，但其中提及的"雷孝连"未见相关资料，待考。雷孝孙初以资荫补太庙斋郎，后授太常寺太祝，差监许州都盐院，除光禄寺丞，阶至承奉郎，总渚宫、关市、盐、酒曲四务。其墓志出土可补史载之阙。

此志开篇称"宋景德二载秋七月，我叔父宣徽北院使（雷有终）从金革之明年……毕其葬事"，此与《宋史》及《雷有终墓志》所载雷有终卒于景德二年（1005）七月十五日、同年十一月十六日安葬略有出入，当以《雷有终墓志》记载为准。

据志文记载，安葬雷有终之日，雷孝若"以仲兄早亡，拜章请祔诸先茔"，即将雷孝孙迁祔雷有终新茔。志文中"仍敕中贵侯石公监护"的"石公"即《雷有终墓志》提及负责护葬之石知颙。

撰文者雷孝先系志主长兄，《宋史》载："孝先字子思，有邻子也。举进士，试秘书省校书郎、知天长县。"后加试大理评事，擢太常寺奉礼郎，又改将作监丞，累迁尚书屯田员外郎，继而知兴元府、郓州、贝州等。① 撰此志时署"将仕郎、守秘书省著作佐郎、监河府白家场垛盐务"。书者乐夔，字友龙，端溪人，曾任郁林州司户、封川县令、循州长乐县令、宣教郎、通直郎等职。

〔志文〕

大宋故光禄寺丞雷公墓志铭并序

兄将仕郎守秘书省著作佐郎监河府白家场垛盐务孝先撰

巨宋景德二载秋七月，我叔父宣徽北院使从金革之明年也，痛日月流速。中元日，躬诸祭飨，哀慕号绝，气咽不续，冥冥无言者竟日。皇上闻之，俾内贵神医，连驾叠足，极拯济之，了无征应，次日长往。方咏嘉鱼，遽坏梁木。銮舆亲幸私第，圣心恻疚，出涕久之。赙锡优厚，赠侍中，仍敕中贵侯石公监护，毕其葬事，极哀荣也。我季弟内殿崇斑［班］、阁门祗候、同州兵马都监孝若，以仲兄早亡，拜章请祔诸先茔。上从之，彰孝友也。公讳孝孙，字子庆。曾祖赠尚书、工部侍郎。祖赠太师。考秘书省正字。妣杨氏夫人，即先侍中之次侄也。公娶李氏，早世，陇西族望，甲于圣朝。故京列讳允文，公之太岳也。今西上阁门副使，知瀛洲允则、四方馆使、知延州兼马步军部署允正，公之列岳也。公以太师资荫补太庙斋郎，供职二载，勤恪有闻。奉常卿因礼官乏人，请即诸斋挽，慎择绩效，用假乎阙。上可其奏。公中是选，授摄太常寺太祝。著诚致洁之际，益馨恭俨，几三岁，上嘉乃劳，特除真命。寻差监许州都盐院。出纳严谨，课最盈美，除光禄寺丞，阶至承奉郎。俾总渚宫、关市、盐、酒曲四务，凡诸临莅，绰绰然有清干之称。先侍中知并门，上许随侍。洎归阙，复将命朗州同江陵之职。往任际，道经璧田，病肺，缠疴累月间，药饵无效，年方壮室，于咸平元年五月九日

---

① 参见（元）脱脱等《宋史》卷二七八，第9463~9464页。

殁于别业，权厝于长社佛舍。有女三人，悉未笄。公幼克颖悟，长惟端确，虽文学优富，以早縻禄食，不取名第。操持士行，蕴君子风。孝悌俭约，有古人行。规为才业，实曰令器。当职之外，往往拜疏，言时利病。专务裨益，而竟不能展安民佐国之志。呜呼！天地无全功，与其才而不与其寿。斯人也，而天之若是耶！苗而不秀、秀而不实者有矣夫。岁在乙巳十一月十六日庚申，从侍中之新茔，迁李氏新妇祔而葬焉，礼也。孝先痛天伦之永断，伤泉路之复绝，雨泣援毫，直为铭曰：

繄我仲弟，端雅有称。不幸短命，福善无征。祔葬新茔，实遵旧礼。志尔规为，光尔孝悌。梁山之下，洽水之源。嘉城永闭，身殁名存。呜呼哀哉！

前进士乐夔书

李若拙墓志

宋咸平四年（1001）。志长0.72米，宽0.85米。志文楷书60行，满行46字，题"大宋故谏议大夫赠礼部侍郎李公墓志铭并序"。孙仅撰文，袁烨书并篆盖。志石右下角残损。近年出土于西安市长安区三爻村附近。《宋代墓志辑释》《秦晋豫新出墓志搜佚续编》著录。

志主李若拙，字藏用，卒于宋咸平四年（1001），卒时五十八岁，则其生年当在后晋开运元年（944）。《宋史》有载。[①]

志文称李若拙先辈"或主祀在镐，或因官入洛，久为唐两京人"，《宋史》则直接载其为京兆万年人。李若拙父亲李光赞，《宋史》仅记载曾任贝、冀州观察判官，墓志称"皇考讳□□□□等州观察判官"，志损处当为"光赞贝冀"四字。关于李若拙先祖世系，《宋史》并无记载，但墓志称李若拙为唐郇王祎八代孙，曾祖李定曾任夏州节度使，祖父李玩曾任宗正少卿之职。《宋名臣李若拙墓志铭考释》一文认为，李若拙自称郇王祎之后，但《新唐书·宗室世系表》郇王一支未见李定、李玩、李光赞、李若拙等名，或为正史漏记，或为墓志误记，亦可能为攀附望族。[②] 尽管唐末五代离乱，但作为宗室一支谱系应当尚有迹可寻，故以上三种情况中李若拙叙述先祖世袭时攀附望族的可能性更大。

关于李若拙生平，志文记载其十五岁以父任补太庙斋郎。十九岁应拔萃，除大名府户曹掾。二十二岁举进士，后授密州防御推官。二十七岁应贤

[①] 参见（元）脱脱等《宋史》卷三〇七，第10133页。
[②] 张经洪：《宋名臣李若拙墓志铭考释》，《斯文》第2辑，北京：社会科学文献出版社，2018。

良方正能直言极谏科,迁著作佐郎,除著作局,出监商州坑冶务。太宗即位后,改赞善大夫、知乾州,李若拙以官名与父亲名讳相同而请辞。上述科考、任职情况与《宋史》记载基本相同,补充了其应试中举的时间,可与正史互证。据志文记载,宋太宗在位期间,李若拙被授卫尉寺丞兼知陇州,后拜监察御史,通判秦州、同州。李若拙出使黎桓归来,赐迁起居舍人、三司盐铁判官,后又为河北转运使、改职方员外郎等。宋真宗即位后,咸平初,诏令李若拙同知贡举,加上骑都尉,任右谏议大夫,封陇西县开国男、食邑三百户,后改知贝州军州事。志文关于李若拙不同时期任职、封爵、食邑的信息更为详细,对李若拙出使交趾、与黎桓交涉的情况记载十分生动。相比之下,《宋史》记载较为简略,志文可补正史之不足。

志文提及李若拙编纂《杨继业传》之事,《宋名臣李若拙墓志铭考释》一文结合相关文献叙述李若拙文学成就和交友情况,认为其在文学方面颇有造诣,同时进一步考证,认为李若拙编纂《杨继业传》时间当在雍熙三年(986)七八月之间,编纂原因当是其任河东转运使期间,对杨继业英勇战绩了解较多,颇为钦佩,又感于杨继业含冤而死,故直叙其事,以传后世。①

关于李若拙子嗣,《宋史》仅载"李绎"一人,志文补充了李缅、李缜、李绶、李緫、李绰等人信息。

李若拙卒于咸平四年(1001)五月二十五日,七月五日权殡于东京西郊法宝院。天禧元年(1017)四月二十二日归葬永兴军万年县洪固乡大赵村祖茔,在今西安市长安区韦曲北原。

撰文者署"门生朝请大夫守给事中集贤院学士判审刑院事柱国赐紫金鱼袋",名讳因志石受损无法辨识,《宋名臣李若拙墓志铭考释》考证当为"孙仅"。篆盖者袁烨,署"成州军事推官将仕郎试秘书省校书郎"。两人均为李若拙门生。

---

① 张经洪:《宋名臣李若拙墓志铭考释》,《斯文》第 2 辑。

〔志文〕

大宋故谏议大夫赠礼部侍郎李公墓铭并序

门生朝请大夫守给事中集贤院学士判审刑院事柱国赐紫金鱼袋□□□

门人成州军事推官将仕郎试秘书省校书郎袁烨书并篆盖

公讳若拙，字藏用，有唐邠王祎八代孙。大王父讳定，夏州节度使。王父讳琬，宗正少卿。皇考讳□□，□□等州观察判官，赠左谏议大夫。皇妣彭城刘氏，赠本县太君。洪源巨派，姓族居高。国史家牒，勋德尤盛，子孙振振，弈叶冠冕。或主祀在镐，或因官入洛，久为唐两京人也。公即大谏长嗣也。年十五，以父任补太庙斋郎。年十九，应拔萃，判入高等，除大名府户曹掾。时烈考在魏王幕府就甘旨也。年二十二，举进士，故兵部侍郎、赠太师王公祐，乾德中典诰掖垣，兼掌贡籍，词宗公望，卿大夫无出其右。四年春，中第者六，公居其四。失巍峨者抑少年也，然王公独以雄词博学许之，曰："垂名不后于我矣。"寻授密州防御推官。年二十七，应贤良方正能直言极谏科，太祖皇帝临轩亲试，条对圣目，日及申而奏成。太祖执卷曰："儒者有如是之才者，三千字写亦难了，况文理乎？"迁著作佐郎。公以遇英明之主，登制策科，方伸壮志，偶辅弼之司，除著作局。靡遵故事，因致书干执政，出监商州坑冶务。相府失人，颇动物议。太宗即位，改赞善大夫、知乾州。公受命次，恒然感至，乃拜章云："官虽君恩，字乃父讳。"乞守前秩，朝旨不允。未期岁，坐与诈称走马使臣李飞雄顷刻相见，不能辨伪。偶与其父若愚连名，太宗赫斯，事将不测。有司执议，本非党系，由是削去官籍。非公洁身有素，祖祢积庆，几难免矣。朝廷悯陷深辜，不经岁，特授卫尉寺丞。自春及秋，牵复旧秩，兼知陇州。课最超，拜监察御史，通判秦州，重边任也。三辅雄盛，左冯尤剧。太师宋公渥节制于藩，老于富贵。国家恤□刑政，旋移通判同州。下车未季，御史中丞滕中正知公廉直，举奉台职，屡劾大狱，皆出片言。横迁右补阙，监在京香药

□易院。岁课五十万缗，卫王、广平王出阁进颂称美。太宗召对，赐五品服章。王师取代北州县，将足兵食，诏公同河东漕运，飞刍挽粟，智计如神。随大军入云中，登城望而叹曰："古郡也，既得之，患失之。守之者，将何人乎？"乘传赴阙，奏便宜事。太宗益加赏叹。飞狐北副将杨继业不还，公惜其勇而有谋，为众不救，虑史氏失其功实，乃撰《杨继业传》传于世。太平兴国纪号之后，六合为家，厥民富庶。先帝念吴越、荆楚、巴蜀并汾之地，新奉职贡，梯航实劳，朝至夕到，填委京邸。乃置水陆发运司，专决留滞事，权禄位吏，局白直亚三部一等，与计相抗。行文牒，命公贰职，待器能也。曰：南国自征讨不取之后，屯戍贪泉，积岁未解。雍熙中，黎桓服我德，惧我威，请罪纳款，乞受真爵。太宗仁抚远俗，遂以分闑可之，诏公借秘书监，持节往焉，车服仪注，悉从官给。遵路日具，行人之式，缙绅咏皇华诗，饯于都门之南，荣观者如堵焉。爰止海滨，黎桓备兰舟桂楫，迎出天池，接于境上。冠盖色目，尚存窃号，寮属称呼，仍多僭拟。公遣左右通好，责以臣礼，明谕受恩之则，俾改从事之官。黎桓听伏，靡不禀正。公然后揽辔徐行，始相见焉。翊日，黎桓具军容弄舞拜命，士民欢呼曰："复见汉之衣冠矣。"馆谷浃旬，燕会朝夕，屡以大贝明珠，间列樽俎，公略不流视，主师官联愈增恭畏。因取先陷蛮蜑，使臣邓君辩以归交，赞礼币，恪赉行，方物非书，送者让去，由是橐中装绝于他使。周岁复命，对扬日，面奏异域风俗，黎桓喜受正朔两使之恩。太宗曰："使于四方，不辱君命，卿得之矣。"所获例物，连书上进，系擢法者入公帑，余者皆回。赐迁起居舍人、三司盐铁判官。幽蓟阻兵，镇定瀛鄚，重馈运之务。出为河北转运使，改职方员外郎，面赐金紫。秩满归阙，直昭文馆，迁主客郎中，充江南转运使。南郊覃恩，加骑都尉。交州自公奉使后，朝廷累颁恩信，行人或非其人。黎桓多聚巨蟒侮之，至道中，来扰海隅。国家谓公前使得宜，亟召赴阙，借礼部侍郎，持节再往。黎桓郊迎，曰："万里小国，叠降玉趾，潇湘之会，何以加也。"公申明命，存大体，俾箕踞慢态变为肃容。南鄙顿安，时公之力，未出番禺。太宗晚驾，转金部郎中。入觐日，今上面慰出疆之劳，仍赐座对。数刻，召试三题，迁兵部郎中，充史馆修撰。越旬，与刑部郎中王禹偁，并命知制诰。咸平初，天下诸侯十二荐士，圣上谅暗不言，诏公同知贡举，一依唐室故事。放榜后，序门生，谢衣钵，醼宴题名，绰有元和、会昌之风焉。南郊礼毕，加上骑都尉。公再使鸢城，染郁蒸之气，渐成疾疢。数乞假告，除右谏议大夫，封陇西县开国男，食邑三百户。经半载，病稍间，奉诏出河朔，密计边事，引进使何承矩副焉。复命，差知昇州，未发轫，改知贝州军州事。甘陵在魏北水陆冲要，甲兵屯聚。是时单于飞骑频有侵轶，朝廷以公文武之才，故赖兹任。咸平四年五月二十五日，旧疾膏肓，终于治所，享年五十八。皇上闻之，嗟悼颇久，赠给加等。七月五日，权殡于东京西郊法宝院。岁在丁巳，嗣子绎以襄事拜章乞假，奔走上都，扶护先君洎三母及弟妹灵柩，卜孟夏月二十有二日，归祔永兴军万年县洪固乡大赵村祖茔，礼也。首娶郑氏，早亡。先封马氏，以长子立朝，追赠福昌县太君。次娶郑氏，封会稽县君，皆故奉先县令郑嗣光之女，尚书左丞韬光之侄也。胄贵门清，二姓所慕，女工母则，四德无亏。次娶汾阳郭氏，次娶范阳符氏，并封本县县君。簪组余庆，公侯令孙，宜配君子，享汤沐之荣焉。有男六人，长曰绎，举进士第，守秘书丞，知耀州。次曰缅，随侍南使，卒于湘潭。次曰缜，大理评事，监阆州商税。次曰绥，次曰緦，未冠而卒。次曰绰，京兆府士曹参军。俱以修词立诚，必谋克荷，陈力就列，常惧辱先，龙驹凤毛，斯不忝矣。有女四人，长适前进士唐寔，次二人早亡，次一人在室。呜呼！公禀英粹之气，赋奇俊之姿。卅岁力学，手不释卷，爱周公、孔子之书，嗜子长、孟坚之史，凡经于口，即暗于心。虽古号经笥濮圣，无以加也。天性纯孝，丁考妣忧，殆至毁灭。未壮室三取文章之科，我朝儒风大盛已六十年，由宰相而下，比公策名，莫有及者。爰佐初筵，动有婉画。典山泽之利，固出纳之客。通守大藩二，出知列郡三，或仁义化民，或强明畏吏。考绩皆最，真良二千石也。佐邦计，绾利权，叹厚敛，为不法，用轻赋，为至公，常欲富国，振斯箱如坻之咏焉。奉使南域，小陆贾之功；演诰西掖，下元稹之誉。主文柄，贤者进，滥者退；居谏司，直者喜，佞者惧。历事三圣，垂四十年。凡受一官，述一职，未尝有缺。三圣乃眷，不谓不至。越知命之年，始直史职、代王言。捐馆之日，官止谏议大夫，阶朝散大夫，勋上骑都尉，爵开国男，邑三百户而已。议者谓公符彩沉整，俨若有大臣之风；襟量宏显，慨然负丈夫之气。才美超迈，声望喧沸，宜副将相之拜，为当轴者忌之，而止于此乎。呜呼哀哉！嗣子等以远日有期，惠书求志。仅，器业浅陋，辱公殊常之遇。择宫选士，擢冠四科。先飞莺谷之春，获继雁行之美。践扬台省，从容馆殿，切怀报德，遽恨颓山。虽乏好词，难于牢让，谨为铭曰：

岳渎炳灵，景纬腾精。挺生王佐，郁为国桢。公实人杰，弈世扬声。紫气钟异，仙李流英。髫年老成，弱冠秀出。才周变通，名兼望实。一命起家，三捷入室。乃眷斯厚，惟良有秩。践更外计，均输所资。两使绝域，专对是宜。既吟红药，爰伏青规。获麟纪事，华衮无私。壮志凌云，徽猷迈俗。妙誉铿金，英词润玉。仰荷推心，常思效足。方协帝畴，奄终天禄。命不臧兮泣琼瑰，哲人逝兮泰山颓。隙驹谢兮不返，朝露睎［晞］兮增哀。远日臻兮即长夜，佳城郁兮永无开。

吕 通 墓 志

宋咸平五年（1002）。盖长0.68米，宽0.75米。志长0.68米，宽0.74米。盖文篆书4行，满行3字，题"宋故赠祠部郎中吕公墓志铭"。志文楷书42行，满行41字，题"宋故宣德郎守太常博士通判西京留守司事骑都尉借绯赠尚书祠部郎中吕公墓志铭有序"。赵良规撰，吕大防书，赵君锡填讳，罗道成刻。2009年出土于西安市蓝田县三里镇，现藏陕西省考古研究院。《陕西省考古研究院新入藏墓志》著录。

吕通，字推之，卫州新乡人，卒于咸平五年（1002），卒时三十七岁，则其生年当在乾德四年（966）。

吕通系北宋著名关学学者"蓝田四吕"之祖父。志载吕通曾祖吕珣为唐睦州长史、赠太子少傅，曾祖母李氏得封陇西郡太夫人；祖父吕咸休为后周尚书户部侍郎、赠右仆射，祖母刘氏封彭城郡夫人；父亲吕鹄为太子中允、赠尚书司封员外郎，母亲杨氏追封虢略县太君。其中，"吕咸休"之名在《旧五代史》《五代会要》等文献中有零星记载。另据《河南通志》记载："吕咸休，字德祥，新乡人。器度宏伟，幼即超迈不群。稍长，锐志学问，博通古今。（后）唐庄宗时，从义师北征，命掌刀笔，授观察巡官。仕（后）周，以绩进户部侍郎。"[①]《吕咸休生平及家族世系考》一文认为："吕咸休有没有入宋，史无记载。但从其（后）唐庄宗（923~925）时即已入仕，历仕四朝来看，入宋时吕咸休大约已是六七十岁的老人，无所作为了。"[②]

[①] （清）王士俊等：《河南通志》卷五八，《景印文渊阁四库全书》第537册，台北：台湾商务印书馆，1982。

[②] 李如冰：《吕咸休生平及家族世系考》，《新乡学院学报》2010年第3期。

《吕通墓志》未载吕咸休在宋代所任官职，由此推测，吕咸休可能没有入宋。

志文提及"三院吕氏"称："当五代之际，更后唐、晋、周为侍郎者凡三人，俱有名于时。经乱谱亡，莫知其绪。然参求传记，考其本末，盖兄弟行也。其一曰琦，晋天福中以兵部卒；其一曰梦奇，后唐长兴中以户部卒，皆著国史；其一即公祖户部府君也，周显德初终于位。吏部尚书张昭叙其神道甚详。故国初衣冠间谓之'三院吕氏'。盖三人之兴，同出于燕卫之间，而操行名位又同也。然天福之后，至其子一为参知政事，一为宰相赠侍中，余庆正惠公是也。长兴之后，至其孙且曾孙而为宰相者二人，文穆公、文靖公夷简是也。独显德之后，尚未大振。公又抱才不及施而殁，论者颇以三吕始同而后异。"此段记载与吕祖谦《东莱公家传》所述基本吻合。

据志文记载，吕通早年因才学出众，深得吕蒙正、吕端、张秉等名臣推崇，并曾随吕端出使高丽。志文对吕通仕途履历的叙述相对简略，其于淳化二年（991）进士登科，得授河南府缑氏县尉，之后迁平江军节度推官、拜秘书省著作佐郎、监楚州装卸仓转本省丞；真宗即位后，任太常博士、西京留守司通判等。

志载吕通娶张氏，为"司农卿仁璲之孙，太子右赞善大夫务本之女，文穆公之甥"，张氏墓志亦已出土。吕通长子吕英曾任著作佐郎，次子吕蕡曾任殿中丞。吕蕡即后世闻名的吕大忠、吕大防、吕大钧、吕大临——"蓝田四吕"之父。

吕通卒于咸平五年（1002），葬于新乡。嘉祐六年（1061），其子吕蕡为了"子孙宦学"，卜骊山吉地，将父亲及景祐五年（1038）去世的母亲张氏墓茔迁葬于蓝田县玉山乡。熙宁七年（1074）九月，又改葬于蓝田县北太尉原。

撰文者赵良规，字元甫，曾为京西陕西路提点刑狱、荆湖南路转运使、太子宾客、尚书工部侍郎，史称"良规所至州郡，为政不甚力，然善委任佐属"。[①] 此志署"朝散大夫、守光禄卿、直秘阁、知陕州军府事兼管内劝

---

① （元）脱脱等：《宋史》卷二八七，第9660页。

农使、提举银冶务公事、上护军、天水县开国子、食邑六百户、赐紫金鱼袋",可补《宋史》之阙。填讳者赵君锡,字无愧,为赵良规之子,曾为武强知县、司勋右司郎中、太常少卿、刑部侍郎、御史中丞,卒赠徽猷阁直学士。赵良规、赵君锡父子,《宋史》卷二八七有传。

书者吕大防,为志主之孙。篆盖者雷寿之、刻者罗道成之名,在其他出土墓志中亦有记载。

〔志文〕

宋故宣德郎守太常博士通判西京留守司事骑都尉借绯赠尚书祠部郎中吕公墓志铭有序

朝散大夫守光禄卿直秘阁知陕州军府事兼管内劝农使提举银冶务公事上护军天水县开国子食邑六百户赐紫金鱼袋赵良规撰

孙承奉郎守秘书省著作佐郎知永康军青城县事大防书

右班殿直雷寿之篆盖

将仕郎守将作监主簿赵君锡填讳

公讳通,字推之。其先齐太公之后。太公既封营丘,其子孙入齐者为姜氏,留汲者为吕氏。今故汲城有太公庙碑,书汲郡子孙官爵。至公犹为卫州新乡人。曾祖讳珣,唐睦州长史,赠太子少傅。曾祖妣李氏,追封陇西郡太夫人。祖讳咸休,周尚书户部侍郎,赠右仆射。祖妣刘氏,彭城郡夫人。考讳鹄,太子中允,赠尚书司封员外郎。妣杨氏,追封虢略县太君。公举进士,登淳化二年甲科,授河南府缑氏县尉。淮南转运使奏其才,迁平江军节度推官。用举者召拜秘书省著作佐郎、监楚州装卸仓转本省丞。真宗即位,闻其名,召试学士院,除太常博士,通判西京留守司。咸平五年四月四日,以疾卒官,享年三十七。公方毅有守,锐精文学。少丁司封府君之丧,刻苦自立。年二十游京师。当太宗浸平天下,求士如不及,英才异人往往拔用。慨然有自奋之志。丞相文穆公蒙正、正惠公端,皆以族亲在显位,公往依之,章表笺疏多出公手。正惠使高丽,邀以自随。朝夕出入二公之门,而志气论议未尝以贫贱少诎。赵韩王普留守西京,其婿监察御史张秉爱公才,欲荐之。公亟以书谢曰:"赵公之门,诚寒士所欲附。然由径以取富贵,某不能也。"公果言之,请从此绝,秉于是愈益奇公。宋文安公白知制诰,学者宗之。后进争趋其门,或不得见。及观公文,称赏嗟叹。明日,自造其居。由此名益大显。孙何、丁谓、任随辈皆誉倾场屋,群士莫敢望。公与之相善,同保以应有司。时人目为"龙虎保"。既而俱试开封府,及荐名,何第一,公次之。明年春,太宗御崇政殿,亲考天下士。公程文入优等。既唱名,文穆公以族弟称谢殿上。太宗疑公以力致,罢遣之。公不自辨[辩],径趋出。有顷,大臣更奏公才行殊异,复召赐第,犹居甲科。在缑氏清严,吏不敢欺,洛民歌之。及迁苏州,属岁大饥。佐州守谋画招辑流民复业者数千户,死者皆为收瘗。采访使以状闻,优诏褒谕。自平江比召试,不一岁,凡三迁其官。其在西京,真宗议幸澶渊以征契丹,欲料河南劲兵,益屯行在,转其府廪以馈之。使来问状,时尹以疾告。公为条奏利害及移用之方。上读奏,惊曰:"作奏者谁?"使者以公对。遂欲不次用之。其后将召,而公得疾卒矣。嗟乎!士之负才能者,患不见知于上,既知之,患不用。若公之才,且将用矣。不幸夺其年,卒不得施,岂非命乎?有文集十卷藏于家。娶张氏,司农卿仁璟之孙,太子右赞善大夫务本之女,文穆公之甥,后公三十六年卒。子男二人:英,终著作佐郎;蕡,今为殿中丞。女三人:长适左班殿直王令先,次适进士史谔,次早亡。孙九人:大忠,泽州晋城县令;大防,著作佐郎;大钧,秦州右司理参军;大圭、大章,未仕;大受,同进士出身;大临、大观、大年,未仕。孙女五人。殿中既登朝,赠公尚书祠部郎中,追封张氏夫人仙居县太君。嘉祐六年,殿中以状来告曰:"我上世皆葬于新乡,今子孙宦学在秦,又得吉地于骊山之麓。将以九月癸酉,举公及夫人之丧,葬于京兆府蓝田县玉山乡李村之原。愿得铭于墓。"予因阅其家谱。吕氏出于炎帝,自周以来,或大或微,多有显人,其可异者。当五代之际,更后唐、晋、周为侍郎者凡三人,俱有名于时。经乱谱亡,莫知其绪。然参求传记,考其本末,盖兄弟行也。其一曰琦,晋天福中以兵部卒;其一曰梦奇,后唐长兴中以户部卒,皆著国史;其一即公祖户部府君也,周显德初终于位。吏部尚书张昭叙其神道甚详。故国初衣冠间谓之"三院吕氏"。盖三人之兴，同出于燕卫之间，而操行名位又同也。然天福之后，至其子一为参知政事，一为宰相赠侍中，余庆正惠公是也。长兴之后，至其孙且曾孙而为宰相者二人，文穆公、文靖公夷简是也。独显德之后，尚未大振。公又抱才不及施而殁，论者颇以三吕始同而后异。以予观之，著佐、殿中固已仕宦，有声搢绅，而诸孙烨然，皆以文章才德自进。关西号多豪杰，至语士族，则莫敢与吕氏为比。公虽独不自享其报，孰知不在其后人也哉？
铭曰：

烈烈户部，有名于世。事传丰碑，在报宜备。庆流于公，才出士类。持躬直清，秉节端毅。苏州之画，民始受赐。西京之奏，遂简帝意。将召于朝，其有所试。胡夺之年，而屯其施。三吕入宋，大显者二。公不自享，其在后嗣。骊山之阳，自公始隧。徽音不亡，刻此铭志。

熙宁七年九月朔改葬于县北五里太尉原
公是时赠官至兵部侍郎
镌者罗道成

雷有终墓志

宋景德二年（1005）。志盖尺寸相同，均为正方形，边长0.77米。盖文篆书3行，满行3字，题"大宋故雷公之墓志铭"。志文楷书60行，满行60字，题"大宋故宣徽北院使起复云麾将军检校太保兼御史大夫上柱国夏阳郡开国侯食邑一千八百户食实封陆佰户赠侍中雷公墓志铭并序"。王曙撰，白宪书，王余庆、王钦刻。1973年出土于渭南市合阳县杨家庄乡（今同家庄镇），现藏合阳县文物局。《新中国出土墓志·陕西》（壹）著录。

志主雷有终，字道成，卒于景德二年（1005），卒时五十九岁，则其生年当在后汉天福十二年（947）。《宋史》有载。[1]

雷有终为雷德骧次子。其父雷德骧、兄雷有邻，前《雷有邻墓志》已有讨论。此志称："远祖咸，仕唐为左庶子，作相春宫，实允望人……曾祖讳昶，祖讳□，并肥遁素履，隐居养志……祖以先太傅之贵也，累赠工部侍郎。"这些关于雷氏先世的记载，可补《雷有邻墓志》记载之阙。此外，志文称雷德骧"卒于工部侍郎，累赠至太傅"，可补《宋史》相关记载之阙。

志文称雷有终十九岁"以门资调汉州司户，历绛州垣县、兖州莱芜二县尉。尺蠖屈以求伸，鸷鸟卑而欲击，以发宿奸，迁本县令，兼莱芜监"。所谓"以发宿奸"，史载"知监、左拾遗刘祺以有终年少，颇易之，有终发其奸赃，祺坐罪杖流海岛，以有终代知监事。先是，三司补吏为冶官，率以资进，多恣横。至是，受署者惮有终，率多避免"。[2] 宋太宗在位期间，雷有终曾通判解州军州事，兼提点两盐池。后改充淮南转运副使、蔚州飞狐路

---

[1] 参见（元）脱脱等《宋史》卷二七八，第9455~9463页。
[2] （元）脱脱等：《宋史》卷二七八，第9455页。

随军转运使。及改元淳化，拜少府少监。宋真宗即位后，雷有终又转工部侍郎、知天雄军府事等。墓志所述雷有终担任职官较《宋史》更为详细，其中关于雷有终参与征讨李顺、王均之乱的叙述有较多细节。雷有终拜宣徽北院使、检校太保，其中"宣徽北院使"之职在唐朝由宦官充任，北宋改由士人担任，常用以待罢政的勋臣。结合《雷有终墓志》志题中"检校太保兼御史大夫、上柱国、夏阳郡开国侯、食邑一千八百户、食实封陆佰户"等，以及《宋史》"有终倜傥自任，不拘小节，有干局，沉敏善断，不畏强御，轻财好施。历典藩阃，能抚士卒，丰于宴犒，官用不足，则倾私帑及榷钱以给之。家无余财，奉身甚薄，常所御者铜鞍勒马而已。第在崇仁里者，德骧所创。有终在蜀尝贷备用库钱数百万，奏纳其第偿之，优诏蠲免。为宣徽使，特给廉镇公用钱岁二千贯。身没之日，宿负犹不啻千万，官为偿之。王继英在枢密，颇忌有终进用，屡言其在蜀及守边厚费以收士卒心，真宗不之信，卒保护焉"① 等记载，可见雷有终当时之地位。志题和志文有多处内容《宋史》未载，可补正史之阙。

雷有终有孝若、孝杰、孝绪、孝恭四子，志文和正史可互证，志文略详。

志载雷有终卒于京师崇仁坊之私第，与《宋史》记载雷家"第在崇仁里者，德骧所创"吻合。十一月十六日"归葬于同州郃阳县如意乡"雷氏祖茔。志文末题"西京作坊使、长州刺史……石知颙护葬"。据《宋史》记载："石知颙，真定人。曾祖承渥，梁尚食使。祖守忠，晋内供奉官。父希铎，高品。知颙形貌甚伟，建隆中授内中高品。太宗即位，改供奉官。"② 关于石知颙职官记载，部分志文无法辨认，但"西京作坊使""长州刺史"等可与正史记载互证。

撰文者王曙，字晦叔。据《宋史》记载，王曙为"隋东皋子绩之后。世居河汾，后为河南人。中进士第，再调定国军节度推官。咸平中，举贤良

---

① （元）脱脱等：《宋史》卷二七八，第9462~9463页。
② （元）脱脱等：《宋史》卷四六六，第13625页。

方正科，策入等，迁秘书省著作佐郎、知定海县。还，为群牧判官，考集古今马政，为《群牧故事》六卷。……有集四十卷，《周书音训》十二卷，《唐书备问》三卷，《庄子旨归》三篇，《列子旨归》一篇，《戴斗奉使录》二卷，集《两汉诏议》四十卷"。① 撰此志时署"群牧判官、宣德郎、守秘书省著作佐郎、赐绯鱼袋"。书者白宪，曾撰《中岳天忠圣帝碑》，此志署"翰林待诏、宣德郎、守秘书丞同正、兼御书院祗候、赐绯鱼袋"。刻者王余庆、王钦为御书院刻字，未见正史记载。

〔志文〕

大宋故宣徽北院使起复云麾将军检校太保兼御史大夫上柱国夏阳郡开国侯食邑一千八百户食实封陆佰户赠侍中雷公墓志铭并序

群牧判官宣德郎守秘书省著作佐郎赐绯鱼袋王曙撰

翰林待诏宣德郎守秘书丞同正兼御书院祗候赐绯鱼袋白宪书

舆鬼之下，左冯画野。千里而一曲，其川曰洪河；万仞而四方，其镇曰太华。育粹含灵，宜生贤者。其有家传义声，世济直气。尝更夷险，力致于青云；克树忠劳，自结于明主。张苍善计，早践图书之司；魏绛多功，独受金石之赐。见之于冯翊雷公矣。公讳有终，字道成。其先曰方雷氏，女为黄帝妃，是生玄嚣，流庆颛顼。神明之后，其族蕃昌。珪组联华，英贤接武。在汉为郡守，与人著胶漆之称；在晋为邑君，博物辨斗牛之气。将军山西之武毅，著作东观之辞宗，并彪炳史传，流芳弈叶。远祖咸，仕唐为左庶子，作相春宫，实允人望。子孙避乱，衣冠中绝。曾祖讳昶，祖讳□，并肥遁素履，隐居养志。忠信行乎州里，庆善钟乎似续。祖以先太傅之贵也，累赠工部侍郎。显考讳德骧，长源浚发，英才命世，一举进士上第，起家辟磁州军事判官，征拜右拾遗。开宝、兴国之际，历御史谏官，以谠言伟节，感动万乘。茂绩藏于王府，直声冠于朝右。不登三事，时论惜之。卒于工部侍郎，

---

① （元）脱脱等：《宋史》卷二八六，第9632、9633页。

累赠至太傅。先妣太原县君王氏，不幸早世。继母南阳郡太君杨氏，以公之升显位也，受宝冠霞帔之赐。兹所以仲尼叹子产之亡，谓之遗直；臧孙知考父之后，必有达人。公即太傅之第二子也。月角奇姿，金方劲气，生而奕迈，幼则老成。通春秋大义，耻为章句之徒；学纵横家流，好谈王霸之事。乾德中，年十九，以门资调汉州司户，历绛州垣县、兖州莱芜二县尉。尺蠖屈以求伸，鸷鸟卑而欲击，以发宿奸，迁本县令，兼莱芜监。骥足踠而将展，牛刀割而有余。太宗即位，知其可用，遣内官伍守忠与之同事，实廉察焉。守忠三旬而回，具以事奏。征归，未见，擢授大理寺丞，通判解州军州事，兼提点两盐池。岁余，周知其弊，乞乘传自陈。进见条对，太宗为之动容，因口敕与升朝官，特授右赞善大夫，仍以解州小郡，遂省去知州田芳，以公权典。秩满还都，以太平兴国六年郊祀，转殿中丞。寻而朝议，以密州难治，俾公往莅。未即路，复以京师据梁宋之郊，屯百万之众，仰给淮海，岁资国用。以公能声治状，足干斯任，改充淮南转运副使，锡五品章绶。正色而奸豪屏气，清身而州县承风。公庾如坻，号为称职。转太常博士，均输如故。雍熙中，海县无事，财力丰富，太宗欲扬威荒外，观兵塞垣，十乘启行，五将分道。瞻彼飞狐之口，实惟束马之途。既衔枚而进师，须挽粟以济众。董兹军食，必借通才。敕公带本职，充蔚州飞狐路随军转运使。公明威惠，申约束，事不愆素，人斯忘劳。克成破竹之功，颇赖轻赍之力。公以时运斯契，□□为期。□□发硎，持则立断。冲牙在佩，动而有声。寻以本官充三司盐铁判官，又改判三司度支勾院，迁屯田员外郎，依前充职。藉千亩之年，转本曹郎中，充□部副使，仍赐金紫，又授度支副使。吏不敢欺，曹无留事。班固称桑羊之言利，能折秋毫；贾季论赵盾之为贤，有如夏日。俄以本官出知昇州军州事。式是□□，邦人宜之。及改元淳化也，就拜少府少监，以长南海。恺悌之风，行乎交广。既征候代，以亲累，责授衡州团练副使。寻丁先太傅忧，方居左宦，遽罹家艰，哀号□道，几至灭性。行及许田，太宗知其非罪，就赐钱三十万，不时召见，与雪前事，又赐钱五十万，仍抑夺，除都官员外郎，充度支副使，章服如旧。公荑蓼在心，□棘视事，又迁盐铁副使，充江淮、两浙、荆湖、福建、广南等路茶盐制置使。公示程品，课耗登，钩距无迹而遗利皆收，罗络不施而久弊尽得。职罢，转工部郎中，知天雄军府事。方下车，□复尚方少列，赐勋柱国，差知荆南军府事。会川峡年饥，民弃为盗，逼逐官吏，州闾云扰。朝廷欲先之以文告谕之。以皇威命公充荆湖夔峡路都转运使、同兵马司公事。沿峡而上，所在陆□。公且战且进，驻军山半。时天久不雨，将士渴乏。公仰而潜祷，须臾大澍，皆以兜鍪伞盖取饮，无不霑足。天意助顺，人心益坚。于是席卷鼓行，胜气百倍。至广安军。兹城也，一面阻江，三边寨木。夜中月黑，贼众大至，周呼举火，炎焰烛天，我师震惊，诸将请战。公计定于心，安坐理发，待其势合，即于火光下潜引奇兵，自后击之。贼出其不意，赴水火死者，不可胜纪。谢艾对敌，□床麾军；亚夫在营，坚卧止众。公之方略，亦犹是焉。自兹贼势□蹙，甚于拉朽。列郡欢迎，两川甫定。一日，师次郊野，刈草设幕，居无一物。公良久入账中，即见数蛇在下，出谓同列曰："天恩其来矣。"数日，届普州，果有中使赍纶诰至，授公右谏议大夫、知成都军府事。盖公秉心宣力，神告之休耳。寻以所部，便路之官。贼知其轻，稍稍复集。次简州洛至县，泊于佛寺。公度其必至，乃密令左右重闭，而止召土人，严更而鼓之。初夜，由间道而出，使返侦之，则贼围之数重矣。及旦，唯得击柝者二人。公之决策，率多此类。寻授充同捉贼招安使。又赐御札，止充招安使。镇静反侧，劳徕流亡，再期有成，征典近郡，差知许州军州事。抽赴阙，又授知并州军州事。至道二年，就拜给事中。郭伋以镇接未还，□恢以尤异增秩。明年，太宗上仙，遗赐对衣金带，表殊念也。今上嗣统，就除工部侍郎。罢郡入朝，路由巩洛，公以太宗委偶夙深，攀号罔追，望乔山而饮泣，仗汉节以飞章，乞拜陵寝，优诏允答。及介圭肆觐，前席畴庸，以本官判审刑院，俄除户部使。当官而行，尽瘁事国。平三典之轻重，辨五土之名物。详谳惟允，舆赋有加。翠华幸魏之年也，坤维上变，小校挺灾。主上讲求将帅，思得颇牧，以公久于边事，深达武经，陟以廉车，付之兵柄，特拜庐〔泸〕州观察使，知成都军府事，兼兵马钤辖。畅毂在门，淑旂指路。盗起南郡，萧育以恩信亟行；兵弄潢池，龚遂以便宜从事。且曰："王均卒伍，事起猖狂，使□婴城，食尽即毙矣。"于是，急击连捷，均退保成都。堑隍而围之，梯冲百道，金鼓一气，凡六月而自溃焉。均之将逃也，一夕，月有大晕，久之，其旁复有白气如巨□形荷钺戟手，晕随指缺。占者曰："月阴类小人也，我军有神助，彼其遁矣。"不数日，均果于晕缺之方亡走，追而斩之。其丹诚感激，冥应昭著，有如此者。以功迁保信军节度观察留后。布清静之化，安叛换之俗，乱蝇不扰，自变浇风，大树无言，何功诸将。公受二圣之知，前后两入蜀，再朝天，累赐钱银、文马、宝带，皆度越常例，其数甚多，公悉以待使车，缮军士。家财罄竭，语不及私。凡再使，过库钱数千贯，俱上表乞纳崇仁里第，皆有诏给还焉。惟君知臣渴见仪表，诏归京辇，恩旨特隆。俄授泾原仪渭镇戎军路部署，拜章陈让，续奉敕知永兴军府事。又以西鄙未宁，降五人口宣诏旨，命公知秦州军州事。公以秦甸控扼西陲，城垒卑庳，不足威戎，乃表乞缮完，大兴板筑。公亲自慰劳，暑不张盖，克期而就，厥功茂焉。以圆丘庆恩，加检校司空。景德元年，降使赍御书，锡黄金四百两，移充并代州管内马步军副都部署。寇恂以父老之思，再临河内；季布以股肱之重，复德并州。丁杨夫人忧。公以幼失圣善，事如所生，方荣莱子之衣，遽墨晋侯之绖。起复，依前充并代州管内副都部署。是年冬，胡马南牧，帝车顺动，澶渊驻跸，羽檄征兵，诏公以麾下会师塞上。时镇定诸路坚壁未进，公闻命而起，沉机电发，孤军直前，横制河朔。群师不敢后期，六师为之贾勇。及戎王请和，銮舆归阙，策勋舍爵，公宜与焉。尚以晋阳精兵，未可撤警，圣札飞文，王人继轨，俾公回旋，仍判郡事。牢让之际，皇华已临，爰锡泥书，俾朝丹陛。天子知贾复之功，诸公论曹参之入。物情攸属，明命遄加，拜宣徽北院使、检校太保。宠锡便番，眷注优异。在帝左右，是谓大臣。宣国徽猷，实冠近列。参夔龙之步武，与朝夕之论思。方将代天，工庀□职，跻俗仁寿，致主勋华。而积善无征，梁木斯坏，人不蒙福，天实难谌。以景德二年七月十五日思亲感疾。秦医虽至，晋竖俄深。翌日薨于京师崇仁坊之私第，享年五十九。上方幸雍邱，览奏震悼，即时车驾临吊，挥涕失容者久之。赐银三千两，辍视朝二日。虽柳庄云亡，祭服以德，任昉告逝，投爪发哀，不是过也。制赠侍中，敕□□臣监护丧葬，窀穸所费，悉官给焉。以其年十一月十六日，归葬于同州郃阳县如意乡，从先茔，礼也。公始娶陇西牛氏，又娶郑氏，封荥阳县君，皆先公亡。今寿阳县君王氏，梦天与兰，有文在手，聿修妇顺，克奉姑慈。以公久居外藩，未遑上请，及帷堂而尽哭，乃石窜以疏封。男四人。公之薨也，惟帝念劳，故恤孤之典，越于彝等。长曰孝若，自西头供奉官转内殿崇班阁门祗候。贻清白之谋，禀义方之训。入则孝而出则悌，在家必闻；敏于事而慎于言，干□之蛊。次曰孝杰，自左侍禁转内殿崇班。次曰孝绪，自右侍禁转西头供奉官。次曰孝恭，白身，授右侍禁。为箕为裘，难兄难弟。自执丧也，皆浆不入口，杖而后起。见□连之不懈，知五马之俱才。女一人，年六岁。弟二人，并白身。曰有伦，授右班殿直；曰有庆，授三班奉职。妹一人，曰尼启，因赐紫方袍。侄二人，曰孝先，自将作监丞转著作佐郎；曰孝连，自右班殿直转左班殿直。嫡孙一人，曰嗣宗，白身，授三班奉职。公名卿之子，达练时务，深沉有城府，刚毅善决断。在丑夷而无所争，临大节而不可夺。有才有略，负真将之风；尽孝尽忠，得名臣之体。若乃优游下位，夙夜在公，知无不为，见可而进。兴利难也，则荐更三部；亲民重也，则仅典十州。可不谓之才欤！抚士若子，料敌如神，市租悉绘于军中，主赐皆陈于庑下。再临两蜀，妖贼为之永清；还殿北门，鲜卑不敢近塞。可不谓之略欤！惟疾之忧，未尝称老。能竭其力，曾不惮烦。季孙之事二君，无闻私积；曾子之陈百乘，方泣吾亲。可不谓之忠孝欤！有一于此，犹谓之贤，兼是四者，足为具美。宜乎道将运契，名与功偕，搢绅仰其光彩，文武极其事任。进退有誉，华皓无玷。追荣蝉冕，饰壤之典穹崇；并命龙墀，延世之恩浃洽。大君兴叹，安得于祭遵；百姓何知，共悲于李广。诸子等茕茕在疚，思树先业，谓曙学于□史，见托撰述。谨按官簿，详家谍，以无愧之词，为之铭曰：

  有宋受命兮，设教惟神。二后垂统兮，敷求哲人。英贤间出兮，谁非致君。□彼冯翊兮，允武允文。其文伊何，底慎财赋。其武伊何，克剪凶坚。历殿大藩，人歌来暮。两镇北门，狁犹之敌。静专精敏，亮直坦□。弱冠秉持，华发不移。寄重□功，崇定□□。惜寿考□，□心是悼。介士诏葬兮，锡以黄肠。归空何处兮，在郐之阳。□□罢市兮，行路嗟伤。佳城一闭兮，□□□长。

西京作坊使长州刺史带□□□□□诸宫□监兼司□□□弓箭库都大提□□□箭军器等库石知颙护葬

御书院王余庆、王钦刻字

谭元吉玄堂志

宋大中祥符二年（1009）。志正方形。边长0.55米，厚0.12米。志文楷书20行，满行20字，题"大宋故凤翔终南山上清太平宫主宗道大师赐紫谭君玄堂志铭并序"。张元济撰文。出土于西安市周至县，具体时间、地点不详，现藏周至县仙游寺博物馆。

谭元吉，字贞吉，金陵人，卒于大中祥符二年（1009），卒时七十一岁，则其生年当在后晋天福四年（939）。

《宋史》载："右街僧录澄远以预闻妖诈，决杖黥配郴州。内供奉官谭元吉、高品王德信、高班胡允则、黄门杨允文与怀政协同妖妄，皆杖配远州。"[1] 其中内供奉官谭元吉当系志主，其生平未详，墓志可补正史之阙。

谭元吉早年慕道，后周显德年间度为道士。北宋雍熙初年应召入开封建隆观，即后周之"太清观"。志文称谭元吉"以道官选能，内殿应奉"，或即《宋史》所载之"内供奉官"。至道二年（996），谭元吉被任命为终南山上清太平宫主。咸平三年（1000），得授凤翔府管内道正。

谭元吉卒葬于终南山古楼观，今属西安市周至县。

志文中提及"右街"，为唐宋时期佛、道人员管理机构所在，有"左右街僧录院""左右街道录院"，掌管僧、道籍簿和僧官、道官补授等事务。

撰文者张元济，撰此志时署"将仕郎、守国子监丞、知永兴军鄠县事"，未见正史记载。

---

[1] （元）脱脱等：《宋史》卷四六六，第13616页。

[志文]

大宋故凤翔终南山上清太平宫主宗道大师赐紫谭君玄堂志铭并序

将仕郎守国子监丞知永兴军鄠县事张元济撰

师名元吉，字贞吉，金陵人也。性敏多变，言巧耻讷，弱慕至道，壮乃求师。大周显德中，度为道士。巨宋雍熙初，召入京师，居建隆观，系右街名□。以道官选能，内殿应奉，因趋丹陛，乃赐紫衣。复颁宗道之名，以饰探玄之士。至道二祀，宣为终南山上清太平宫主。咸平三载，敕授凤翔府管内道正。迩后礼奉香火，心同霜雪，成逾一纪，志确靡移。忽一日微恙，谓左右曰："吾百六□蟹，斯疾未瘳，神光弗来，晷转必逝。"言讫，处顺奄化，享年七十有一。卜神，就乡古楼观之右为玄寝之地。门弟子刘子翔为人克肖，事师颇勤，孝思之诚，托纪事□。以元济素悉道眷，俾志其实。乃为铭曰：

师生应知，师殒应觉。形委寝棺，灵寂遗谷。金陵里间，永抛遐邈。终南云霞，常为帐幄。风树其成，苔封雨驳。门人送终，□如山岳。

大中祥符二年岁次己酉八月二十日建

王汉妻张氏墓志

宋大中祥符二年（1009）。志长0.63米，宽0.77米。志文楷书31行，满行25字，题"宋故清河张夫人墓志铭并序"。陈渊撰，魏昌弼书，安晟刻。近年出土于西安市长安区。《宋代墓志辑释》著录。

志主张氏系王汉之妻，卒于大中祥符二年（1009），卒时二十四岁，则其生年当在雍熙三年（986）。

志文关于张氏生平记载较为简略，其丈夫亦仅称"绛台从事王君汉"。志称张氏为"前相国左仆射张公之孙，故内殿崇班宗信之女"。结合《宋史》记载："（张）齐贤诸子皆能有立：宗信，内殿崇班。"[1] 志文中"前相国左仆射张公"当为北宋名臣张齐贤。张齐贤，字师亮，曹州冤句人，后晋时随家人徙家洛阳，真宗时召拜兵部尚书、同中书门下平章事，后又改吏部尚书，以司空致仕。大中祥符七年（1014），七十二岁薨，赠司徒，谥号"文定"。著有《书录解题》《洛阳搢绅旧闻记》等。史称张齐贤"姿仪丰硕，议论慷慨，有大略，以致君自负。留心刑狱，多所全活。喜提奖寒隽。……齐贤四践两府，九居八座，以三公就第，康宁福寿，时罕其比"。[2] 据志文记载，张氏深得祖父钟爱，张齐贤为其择"名声藉甚，弱冠登科"的王汉为婿。清河张氏和太原王氏均为望族，可谓门当户对。

张氏卒于长安含光里私第，后葬于京兆万年县凤栖原。

撰文者陈渊，系志主丈夫王汉友人，撰此志时署"将仕郎、试秘书省校书郎、前知京兆府醴泉县事"。书者魏昌弼，署"将仕郎、试秘书省校书

---

① （元）脱脱等：《宋史》卷二六五，第9158页。
② （元）脱脱等：《宋史》卷二六五，第9158页。

郎、前知京兆府长安县事"。两人均未见正史记载。刻字者安晟，武威郡人。黄锡蕃《刻碑姓名录》认为安晟或作"安文晟"①，待考。武威安氏有多人以善刻碑石闻名。

〔志文〕

宋故清河张夫人墓志铭并序

将仕郎试秘书省校书郎前知京兆府醴泉县事陈渊撰

将仕郎试秘书省校书郎前知京兆府长安县事魏昌弼书

人伦既正，室家之道斯隆；礼教聿修，婚冠之仪大备。若乃哲妇之行，绰有可称。周诗之美姜原，尼父之纪阿谷。蔡邕之女，炳焕于缥缃；梁鸿之妻，丹青于图史。昭昭懿列，岂可略而不书哉。夫人即绛台从事王君汉之妻，前相国左仆射张公之孙，故内殿崇班宗信之女。夫人诞积庆之门，禀贞纯之行，生而颖秀，幼而惠慈。处童稚而不群，事严爱而竭力。探环辨李之岁，侍疾于先君，痛贯于心，忧形于色，手进药物，躬事烹调，衣不解而逾旬，目不交而□旦。洎针砭之无验，属绵纩而将终。夫人则断发以盟神，泣血而燃臂。虽烈焰之伤体，而精诚之格物，神色不挠，家人不知。其奉亲事长，至性纯孝有如此者，余可知矣。夫人幼失怙恃，藐然孤立。女容妇德，秀出于闺门；淑范柔姿，夙兼乎礼训。由是相国在诸孙中特所钟爱，冀选良婿，以为佳匹。时太原王君，名声藉甚，弱冠登科。陈蕃下榻之宾，莫先孺子；郗［郄］鉴东床之选，无出羲之。王君以相国方执钧衡，是司国柄，遂稽旨命，将避嫌疑。及相国解职三台，分务东洛，事果符于绊足，礼爰及于问名，委禽既择于高材，瘗鹿终谐于良选。夫人生膏粱，袭纨绮，而能式恭妇道，克尽礼容，奉舅姑之尊严，极寒素之勤俭，有以见相国清河公以礼义正其家，而训其族也。嗟乎！皋兰易委，露槿先凋。金波几望而西倾，璧

---

① （清）黄锡蕃：《刻碑姓名录》卷二，《石刻史科新编》第3辑，第35册，台北：新文丰出版公司，1986，第475页。

水环流而东注。杯蛇床蚁，难凭赤使之灵；玉匣珠襦，遽卜青乌之兆。以大中祥符二年九月一日寝疾，终于长安含光里之私第，年二十四。生一女，相国字之曰"遥庆"。夫人以其年十月二十八日葬于京兆万年县凤栖原先茔之侧，礼也。吾友王君，轸安仁之永悼，积奉倩之长叹，惊宝剑之忽飞，讶金玦之不复。将期窆穴，见托斯铭，倏换古今，俄迁陵谷。异日：秋风白露，空留燕女之坟；古篆苍苔，孰辨曹娥之碣。铭曰：

　　夫人之生兮，崇高之居。夫人之配兮，贤明之夫。既克配于贤明兮，曷不睹其亨大。何秾华之方盛兮，忽殂谢于中途。呜呼哀哉！丹禽逝兮井桐枯，菱花缺兮鸾影孤。翠衣不袭兮华堂永诀，新阡旧陌兮幽明遽殊。

安晟刻字

邓珣墓志

宋天禧四年（1020）。志长0.67米，宽0.51米，厚0.08米。额篆书2行，满行2字，题"墓志铭记"。志文楷书12行，满行19~24字，题"大宋镇西军留青村税户葬主邓珣墓志记并序"。背面刻买地券，楷书12行，满行24字。1987年出土于榆林市神木县永兴乡，现藏神木市文物局。《榆林碑石》、《新中国出土墓志·陕西》（壹）著录。

志主邓珣，未见史籍记载。志称其为"镇西军留青村税户"，"镇西军"在今神木县。据《宋史·地理志》记载："麟州，下，新秦郡。乾德初，移治吴儿堡。五年，升建宁军节度。端拱初，改镇西军节度。崇宁户三千四百八十二，口八千六百八十四。贡柴胡。县一：新秦。"并注曰："上。政和四年，废银城、连谷二县入焉。有神堂、静羌二寨，惠宁、镇川二堡。银城有屈野川，五原塞，银城、神木、建宁三寨，肃定、神木、通津、阑干四堡。连谷有屈野川、横阳堡。"[1]"税户"即纳税户民，史书有北宋以税户充乡兵之记载："乡兵者，选自户籍，或土民应募，在所团结训练，以为防守之兵也。周广顺中，点秦州税户充保毅军，宋因之。自建隆四年，分命使臣往关西道，令调发乡兵赴庆州。咸平四年，令陕西系税人户家出一丁，号曰保毅，官给粮赐，使之分番戍守。五年，陕西缘边丁壮充保毅者至六万八千七百七十五人。"[2]关于邓珣生平，志文并无详细叙述。

邓珣卒于北宋天禧四年（1020），卒时年龄未详。结合买地券记载，同年十二月十日，其家人购地并于地内置园一所，作为邓氏家族坟茔，故券文

---

[1] （元）脱脱等：《宋史》卷八六，第2135页。
[2] （元）脱脱等：《宋史》卷一九〇，第4705页。

还提及志主邓珣多位亲属姓名。

买地券由最初作为死者在冥府的土地契约，演变为特殊施行的具有一定实际意义的土地契约，经历了较长发展历史。陕西境内还出土有多方宋、金时期买地券。

〔志文〕

大宋镇西军留青村税户葬主邓珣墓志记并序

夫为人子者，以孝事亲，立身为本。常竭力于早夜，每致养于精勤。（□）和气怡，（□□）奉受之仪；修身慎行，是无怨辱之让。发肤不至于毁伤，枕扇克谐于启美。增（□）可觌，见温情之条规；子贡相追，达喜惧之要义。而又育身频下，训义庭前。曰严弗致于违亲，天性曷当于反道。方怀橘之子，未可见于耻。惭负（米）之徒，意悼论于劳苦。盖一心以志孝，实四时而忘疲。今者卜其宅兆，建置茔坟，殡葬俱丰，棺椁必备，此者尽孝子殡葬之礼也。时天禧四年夏四月十三日抵□□道指昌年月无滞，遂于村东南二里余建置茔坟，备录先祖之事，刻石纳于墓要。信后代子孙延珣□，皆禀家训，□识义方，乡党传孝悌之名，朋侪播急直之誉。乌呼！子孙昌盛，是追珣万代有后之哉矣。

〔券文〕

大宋天禧四年十二月十日，留青村税户邓珣遂于义荣地东边，买到黄四蔌浪乜地，东西一十五步，南北五十步，于地内置园一所，崔□作价钱八贯文，其钱当日交足。卖地人浪乜，见人屈崖钱二贯文，见人利讹钱八百，见人乜移钱四百，见人弘讹钱三百。房亲邓晖，妻何氏，后妻宋氏，侄男若差见。房弟邓义，妻宫氏。房弟□主邓珣，妻孟氏。男郑留、张哥、郭八。男留□□见。弟刘□，妻王氏。男杨得。房侄邓策，妻赵氏。弟□□，妻刘氏。穴墓位□如后祖穴□□□在甲，子延初在庚，孙奎绪次庚，迎均生穴在丙，□真在乙，延普在丁，前面□四穴墓延贵在甲，□□在庚，□□次庚，邓璘，延饲在丙，延训乙，延保丁。阴阳人贾愚。

刘孟坚墓志

宋乾兴元年（1022）。盖长0.44米，宽0.63米。志正方形，边长0.84米。盖文篆书2行，满行3字，题"刘府君墓志铭"。志文楷书36行，满行36字，题"宋故将仕郎试秘书省校书郎前守兴元府司录参军刘府君墓志铭并序"。李同撰，段中庸书并篆盖，安亮刻。20世纪90年代出土于西安市户县南乡，现藏鄠邑区文物管理委员会。《户县碑刻》、《新中国出土墓志·陕西》（叁）著录。

志主刘孟坚，字良史，卒于乾兴元年（1022），卒时六十岁，则其生年当在乾德元年（963）。

志载刘孟坚先世为沛国人，五代祖刘知俊仕梁，为怀、郑二州刺史，同州节度使，后举家入蜀，遂为蜀人。刘知俊，字希贤，徐州沛县人，《旧五代史》《新五代史》均有记载，姿貌雄杰，倜傥有大志。少事时溥，溥与梁相攻，知俊与其麾下二千人降梁，朱温以其为左开道指挥使，时人谓之"刘开道"。后刘知俊跟随李茂贞屡立战功，但因被人猜忌而入蜀投靠王建。王建以其为武信军节度使，命其带兵反攻李茂贞。史称："建虽待知俊甚厚，然亦阴忌其材……而蜀人亦共嫉之。"刘知俊最终为王建所杀。[①] 五代乱局之下，刘知俊去世后，其家族衰微，由志文记载刘孟坚曾祖刘儒、祖父刘则顺"含明隐耀，不求声位""居守高节，耻事霸主"等句可见一斑。刘孟坚父亲刘峭玉曾任连州军事判官，志称其"以仲子立朝，追封太子中舍"，其事未详。

---

① 参见（宋）薛居正等《旧五代史》卷一三，第178~180页；（宋）欧阳修《新五代史》卷四四，（宋）徐无党注，第479~481页。

结合志文记载可知，刘孟坚颇有文采，得到当时名臣苏易简的赞赏。清乾隆四十四年（1779）《西安府志·金石志》载："文安公牡丹诗，刘孟坚序，行书，乾兴初纪孟春。在香城寺。"① 此《文安公牡丹诗》序文即志主刘孟坚之作。此外，志文还提及刘孟坚"上边防七议。大抵以进用忠良，排斥权幸，富国强兵之极策，居安虑危之要统"，赞其言高而道远，并著有文集三十卷。

刘孟坚于端拱元年（988）举进士第，得授大名府永济县尉。之后历授蒲州临晋簿，又移丹州军事推官。至道三年（997），复授汀州上杭县尉。后改庆州乐蟠主簿，又历任抚州宜黄县尉、虢州卢氏知县、河南福昌知县等职。志文叙述刘孟坚仕途，提及北宋卢之翰、郑文宝、苏易简、寇准等多位名臣和川陕农民起义、宋夏战争等重要史事，详情可参见《宋〈刘孟坚墓志〉若干问题浅析》一文。②

刘孟坚安葬时间因志石残损，无法确定。结合残存文字推测，其葬年当在宋天圣三年至天圣九年（1025～1031）之间。③

撰文者李同，撰此志时署"朝奉郎、尚书都官员外郎、柱国、赐绯鱼袋"。书者段中庸。两人未见正史记载。刻者安亮，另刻有宋景祐元年（1034）《淳于广墓志》。

〔志文〕

宋故将仕郎试秘书省校书郎前守兴元府司录参军刘府君墓志铭并序

朝奉郎尚书都官员外郎柱国赐绯鱼袋李同撰

进士段中庸书兼篆盖

公讳孟坚，字良史，其先沛国人也。五代祖知俊，素怀勇略，早负军

---

① （清）舒其绅等修，（清）严长明等纂《西安府志》卷七二，党斌、高叶青校点，西安：三秦出版社，2011，第1629页。
② 杨玮燕：《宋〈刘孟坚墓志〉若干问题浅析》，《碑林集刊》第15辑，西安：三秦出版社，2009。
③ 参见故宫博物院、陕西省古籍整理办公室编《新中国出土墓志·陕西》（叁）下册，北京：文物出版社，2015，第81页。

功。仕梁，历怀、郑二州刺史、同州节度使。以征伐继出，师旅凭陵，为梁主所忌，乃罄室归秦，复徙家于蜀，遂为蜀人。厥后宗枝蕃衍，世德隆盛。固以书于国史而纪于家谍，此不复述。大王父讳儒，含明隐耀，不求声位。王父讳则顺，属中原寇乱，孟氏据蜀。居守高节，耻事霸主。父讳峭玉，连州军事判官。以仲子立朝，追封太子中舍。公即中舍之长子也，生禀异气，天资粹灵。年才胜冠，学就大志，囊文诣京师，卜遇于王公大贤。时参知政事苏公易简大加称赏，以是文价光于日下。端拱元年，一举中进士第。释褐，授大名府永济县尉。期年而中舍陨世，公泣血居丧，柴毁过礼。苦于苦枲之恸，伤乃柰棘之感。孝德弥著，州里重之。服满，授蒲州临晋簿。淳化五年，未几，李顺寇蜀，王师出讨，公膺漕运之命，议飞挽之急，亲董舆赋，出疆凤州。祗畏简书，大充兵食。转运使卢之翰、郑文宝懋德加赏，飞表荐能，乃就移丹州军事推官。未赴任，为蒲守潘太初构及非辜，罢去官守。公尚宏达，不顾小谨。怡然乐道，了不介怀。至道三年，真宗嗣位，复授汀州上杭县尉。值西戎未庭，边境傲扰。耀德兴武，擢才任人。顺州刺史王怀普出牧环郡，上殿奏公有武略材辩，乞任边陲。诏改庆州乐蟠主簿。凡三过大军，境入灵武。公惟几干事，先办推能。转运使刘总具善以闻，乞升朝籍。罢任归阙，上边防七议。大抵以进用忠良，排斥权幸，富国强兵之极策，居安虑危之要统。言高道远，耸骇闻听。为当要者嫉其能，事寝不举。翊日，授公抚州宜黄县尉，亟令赴任，仍放辞谢，盖不欲公对扬于天陛也。岁余，诏举制科。公上所业，乞应贤良方正，奉旨解印归阙。会国家以戎祀大事，遽罢其试，调授知虢州卢氏县。时丞相寇公出镇分陕，素以推重器能奏辟麾下，改命知陕县事。秩满，移知河南府福昌县。西畿之任，旧制非籍京朝，弗预其命。公试芸阁而治者，盖主上委其才能也。公以儒雅饰事，大洽民心。尹正表奏，乞改官秩。任满，授兴元府司录参军。子荆之量，长揖而峻威；逸民之能，清谭而著美。莅事期月，革去前弊。退，公多暇，落笔著文，附递上《朝谒陵寝》《封禅》《祀汾阴》三大礼赋。降旨褒谕，得试长乐。未离任，局坐罪免官，拂衣归田，游秦入鄂，得别业于圭峰下。乐玩山水，耽味坟典。以颜子之德，始萌于贰过；柳惠之贤，无怨于三黜。蕴公辅佐君之业，抑驵骏腾夷之足。南阳诸葛，非无社稷之能；太丘仲弓，自得公卿之誉。乾兴元年九月二日，以疾终于墅居，享年六十。有文集三十卷。呜呼！惟公风标峻整，襟韵旷达。六经之奥，百家之说，包贯胸臆，洞明损益。或兴废之大务，是非之要端，事当疑惑，众莫能断，公徐为筹之，多出人表。辩论纵横，历历无穷，所谓智如炙輠者矣。惜其怀才抱器而弗登显位，乐天知命而不享遐算。夫人张氏，慈训负道，婉淑著仪，后公数年而卒。男五人：长曰蒙，克循儒训，善奉家猷，孝悌不怠，庆基有后；次曰复，年二十一，策科进士，再命汾州幕，奉□监蕲州洗马茶、兼知蕲春县事，冒暑戒涂，遘疾于道，卒于威胜军西汤驿，后公三年也，附[祔]葬□□之右；次曰随、曰寅哥、曰德哥，尚幼。女二人：长适右班殿直张表庆；次未适，先公而逝。以天圣□年十二月十八日，葬于京兆府鄠县珍藏乡成王里之原，夫人张氏祔焉，礼也。然金石之□，□在鸿笔，惠然见托，固让不获，谨为铭曰：

猗嗟刘公，天资秀杰。探道邃古，□风往哲。擢才俊域，振誉芳烈。神标冲迈，志意宏达。名位弗显，道义攸存。□哉不淑，邈矣尘氛。茂陵遗札，京兆高坟。没而不朽，永树清芬。

安亮刻字

杨怀忠墓志

宋天圣二年（1024）。志长0.69米，宽0.75米。志文行书35行，满行42字，题"皇宋故金紫光禄大夫检校刑部尚书左羽林军大将军致仕兼御史大夫上轻车都尉洪☐户杨府君墓志铭并序"。呼延邁撰，释惠陆书，释德儁篆。近年出土于西安市长安区。《宋代墓志辑释》著录。

志主杨怀忠，字国臣，淮甸庐州人，卒于天圣二年（1024），卒时七十四岁，则其生年当在后周广顺元年（951）。

志文称杨怀忠为汉代名臣杨震之后，其曾祖杨谦曾任唐琼林库使，祖父杨汉昭曾任唐金部员外郎，父亲杨仁捷曾任南唐神武军龙翔右厢都指挥使、宣州节制，之后降宋。志称杨谦为京兆人，杨汉昭在黄巢之乱后徙家江南，追随割据江淮的吴国杨行密，至杨仁捷时由吴仕南唐，故杨怀忠以淮甸庐州为籍。

杨怀忠于太平兴国初年补为殿前承旨，后转右班殿直、西头供奉官，差知西川蜀州兼驻泊兵马事。后得授银青光禄大夫、检校右散骑常侍、崇义使、检校左散骑常侍、西上阁门使、东上阁门使、四方馆使、引进使等，以左羽林军大将军致仕。杨怀忠仕途履历，及其参与平定王均兵乱等事迹，《宋史》《资治通鉴》《续资治通鉴长编》《清河书画舫》等文献有相关记载，墓志可与传世文献互证。王连龙已撰文讨论相关问题。[①]

杨怀忠卒后归葬万年县洪固乡胄贵里，以妻平阳柴氏祔葬，其地在今西安市长安区。王连龙文称此志出"近出河南巩县，初为当地农民所得，几经

---

① 王连龙：《新见北宋〈杨怀忠墓志〉考》，《史学集刊》2010年第6期。

辗转，现为洛阳一位文物爱好者收藏"，叙述有误。

撰文者呼延邁、书者释惠陆、篆者释德儁，均未见正史记载。

〔志文〕

皇宋故金紫光禄大夫检校刑部尚书左羽林军大将军致仕兼御史大夫上轻车都尉洪☒户杨府君墓志铭并序

中散大夫行尚书职方员外郎监永兴军盐税上护军呼延邁撰

僧惠陆书

若夫圆穹布令，阴阳有差候之时；方载留形，陵谷有变迁之兆。况于人事乎？公讳怀忠，字国臣，淮甸庐州人也，即汉开辅杨震之族望矣。源流且远，文武挺生，代有英奇，史无虚载。曾祖谦，本京兆人，唐为琼林库使。祖汉昭，授金部员外郎。黄巢盗乱中原，天子行在巴蜀，属唐运方季，割土者王。后徙家于江吴，事霸主杨行密，累有战功，两提郡印。父仁捷，早以材能际会吴主，后李煜即位，崇转军职，授神武军龙翔右厢都指挥使，俄升宣州节制。洎归顺宋朝，授阶州刺史。公即衙内指挥使也。少蕴机谋，勇能骑射。太平兴国初，为宣补殿前承旨，在庭臣之列，奉皇命即不误，指呼皆著劳绩，次转右班殿直，累任警巡，克安方土，比屋☒☒，夜犬编民，煦若春台。朝廷以戎王未穆，矢戟相驰，命公临边守寨。每奋锐而深攻，继获其胜，敕书加奖。转西头供奉官，阁门充职，次差知西川蜀州，兼驻泊兵马事。下车之后，民知其爱，事尽其功。成☒☒祀正朔之日，益部屯军造恶煞，帅将以占据龟城，恃遐险以僭称，立渠魁而聚党。公闻之扼腕伸怒，以☒☒☒师，深严壁垒，御捍要津，提剑誓诸捕盗使："命仆等受明君委寄，岂容蜂屯之类窃弄圣朝，可同怀同心，荡除妖孽。"旋给官库钱帛，优给师旅，命介使从径☒☒，乘驲闻天。上乃沃心锡书注意。未期载，命侯将领禁军，而爰来与公合势而克取。其贼众守孤城且危，俄溃围潜遁，公遂整兵甲而后袭至富顺，监屯杨家市，云必获其胜。由是愤叛逆之辈，贾势而来。公乃被甲先登，交锋不惧，齐兵一击，数千人煞戮无遗，掩至江干，溺水者甚。以功敷奏，降旌赏之命，可特授银青光禄大夫、检校右散骑常侍、兼御史大夫、上骑都尉，充供备库副使，依旧典郡。公意似不足，因诉上言，诏归阙庭，授崇义使、检校左散骑常侍、使持节、恩州诸军事行恩州刺史、兼御史大夫。询考其事，以旌实功也。复命充西川兵马钤辖，首尾四年，替回，授西上阁门使。祥符元年，皇帝东封泰山，恩迁东上阁门使。四年，西祀后土，恩转四方馆使。七年，特恩授引进使。荷九重之明恩，俄四迁于内职。在深严之地，常近冕旒。分忧寄之权，累知藩府。而能亲荷干戈，以卫社稷。奉上抱履冰之节，临公坚匪石之心。推诚方仕于圣朝，构疾乞归于私第。特授左神武军大将军致仕，经御楼，恩授左羽林大将军致仕。天圣二年甲子岁五月丁亥朔二十四日终，享年七十有四。表追遗留，上念勋臣，锡以赗，赠孙一人，宣补三班借职，所以贻庆子孙，不坠簪笏矣。嗟乎！日驭难停，属叹白驹之影；人伦旋故，难追黄壤之魂。先娶金陵侍中女平阳柴氏，有女一人，适骁骑军主张信，累封县君，后适西头供奉官、阁门祗候成志一，卒于海州。男一人，永哥，早亡。次娶虞部郎中女清河张氏，累封内乡郡君。理内甚严，母仪昭著。有男一人，宗业，授右侍禁、阁门兼职，敦至孝之勤诚，求就禄于侍养。及乎终也，事如生矣。临食不顾，似绝曾子之浆；聚泣忘休，若罄高柴之泪。所谓追感之情痛矣，哀荣之礼备矣。即以天圣二年十月三十日归葬于万年县洪固乡胄贵里，礼也。与平阳柴氏同窆穸而祔焉。于是卜凤栖之高原，择牛眠之吉地。前临象阙，后背终南，望迤逦之平岗，见嵯峨之新冢，使其千古之下，志石长存。二仪之中，嘉名不泯。铭曰：

神岳降瑞，禀气者闻生而来。美□□□，挺出人表，克振时才。沘水之鉴，明然在怀。渊深器量，莹洁琼瑰。羽仪□运，荡除氛霾。生没之期，世云定矣。短长之数，天何言哉。东浪赴沧溟兮不返，薤歌声古道兮可哀。公之名兮标青史，公之魂兮归夜台。呜呼！想腾公□

沙门赐紫德儁篆

卢士隆墓志

宋天圣九年（1031）。志长0.61米，宽0.59米。志文楷书26行，满行26字，题"大宋故江陵府节度推官宣德郎试大理评事范阳卢公墓志铭"。志文四周饰卷草纹。陈建中撰，马佶书。1955年出土于西安市三桥镇三桥村附近，现藏陕西历史博物馆。《风引薤歌：陕西历史博物馆藏墓志萃编》著录。

志主卢士隆，字安道，开封人，其卒于北宋天圣九年（1031），卒时四十七岁，则其生年当在宋雍熙二年（985）。

志称卢士隆为唐代著名文人卢肇之后，但未细述其世系，是否为攀附之辞，不得而知。卢士隆曾祖卢崇颜曾任赞善大夫，祖父卢翰曾任左骁卫将军，父亲卢钧曾任三班奉职。卢士隆为卢钧次子。

卢士隆于大中祥符四年（1011）及第，后得授将仕郎、庐州合肥县主簿、彭州九陇县主簿、泗州军事判官、宿州观察推官、鼎州团练判官等。其子卢昉等。

卢士隆先后娶胡氏、阮氏，卒后，于明道二年（1033）葬于长安县苑南乡云龙社，又于熙宁四年（1071）迁葬于长安县善政乡任杨里。

〔志文〕

大宋故江陵府节度推官宣德郎试大理评事范阳卢公墓志铭
承事郎守太子中舍致仕陈建中撰
登仕郎前守华州司户参军马佶书丹

公讳士隆，字安道，开封开封人也。其先状元肇之后，世居江南，历为显族。曾祖讳崇颜，皇赠赞善大夫。祖讳翰，皇赠左骁卫将军。考讳钧，皇任三班奉职。公奉职次子也，以大中祥符四年明经中第，释褐授将仕郎、卢[庐]州合肥县主簿。再调彭州九陇簿。政满，迁泗州军事判官，告云以卿秉节徇公，率身洁矩，未成考，丁父忧。服阕，再除宿州观察推官，次授鼎州团练判官，复以知州作坊副使刘象中奏："是亲家深虑违碍，伏见其人，历任强明，久在选门，家贫累重，难为般挈。况本州簿有职田，全籍添助，养瞻母亲，欲望就移，或乞依旧。"遂允其奏对，移江陵。光禄少卿赵公闻于朝庭，曰："公明照物，威爱及民。"是年四十七，以疾终于官舍，时天圣九年十月二十四日也，士君子莫不叹惜之。娶安定胡氏，亦公族之后，贤淑颇多内助，先公而殁。次年以大阮任西上阁门使、知秦州，遂般幼，累至京兆府，因家焉。明年知秦庭，阮氏告丧，即于明道二年同葬于长安县苑南乡云龙社将军之墓，□胡氏而合祔焉，礼也。生子五人，女六人，后皆从人，以次而殁。今唯三子在焉：曰昉，应乡贡进士举；曰永年，出继堂弟，陕西路转运使刑部郎中；后，今任邠州支使。其昉以幼失义慈之育，长敦孝友之方。耻□葬之非宜，虑后时之不克，故择就善政乡任杨里得善地，重启新茔。以熙宁四年辛亥十月十日迁葬于此，非敢饰词，殆而直书其事，以志陵谷。铭曰：

苑南之岗，斯其旧域。祔彼公墙，卜之匪吉。乃启灵旗，以新其祉。得非任杨，封树郁起。彼吁嗟兮其人，时不与兮道迍。怅浮生兮朝露，埋玉树兮与温。启新阡兮临紫陌，归夜台兮封马鬣。依高原兮树长松，处千古兮当休烈。

淳于广墓志

宋景祐元年（1034）。尺寸不详。志文楷书61行，满行48字，题"大宋故太中大夫光禄少卿致仕上柱国会稽县开国伯食邑玖伯户赐紫金鱼袋淳于府君墓志铭并序"。宋照撰，淳于盂之书，宋潜填讳，安亮刻。出土时间、地点不详，现藏西安博物院。

志主淳于广，字道广，登州黄县人，卒于北宋景祐元年（1034），卒时八十三岁，则其生年当在后周广顺二年（952）。

关于淳于广先世，志文并未详细叙述，仅称其曾祖淳于融赠大理司直，祖父淳于晏任登州刺史，父亲淳于希颜赠给事中。

淳于广自乾德二年（964）得授太庙斋郎。宋太祖在位期间，曾任耀州司户参军、京兆府户曹参军、溧阳县尉、静难军节度推官。宋太宗即位后，转著作佐郎、除通远军通判，又转赞善大夫、授东川通判、迁殿中丞，后转任青州通判。宋真宗在位期间，先差知巴州、慈州、宁州、郓州，又知兴元府、坊州、鄜州、成州等，以本官致仕。宋仁宗即位后，拜淳于广为太仆少卿、赐上柱国，后迁光禄少卿，加会稽县开国男。后又降旨进封开国伯，加食邑三百户。志文叙述淳于广在青州通判、两浙转运副使任上的情况较为详细，其从政廉洁奉公，得到当时王仲华、薛暎等多人举荐，官职不断升迁。淳于广历仕宋太祖、太宗、真宗、仁宗四朝，功勋卓著，故其志题"上柱国、会稽县开国伯、食邑玖伯户、赐紫金鱼袋"，志文誉其"注拟全三宝之功，考课周四善之状，布南面循良之政，贰外台漕挽之司，著灼见之勋庸，神重熙之圣化"，"拜章告老，挂冠遗荣。光弼四朝，咸有一德"。

志载淳于广有五子三女。次子淳于镐曾任耀州淳化令；第四子淳于锡曾任保平军节度推官，知京兆府长安县；第五子淳于盉之曾任左班殿直、监果州在城商税。

淳于广卒葬善政乡尖丘里，以夫人陈留县君周氏祔葬，其地在北宋为长安县所辖，在今西安市西郊。

撰文者宋照、填讳者宋潘均未见正史记载。刻者安亮在多方石刻中可见其名。

〔志文〕

大宋故太中大夫光禄少卿致仕上柱国会稽县开国伯食邑玖伯户赐紫金鱼袋淳于府君墓志铭并序

京兆府乡贡进士宋照撰

表弟解州团练副使捡拔尚书水部员外郎宋潘填讳

嗣子盉之书

序曰：运启淳耀，万物咸睹于圣作；贤翼昌期，百揆共熙于帝载。逢千龄之华旦，亚九卿之尊列。推诚一德，输力四朝，宠遇奋而益隆，令名久而弥劲。历考近古，遐访前言。搢绅之间，斯为巨美；君臣之际，允谓殊尤。即见之于淳于府君矣。公讳广，字道广，登州黄县和孝乡邑顺里人也。髦飞芳于六国，琼扬芬于大汉。蝉联世德，冠映绅油。大王父融，赠大理司直。王父晏，登州刺史。烈考希颜，赠给事中。公诞保灵和，异禀冲粹，韵宇凝廊，神调秀整。弱无好弄之性，游有必方之告。辞靡拔叶，行应绳墨。学也为道，凤附近于朱蓝；手不释卷，期俯拾于青紫。誉腾邦壤，名动京师。将登乡老之书，俄承门子之荫。乾德二年，授太庙斋郎，选耀州司户参军。植根达合抱之萌，累土起九层之址。时粒食翔贵，黔细阻饥。首为饩粟之官，肇展济民之术。公以先给事五禽失戏，二竖言逃，色不满容，笑非至哂，求抑搔于左右，问安否于晨昏。移疾得告，解职就养。次补京兆府户曹参军。不可动摇，元纮署南山之判，克尽与夺琰之称，霹雳之手。调授溧阳县尉。黄绶寸禄，诸侯下僚，悬棒视威，游激宣力。部封之内，剧贼众多，采丸薄暮而窃发，鸣桴砥路而肆掠。昼夜驰骛，勤有甚于王卿；奸猾巧劫，名密知于平子。擒获一百八十余辈。国初来远，江左效顺，草窃丑类，未殄余风。公多创容船，巡护乡落。朝廷差别路运使樊若冰吁怀归众，抚宁列郡，阻道途之梗沍，寒车骑之淹留。公董领楫师，迎于他境，有备无患。即时奏闻，官成超静难军节度推官。油幕奇才，莲筵婉画。兼谟言行，冠襄阳以知名；鸿谦学识，见浙西之异席。屡膺纶旨，推事廉邦，积显庸能，荐赐宸奖。太皇继统，壤典趋京，转著作佐郎，除通判通远军。毡裘犷俗，楼橹坚城，符籍之伍按屯，帑藏之文填委。公讨摛利局，采索弊源，得五万余贯匹。寻擢军州事，沸唇啸聚，鸣镝内侵。震惊冠带之民，蹂践稼穑之土。领师奋击，尽境而还。规事上封，乞增兵甲。转赞善大夫，赐五品服，次授东川通判，迁殿中丞。牟敛恪勤，课程饶美，总一十九万三千余贯。宿讼两让，圆扉鞠草，狱空六十余次。运使王公仲华削□荐举，次改湖州通判。树风奏课，复优前治。淮浙制置司谏薛公暎采访贪懦，激扬清浊，以公廉慎，密启敷陈。帝俞得人，遽赐见拜国子博士，圣旨与知州差遣。宛丘悯雨，齐民艰食，专命发廪，克副宸慈。俄以青州曹王彬累上表章，请官监郡。当守慎选，严廊推择，即授青州通判，仍赐知州添俸。青社宁宇，皇僚殿邦，簿领沉迷，牒诉佺偬，旌别士类，维持郡政。南阳流画诺之咏，冯翊归蒙成之美。曹公入觐，继领专城，安里编氓，盈途连状。缕述尤异之绩，恳切即真之请。郡尉程奏，朝廷嘉之。先是，部有悷民，群行劫质，推迹过抵，擒系伏罪，蕞棘攸置，肆市有期，狡焉变诈，辄尔翻异。公驰骑案验，关械引诘，告异梦于前夕，丐延活于一朔。爰恻隐以动心，见觳觫而何忍。司存固请于既戮，惟公矜许其缓死。翼日诏下，悉该解脱。时西川运使蒋公扬职坤维，侨□州郡，委留厮养，关通粪除。渐入闻之外言，成扫茨之中蒂。蠢尔舆台之猥，欺乎闺室之暗。既双屦于冠服，求合酒于卺爵。僭称父命，伪署□旨。主母拒辞，奴兵强胁。骇寒裳而趋井，奄没身于深泉。于揪讨淫，士师具狱。适逢甲观之庆，大章仙扎之恩，雨霈旷荡，雷同宥释。□后之典，死罪无赦。叔向之书，议事以制。苟纵恶而斯免，念惠奸而何沮。上验，致辟屏窜海岛，昔定国明于文法，自无冤民□□□，其衔策驭于黠马。公之理决，朝野推服。曹王内侍首荐清干，寻差知开封县。未几，知制诰平原公颜备举心计，克荷□□，乃授两浙转运副使，则咸平二年也。公以南方惩淤，众流干浅，观艇子之打桨，如坳堂之置杯。奏用徒兵，浚治河道。归海之派，□□□以难加。冈水之舟，导余波而大及。舳舻骈进，商旅赓谣。授代归阙，益昭民誉。国家以时务周度，庭臣上言，采西蜀铜穴之饶，废两川铁钱之货。真皇以公绵更吏理，精究民宜，召对延登，从容请问。公以王均诛灭，疮痍未平，远人方在于噢咻，圜府未宜于鼓铸。忠诚无隐，敷奏误旨。差知巴州。其后即山中止，一如所画在任。转比部员外郎。禾九穗而共茎，牛二犊而同母。风政殊卓，天奖便蕃。差知慈州，昔梗泛之逃。民尽子来，而归业代还。迁驾部员外郎，知宁州，寻拜虞部员郎中，赐金紫。汾阴展礼，翠华西幸。式瞻股肱之郡，委仗心腹之臣。差知郓州，仍驰传之任。归邦，迁比部郎中，知兴元府。责丞史之大指，餐丘里之舆颂。刑教简肃，吏民爱戴。秩满，改驾部郎中。公以寓族长安，婴心婚嫁，恳求降等通判永兴。朝廷以耆德国华，深诉所请。剡大臣之保任，席先朝之选抡。帝曰："故曹彬曾上言，淳于广公廉履行，是有行止人。"宣示两府，即差知坊州。朝辞日，临轩又曰："坊州小郡，差遣不称才，续有除改。"到郡视事，未盈时月，移知鄜州兼驻泊军马公事。以勋奋出牧，西郡乏人，就移知成州。公早岁恭赍御署，代拜西岳，冠栉驰传，日气流金。冒切肌之忍暑，致沉荧于司目。眊焉眸子，至是增剧。拜章数上，乞身悬车。以本官致仕，赐孙瑛奉职，厚贤德也。今上践阼，章叙长奋，拜太仆少卿，策勋上柱国。明道元年，迁光禄少卿，加会稽县开国男，食邑。薛宣副食之禄，所计无多；王丘药饵之资，常闻不给。即降恩旨，曰："淳于广历仕四朝，并无过犯。俾三司给分司俸禄，余人不得援例。"进封开国伯，加食邑三百户。官崇惟月，位联象河。适丁养老之朝，宜丰酢寿之祉。嗟阅川之日度，遽藏舟之夜趋。以景祐元年正月四日，终于长安之私第，享年八十三。昔行父为三君之相，无帛妾粟马，《鲁史》称其忠；国渊居列卿之位，惟布衣蔬食，《魏书》褒其俭。公归全之日，才具祭器，忠俭两美，未让古人。粤三月六日，葬于善政乡尖丘里，从先给事府君之茔。举陈留县君周氏祔焉，顺也。县君即故河中府节判周公说之女，先公而逝。作嫔宜室，相待如宾。生五子：长曰铸，不仕；次曰镐，耀州淳化令，执丧柴毁，遇疾而终；次曰鉴，早亡；次曰锡，保平军节度推官、知京兆府长安县；次曰盉之，左班殿直、监果州在城商税。三女：长适东头供奉官、阁门祗候程继宗；次适洋州司理参军张利用；次识进士王钺。孙、曾孙一十九人。公中正和夷，宽明温重，性入真纯之器，心诣冲渊之域。自起家委质，沿牒从政，渐阶州局，筵升朝列。注拟全三宝之功，考课周四善之状，布南面循良之政，贰外台漕挽之司，著灼见之勋庸，禅重熙之圣化。昔襦流咏，遗爱浸人。善交则松茂柏悦，容物则理遣情恕。虚怀坦荡，夷险如一。光弼四帝，六十余年，检□保清白之遗，历任绝毫厘之失。名遂身退，君子题之。公有先畴占籍黄县，族凑蕃衍，俾专仰给。惟公院中独资禄廪，或者以食贫献说，理宜分取。公曰："吾爵秩优厚，本有余饶。属类众多，致不丰足，讵当孝治之代，自兴不义之讼乎？"流布闻者，莫不竦叹。虽汉之卜式，蜀之孟元，以公准之，彼未多美。实礼让之标表，士夫之仪矩者也。节推克家构堂，元宗孝友，悲缠风树，号绝苦块。以照久窃乡品，早悉计谐，泣次官簿，见托撰述。至于芳猷茂绩，善行嘉谟，前书堕泪之碑具载。贤人之业，挥铅勉拙，实录无愧。谨刻圆石，用识佳城。铭曰：

析木之下，碣石以东。天瑞王室，神生世雄。结发事主，移孝为忠。擢材品子，释褐齐官。柳壁参戎，兰台优局。半刺宣风，五马易俗。夏侯布政，定国断狱。吏绝铢奸，民无粟卜。副贰外计，纠辖连城。财赋充溢，贪墨澄清。绵历剧任，绰著能名。拜章告老，挂冠遗荣。光弼四朝，咸有一德。嘉谟嘉猷，是效是则。宜永遐龄，用旌洪识。卿月沉光，乘珠砰色。袍草青兮凤野春，邑沦蔼兮素卫陈。铜楚挽兮流鲜吹，咽哀箫兮怆令辰。雍原厚兮牛眠坞，松楸列兮新宰土。播名德兮邈终天，掩真堂兮绵万古。

孙男进士玘监刊石

武威安亮刻

门僧务皎

吕通妻张氏墓志

宋景祐五年（1038）。志近正方形，边长 0.66 米。额篆书"宋故仙居县太君张氏墓志铭"。志文楷书 28 行，满行 22 字，题"宋故仙居县太君张氏夫人墓志铭并序"。吕大忠撰序，吕大防撰铭，吕大受书，罗道成刻。2009 年出土于西安市蓝田县三里镇，现藏陕西省考古研究院。《陕西省考古研究院新入藏墓志》著录。

志主张氏系吕通之妻，卒于景祐五年（1038），卒时六十四岁，则其生年当在开宝八年（975）。据《吕通墓志》记载：嘉祐六年（1061）九月，其子吕蕡将父亲吕通和母亲张氏墓茔迁葬于蓝田县玉山乡。熙宁七年（1074）九月，又改葬于蓝田县太尉原。

张氏为亳州谯人，其祖父张任璱曾任后周大理卿、宋司农卿，父亲张务本曾任赞善大夫，舅父为北宋名臣吕蒙。志文称"大夫既卒，文穆公收其孥以抚之"，即指父亲张务本去世后，张氏由舅父吕蒙抚养成人，并许配吕通。张氏生二子三女，长子即吕英为著作佐郎，次子吕蕡为殿中丞。

撰文者吕大忠、吕大防，篆额者吕大钧，书者吕大受，为志主张氏之孙。刻者罗道成，吕氏家族多方墓志均出自其手。

〔志文〕

宋故仙居县太君张氏夫人墓志铭并序
伯孙泽州晋城令大忠撰序
仲孙秘书省著作佐郎大防撰铭

叔孙秦州右司理参军大钧篆额

季孙敕赐同出身进士大受书

家君殿中，卜以嘉祐六年九月癸酉，葬我王父祠部府君、王母仙居县太君于京兆蓝田骊山之阳。命其子大忠、大防曰："吾衰不能文，惟仙居之先烈懿行，不可不著，汝其叙铭之。"大忠等再拜承命。谨按：

夫人姓张氏，亳州谯人，祖讳仁璲，以明经进，尤精律学。周广顺初，为大理卿。当时朝廷无纪律，执政柄者以情上下，四方之狱，法官偄愞，迎意而傅会之。独大理与其贰剧可久，持法不阿。有不可者，力争于朝，必当而后止。国初，为司农卿。有子五人，人授一经，后各以其经登科。务本，赞善大夫，娶丞相文穆吕公之女弟，以生夫人。大夫既卒，文穆公收其孥以抚之。时祠部府君举进士京师，有名当世，特为文穆公所知，遂以夫人归吕氏。生我伯父著作君，次则家君殿中也。景祐五年十一月十五日，后祠部府君三十六年，以疾终，享寿六十四。嘉祐元年，上恭谢天地，用殿中恩，追封仙居县太君。夫人性静而专，动必以礼，治家教子，皆有方法云。铭曰：

大农之仕，逢世之季。持法以平，挺然不倚。多辟立辟，从古所难。以诚行之，虽厉而安。翼翼仙居，余庆其流。配贤嗣良，何德之优。

罗道成镌字

侯莫义墓志

宋康定二年（1041）。志石长方形，尺寸不详。志文楷书28行，满行10字，题"宋故河南侯莫君墓志铭并序"。王俛撰并书，吴信刊。出土时间、地点不详，现存淳化县博物馆。

志主侯莫义，字终礼，未见正史记载。侯莫义卒于北宋康定二年（1041），卒时七十一岁，则其生年当在宋开宝四年（971）。志文称其"曾祖、祖讳莫得而书之"，侯莫义及其父亲侯莫昱亦无任何职官记载，由此推测其家族并非望族，侯莫义父子均未曾入仕。志载侯莫义娶韦氏，有二子四女。熙宁元年（1068），侯莫义与韦氏合葬于淳化县温威乡东井里。

撰文者王俛、刻者吴信，未见正史记载。

〔志文〕

宋故河南侯莫君墓志铭并序

吴信刊

进士王俛撰并书

君讳义，字终礼。曾祖、祖讳莫得而书之。父讳昱。妣曰段氏，慈和抚下，孝事舅姑，生一男。君则段氏之子焉。在闾里以积善称，好施安贫，贫求而弗违。孤立渐盛其家，救困不要其利。怀仁守信，性质不华。噫！君之德之贤至焉。娶韦氏，有四女二男：长曰宸，次曰肩，早亡；四女适人，俱严闺门之范。时辛巳康定二载四月十一日而终，享龄七十一。孙素而下十数人。韦氏蕴和爱之德，后以寿终。熙宁戊申八月庚申日归葬于淳化温威乡东井里，韦氏祔焉，礼也。素状先祖之行事诣俛请志，《礼》曰"称扬先祖之美，明著于后世"，诚孝子孝孙之心也，敢不惟命。铭曰：

不树其贤，曷资生性。不享其芳，曷传家盛。天降鉴兮，锡余庆。

吕大忠妻姚氏墓志

宋庆历五年（1045）。志长0.35米，宽0.37米。志文楷书15行，满行15字，题"宋故姚氏夫人墓志铭"。李周撰，罗道成刻。2009年出土于西安市蓝田县三里镇，现藏陕西省考古研究院。《陕西省考古研究院新入藏墓志》著录。

志主姚氏系吕大忠之妻，卒于宋庆历五年（1045），嘉祐六年（1061）葬蓝田县李村原，熙宁七年（1074）改葬蓝田县太尉原，绍圣三年（1096）又与吕大忠继室樊氏祔葬。

姚氏为京兆人，其祖父姚度、父亲姚鄩均未入仕，志称姚度与苏舜钦、高怿相交游。苏舜钦，字子美，为北宋著名文人，史称："舜钦少慷慨有大志，状貌怪伟。当天圣中，学者为文多病偶对，独舜钦与河南穆修好为古文、歌诗，一时豪俊多从之游。"[1] 高怿，字文悦，"十三岁能属文，通经史百家之书。闻种放隐终南山，乃筑室豹林谷，从放受业。放奇之，不敢处以弟子行。与同时张荛、许勃号'南山三友'"。[2]

志云姚氏"年二十，归晋城令吕大忠"，《宋史》载"大忠，字进伯。登第，为华阴尉、晋城令"，[3] 姚氏嫁给吕大忠的时间应当在皇祐年间。

撰文者李周，署"著作佐郎知凤州河池县事"。《宋史》有名李周者，字纯之，冯翊人。登进士第，曾任长安尉、洪洞令、云安县令、施州通判、提点京西刑狱。哲宗朝，召为职方郎中，又迁太常少卿、秘书少监，后以集

---

[1] （元）脱脱等：《宋史》卷四四二，第13073页。
[2] （元）脱脱等：《宋史》卷四五七，第13433页。
[3] （元）脱脱等：《宋史》卷三四〇，第10844页。

贤院学士知邠州，"徙凤翔府、河中府、陕州，提举崇福宫，改集贤殿修撰。卒，年八十"。①《宋史》之李周的主要活动集中在神宗、哲宗在位期间，曾在凤翔府任职，很可能就是此志撰文者。

〔志文〕

宋故姚氏夫人墓志铭

吕公为宝文阁直学士，葬其继室樊氏，因易夫人棺椁衣衾同祔先茔。绍圣三年十月二十九日，侄至山记。

著作佐郎知凤州河池县事李周撰

夫人姚氏，世为京兆右姓。祖度，不羁乐施，所交尽当世贤豪，如苏长史舜钦、高处士怿皆从之游。父鄩，举进士不第。夫人性专静，不妄语笑。年二十，归晋城令吕大忠。晋城方少年，喜宾客，然病贫不能充所欲。夫人尝携奁中玩好，密授婢子，以贸酒脯。晋城愧其意，乃曰："吾祖所尚，苟佳士日至，此长物，奚惜哉？"庆历五年闰五月十五日，因诞不育，遂卒。内外宗族，皆相吊以泣。呜呼！可无述乎？铭曰：

生有所称，殁有所归。弗迫者寿，夫何足悲。

嘉祐六年，始葬蓝田李村原。熙宁七年九月，改葬县北五里太尉原。夫人是时追封真宁县君。

罗道成刊

---

① （元）脱脱等：《宋史》卷三四四，第10935页。

侯訢妻孙氏墓志

宋庆历五年（1045）。志长0.59米，宽0.58米。志文楷书19行，满行18字，题"大宋孙夫人墓志铭并序"。雍师愈撰，郭劭书。出土时间、地点不详，现藏周至县文物管理所。

志载孙氏系"都官外郎穆之之仲子，前进士周翰之女弟"。《宋史》未见孙穆之、孙周翰父子之名。

据《金石萃编》记载："富春孙穆之登进士第，初官师古。所至称治。去年自兰台佐著作权宰是邑，睹先师堂卑陋，首出俸资，始议必葺云云。检《陕西通志》，既不载修庙之事于学校，复不载其政绩名宦。又检《杭州府志》，选举、文苑、循吏皆无其人，可见此碑从不传于世。"[1] 此孙穆之即志主孙氏之父。宋人赵湘有《及第东归泗上遇孙穆之话别》。

另据宋人阮阅所编《诗话总龟》卷二"幼敏门"记载："孙周翰精敏，亦少逸之流。其父穆之，携以见郡侯。时赏春作会，座客簪花。郡侯属周翰曰：'口吹杨叶成新曲。'翰曰：'头戴花枝学后生。'郡侯笑曰：'何遽便戏老夫！'赐童子出身。"[2] 此孙周翰即志主孙氏之兄长。

志载孙氏二十二岁嫁于忠州守、东宫舍人侯訢。庆历五年（1045）六月五日卒于渑池官舍，庆历七年（1047）归葬祖茔。后又于嘉祐五年（1060）十月三十日祔葬于丈夫侯訢墓。结合已出土之《侯訢墓志》可知，此志当出土于西安市周至县仙游乡附近。

---

[1] （清）王昶辑《金石萃编》卷一二九，上海：上海古籍出版社，2020，第4册，第2368页。
[2] （宋）阮阅编《诗话总龟》前集卷二，周本淳校点，北京：人民文学出版社，1987，第25页。

撰文者雍师愈、书者郭劭,未见正史记载。

〔志文〕

大宋孙夫人墓志铭并序

乡贡进士雍师愈撰

夫人孙氏,都官外郎穆之之仲子,前进士周翰之女弟。其生二十二年,归今忠州守、东宫舍人侯訢。侯氏大族,夫人姑即咸平中执政太原尚书王公沔之子冢妇,之父乃康肃颍川陈公尧咨。宜罄妇礼者,又众伯姑过十人,妾围逾千指,夫人奉上抚下者凡二十年,无一间言,无一眦睚,得不为慧且智乎?字儿女七人,长女适今计庭亚相郑公骧之子太庙室长惟几,余未笄冠,咸有才容。昊天不吊,以庆历五年六月五日终渑池官舍,七年二月二十一日归祔祖茔,礼也。师愈于忠州为里人,为外侄姑,又周知事实,纪石投墓,垂之无穷,宜也。谨为铭曰:

猗欤淑人,为邦君之媛兮。玉洁兰芬,溘朝露于清旭。摧秾华于上春,伤不可穷兮,姑竭礼于幽窀。葬之地兮,五柞莘莘。葬之日兮,千乘辚辚。洪流未堙,巨岳未尘。将斯文兮不泯。

太白山人郭劭书

吕大防母方氏墓志

宋庆历五年（1045）。志长0.49米，宽0.56米。志文楷书29行，满行23字，题"先妣夫人方氏墓志铭并序"。吕大防撰，罗道成刻。2009年出土于西安市蓝田县三里镇，现藏陕西省考古研究院。《陕西省考古研究院新入藏墓志》著录。

志主方氏系吕蕡之妻，吕大忠、吕大防之母。其卒于宋庆历五年（1045），庆历八年权厝于京兆蓝田之佛舍。方氏墓志称"嘉祐六年岁次辛丑九月癸酉，举葬于县之西北卅里骊山之原"，当为吕蕡迁葬父母于蓝田玉山乡时，将方氏一并迁葬。熙宁七年（1074），又改葬于蓝田县太尉原。其夫吕蕡墓志亦已出土。

方氏祖父方厚曾仕南唐，任饶州司户参军，赠虞部郎中；父亲方易从由江南迁居关中华阴，宋景德二年（1005）及第，得授屯田员外郎。方氏十六岁嫁于吕蕡，后得封旌德县君，《吕蕡墓志》载"夫人方氏，封旌德县君，尚书屯田员外郎易从之女"，与此可互证。吕蕡与方氏共有六子，方氏墓志云："大忠，泽州晋城令；大防，其次也；大钧，秦州右司理参军；大受，同进士出身。诸子未仕者二人：大临，京兆乡贡进士；大观，举进士。"另据《吕蕡墓志》载："长大忠，秘书丞；次大防，尚书度支员外郎；次大钧，光禄寺丞；次大受，同进士出身；次大临，颍州团练推官；次大观，不仕。大受、大观皆早卒。"吕大忠、吕大防、吕大钧、吕大临四人，《宋史》卷三四〇有传。

刻者罗道成，吕氏家族有多方墓志出自其手。

〔志文〕

先妣夫人方氏墓志铭并序

夫人姓方氏，庆历五年九月二十七日，以疾卒于庆州司法掾之廨。八年，权厝于京兆蓝田之佛舍。后十三年，得嘉祐六年岁次辛丑九月癸酉，举葬于县之西北卅里骊山之原。其无状，子著作佐郎大防请于朝曰："臣所居官三年，有司来责功状，于法应迁。臣母亡，将葬，无封号以识墓。臣谨昧死请以所迁官追封亡母方氏。"□未下而葬期至，而又不自陨□。辄叙外家之世官，夫人之德行，继以铭而内诸圹中。谨按：

外曾王父讳厚，世家江南，仕李璟为饶州司户，赠虞部郎中。外王父讳易从，始去□乡，居华阴，举进士，中景德二年甲科，累官屯田员外郎。外王母姚氏，永安县君。夫人无昆弟姊妹，外王父爱之，择其所归。时家君殿中，文行有名士林，遂以归吕氏。年始十六，而妇道备焉。仙居县太君方在堂，夫人晨昏□色，左右无违。敛其奁橐所有，尽以奉□□□有一钱。殿中□□□嫁，贫无以行。夫人解□□以□之退，而缦服粝食，□以为不足其居。仙居丧，号野□□，殆将不支。其视姒之子如己子，其御婢妾能使畏而爱之，诸子之未就外傅者，皆穆教于□□。夫人平居之容，□戒之曰："汝曹它日从事于政，□□必俭，无缴绕以〔以〕为明，无徼幸以为智，无（□）苟以为德。"□□□行之。比夫人之葬，□且仕者四人：大忠，泽州晋城令；大防，其次也；大钧，秦州右司理参军；大受，同进士出身。诸子未仕者二人：大临，京兆乡贡进士；大观，举进士。女二人：长适进士乔岳，次蚤亡。孙男二人，次孙女二人，并幼。铭曰：

哀哀苍天，丧我母仪，良玉已器，□□照月，既缊而亏。哀哀苍天，胡宁忍予？有母而不□□，曾乌鸟之不如。哀哀苍天，母兮何之？穷声索气，□神我答，终天亘古今，不闻慈诲之孜孜。

罗道成刊
熙宁七年九月朔改葬于县北五里太尉原
夫人是时追封旌德县君

马端墓志

宋庆历五年（1045）。盖佚，仅存志石。志正方形，边长0.89米。志文楷书32行，满行30字，题"宋故西京左藏库使银青光禄大夫检校左散骑常侍兼御史大夫充益利路兵马钤辖提举兵甲巡检公事上骑都尉扶风县开国伯食邑五百户马公墓志铭并序"。刘颕撰并书，李元直篆盖，翟秀刻。1970年出土于西安市户县甘亭镇，现藏西安市鄠邑区文物管理委员会。《户县碑刻》、《新中国出土墓志·陕西》（叁）著录。

志主马端，本名宗诲，字承之，卒于宋庆历五年（1045），卒时四十六岁，则其生年当在宋咸平三年（1000）。熙宁七年（1074），迁葬于鄠县，以夫人王氏祔葬。

马端曾祖马翊未仕；祖父马则曾为忠武军书记，赠水部郎中；父亲马景曾为工部郎中、直史馆，赠太常少卿。据志文记载，马端父亲马景与寇准相熟，马端幼年聪颖，受到寇准称赞。马端曾得韩琦举荐，志文称其以遗表赐三传出身，调为蓝田尉、苏州司户、兴元府推官，迁大理寺丞、太子中舍、殿中丞、国子太常二博士、监察御史，换内藏库副使、左藏库使等。马端曾协助范仲淹镇守延州，参与防御西夏战事。之后又任梓夔、益利二路钤辖等职。志文开篇称"庆历五年冬十月，相国文潞公镇蜀，首上章请以马端为益利路兵马钤辖"，"文潞公"即文彦博。马端得文彦博举荐，惜甫到任而卒。

志文中提及寇准、文彦博、韩琦、庞籍等北宋名臣，其与马端家族多有往来。志题"扶风县开国伯、食邑五百户"，志文云"朝廷以公殁远方，授二子官：僚得奉职，后为右侍禁都巡检；佺得太庙斋郎，后六年卒。庞公追惟旧功，复奏佶为太庙斋郎，今为邠州录事参军"，亦可见马端在当朝之地位。墓志内容可补正史之阙。

志称马端"尤工书，得钟王之法，壮年益勤，遂入妙品"，又云"仁宗尝令中使宣谕云：'马端表疏宜亲书，勿拘真行也。'"可见马端的书法造诣之高。

撰书者刘颛，署"宫苑副使、银青光禄大夫、检校右散骑常侍、兼御史大夫"；篆盖者李元直，字通叔，书法家，精于篆书。

〔志文〕

宋故西京左藏库使银青光禄大夫检校左散骑常侍兼御史大夫充益利路兵马钤辖提举兵甲巡检公事上骑都尉扶风县开国伯食邑五百户马公墓志铭并序

宫苑副使银青光禄大夫检校右散骑常侍兼御史大夫致仕刘颛撰并书

狄道李元直篆盖

庆历五年冬十月，相国文潞公镇蜀，首上章请以马端为益利路兵马钤辖，仁宗已常题记姓名于秘殿，见章，立可其奏，降制曰："坤维远京师，握兵柄，苟非才杰有咸名者，岂副吾选？马端文武兼才，宜往。"除左藏库使。以行道病，至益七日卒，享年四十六。以熙宁七年三月壬寅，葬于鄠县涝水之北，从先茔也。前葬，季子佶来请铭。颛早辱公知，记公立身行事尤详，不当辞铭。公讳宗诲，字承之，后改名端。曾祖翊，不仕。祖则，为忠武军书记，赠水部郎中。考景，登进士第，为工部郎中、直史馆，赠太常少卿。公以遗表赐三传出身，调为蓝田尉、苏州司户、兴元府推官，迁大理寺丞、太子中舍、殿中丞、国子太常二博士、监察御史，换内藏库副使、供备左藏库使。其历任知秦州成纪、颍州汝阴、许州郾城，通判仪、延二郡，知丹、廊、利三州，梓夔、益利二路钤辖。公襟灵俊迈，风度秀整。书史一览，即诵于口。其为文与诗，气格如杜牧之；尤工书，得钟王之法，壮年益勤，遂入妙品。仁宗尝令中使宣谕云："马端表疏宜亲书，勿拘真行也。"当时荣之。公为童时，寇莱公镇京兆，与少卿夙旧，即其家，拜神座前。公引诸弟罗拜涕泣，莱公惊其风仪，抚之曰："吾故人有令子！"及为尉掾，击奸抗论，不避权贵。在忠武、兴元，赞画太守，有嘉誉。其为县令，钳吏戛豪，必置之法，凶暴敛迹。夏戎寇延州，大将战殁，范文正公为帅，辟公贰郡事，兵术民政，动多谘访。时日不暇给，公眠之有余力。及庞丞相至，公建议筑桥子谷寨，以扼贼径。与诸将被坚戮力，以终其役。庞公上疏，称公才略，换内藏库副使，知丹州。既而夏戎请盟。公无试用，遂三徙以终。初，韩魏公经略西方，荐公文宜充台阁，赐进士出身。及除御史，为言者追其制。既授益州，命上旨一岁与刺史。噫！其不寿，岂数奇邪？及殁，闻者叹之，而贫无以办丧事。文潞公哭之恸，厚赗给之。夫人王氏，封蓬山县，淑德多内助。公殁，笃训诸子以立。后公廿六年殁，今祔，礼也。四子：僚、佺、佶、佽。朝廷以公殁远方，授二子官：僚得奉职，后为右侍禁都巡检；佺得太庙斋郎，后六年卒。庞公追惟旧功，复奏佶为太庙斋郎，今为邠州录事参军，干敏纯孝，能嗣厥家。二女：长适中舍崔衮，次适进士勾俏。孙男四人，女十二人。铭曰：

马氏显大，由汉至宋，史不绝辞。洎公之生，杰才妙翰，天子嘉之。英气沉略，慨然功名，大臣荐之。何寿之不遐，位未崇高，而无所施。呜呼！铭于泉，还大块兮！

瞿秀刻字

刘诜墓志

宋庆历八年（1048）。志长0.47米，宽0.46米。志文楷书28行，满行28字。志题"宋故彭城刘君墓志铭并序"。郭之才撰，沈师言书并题盖，李仲甫刊字。出土于西安市雁塔区延兴门附近，现藏西安碑林博物馆。《新中国出土墓志·陕西》（贰）、《宋代墓志辑释》著录。

志主刘诜卒于庆历八年（1048），卒时六十七岁，则其生年当在太平兴国七年（982）。志称刘诜卒时其子刘翔尚幼，熙宁五年（1072）刘翔成年后，又将父亲改葬于万年县延兴门靖恭务。"靖恭务"疑为"靖恭里"之误，待考。

刘诜祖父刘孝基曾任州别驾，父亲刘冕未仕，北宋初年举家由蒲州迁居鄠邑。刘诜应当亦未入仕，志云"适数年而资富足用"，又云"因默营别第，颇极完美"，由此来看刘诜一代在当地已颇有家资。刘诜之子刘翔得举进士，其婿杨熙为顺政县令、杨裘为太庙斋郎。

撰文者郭之才、题盖者沈师言均为乡贡进士，二者及刻者李仲甫均未见正史记载。据《王奕墓志》，沈师言曾撰王奕行状；李仲甫在其他墓志亦见其名。

〔志文〕

宋故彭城刘君墓志铭并序

乡贡进士郭之才撰

外孙婿乡贡进士沈师言书并题盖

君讳诜，其先蒲人。祖讳孝基，五代时摄官为州别驾。父讳冕，不仕。

国初徙居鄠而家焉。君天资纯孝，幼能奉亲。既冠，父趣令求师，为科举之业。受命而久不行，或问之，则曰："人子之职，温凊甘旨，为养在己，而朝夕不可阙也；累茵列鼎，为养在外，而不可期也。今废不可阙之养，而求不可期之禄，亲老矣，吾不忍也。"父闻而说之。于是克己治财，劳辱不厌，适数年而资富足用。犹患所居嚣卑，未足以慰安亲心，因默营别第，颇极完美。既成，而叩头求迁，且谢以事不先请，父喜而听之。由是老者退休，壮者服勤自便，父子之际，劳逸各得。父婴疾弥痼，医者为不可治，将置之。君曰："吾侍疾数年，虽勤悴自饬，而病不少间，岂吾诚意未能动天地、感鬼神乎？"乃斋戒，刲左右股肉，密羞而进之，不逾月而果愈。其父语家人曰："予畴昔之夜，梦神人增予筭十年，且云申汝子孝心。"闻者异焉。如期而卒。父亡，居哀如慕，祀享如生。除丧，不复治素产，以饮酒、宾客为事。妻孥忧之，乃曰："吾前日之遑遑，以亲在故，今亡矣，苟常祀有备，伏腊粗充，余何求焉？"平居不喜较是非，接人均一，无戚疏贫富之间。恶言人过，而乐闻人善。以此交亲，里间既美其孝，又称其长者。庆历八年四月二十日，以疾卒于家，享年六十七。娶武氏，生子五人，少男曰翔，举进士，余皆幼亡。女四人：长适顺政县令杨熙，次适乡人李仲宣，次适太庙斋郎杨裘，季亦嫁而卒。孙男二人，曰昌期、昌臣，孙女一人，皆幼。君之卒也，子翔方童。故所葬之地，久病污湿，翔既长而泚焉。以熙宁壬子岁之十月二十七日，改藏［葬］于万年县延兴门靖恭务之新茔。君子曰：古之人不苟难以为行，为其不可继也；不徼福以为善，为其有心也。君力难而不私己，求报而归诸亲，非诚至意修，曷以哉止？昔之善志者传信传疑，而不没其实，则君之异于人也，不可不书。铭曰：

　　介推剖肌，赏或见遗。戴氏谨书，九龄梦贻。险易殊节，报施异宜。猗欤刘君，天人两得。寿于既亡，愈于既亟。舍迹师心，兹焉观德。

刊字李仲甫

吕英墓志

宋皇祐二年（1050）。盖近正方形，边长 0.52 米。志长 0.47 米，宽 0.54 米。盖文篆书 3 行，满行 2 字，题"有宋吕德华墓"。盖左侧小字楷书 2 行，满行 35 字，题"显妣夫人王氏缘从兄微仲任尚书右丞用元祐丙寅明堂恩例奏封永寿县太君，八年癸酉正月辛丑，永寿君不幸以疾终，以其年十有一月甲申祔，因加志石以盖，哀子大圭谨记"。志文楷书 32 行，满行 26 字，题"宋故著作佐郎吕府君墓志铭并序"。吕大忠撰，吕大受书，郭潜填讳，罗道成刻。2009 年出土于西安市蓝田县三里镇，现藏陕西省考古研究院。《陕西省考古研究院新入藏墓志》著录。

志主吕英，字德华，卒于皇祐二年（1050），卒时五十六岁，则其生年当在至道元年（995）。嘉祐六年（1061）迁葬于蓝田玉山乡李村原，熙宁七年（1074）再迁于蓝田县太尉原，元祐八年（1093）葬其夫人王氏时，另加志盖，记其事。

吕英系吕通长子，父子两人的墓志关于其家族世系叙述基本一致。志载吕英于天圣八年（1030）进士及第后选补京兆府蓝田县主簿，之后任邠州三水县尉、蓬州良山县令，权汝州团练判官等。皇祐二年（1050），吕英赴任监杭州浙江税，途中病卒。

吕英妻王氏为王明之孙、王掞之女，得封永寿县太君。王明、王掞二人，《宋史》卷二七〇有传。王氏墓志亦已出土。吕英与王氏共育有三子三女，其中长子吕大圭、次子吕大章、三子吕大年。另据出土之《吕大雅墓志》记载，其父为吕英，其母王氏得封安定县太君。则吕英当有四子，且非同母所出。

志文提及宋仁宗年间张海在陕西、河南等地领导的农民起义活动，称"剧贼张海攻劫襄、邓间，郡邑震，恐不自保……然寇竟亦不至"。史载："时京西军贼张海久未伏诛，命（赵）滋都大提举陕西、京西路捉贼，数月贼平。"[①] 墓志记载与《宋史》基本吻合。

撰文者吕大忠、书者吕大受均为志主吕英之侄，吕大忠在《宋史》有传，吕大受墓志亦已出土。填讳者郭潜，署"京兆府乡贡进士"，未见正史记载。

〔志文〕

宋故著作佐郎吕府君墓志铭并序
侄将仕郎守泽州晋城县令大忠撰
侄敕赐同出身进士大受书
京兆府乡贡进士郭潜填讳

府君讳英，字德华。曾祖讳咸休，周户部侍郎，赠左仆射。曾祖母刘氏，彭城郡夫人。祖讳鹄，皇任太子中允，赠司封员外郎。祖母杨氏，追封虢略县太君。考讳通，皇任太常博士，赠祠部郎中。母张氏，追封仙居县太君。府君少孤，力学举进士。天圣八年登第，选补京兆府蓝田县主簿。秩满，授邠州三水县尉。俄迁蓬州良山县令。郡守严刻，不假吏过，参佐奔走，以奉约束。小不如法，即峻绳而摘去之，独知府君，与之尽款曲，且言于朝。未几，丁仙居之忧。服除，权汝州团练判官。会岁饥，被州移行县视贷。府君以官廪不足，出己钱为酒食，召谕诸豪，俾其出粟以赈之，被全活者甚众。剧贼张海攻劫襄、邓间，郡邑震，恐不自保。郏，汝之属邑，民稀而吏弱，会其令缺，宾掾虞其摄也，往往谢病于家。府君奋然曰："吾从事于州，郏民亦吾民，安忍坐视遗豺虎也？吾往且护焉。"遂请行。然寇竟亦不至。岁满当迁，知州事范祥惜其才，奏乞就迁京官，监洛南稻田务。或劝

---

① （元）脱脱等：《宋史》卷三二四，第10496页。

府君以赂营于有司。府君叹曰："进退得失，命也。不以道得之，人将不食吾余。"既而果不得迁，止授稻田之命。凡留四岁，后用荐者，拜著作佐郎，监杭州浙江税。舟次楚，遇疾以卒，享年五十有六，皇祐二年五月十一日也。后以嘉祐六年九月廿四日，葬于京兆之蓝田玉山乡李村原。府君沉默仁厚，平居隐几，终日不出一言。顾名利淡疏，如有所避。遇事矫矫不可夺也。其为治多阴功潜德，故所至无暴然之誉。及其既去，则民皆感泣以思。在汝久，故尤得汝人之心。代还遮道，不得行者累日。呜呼！可谓贤矣。娶王氏，赠太子太傅明之孙，殿中丞扻之女。生男三人：大圭、大章、大年，愿而能嗣其业。女之婿，长曰宋元颖，次曰秦昱，又其次曰李亢，皆士人也。孙女二人尚幼。铭曰：

士之所患，未居其位。既持其权，而复畏避。不系于势，只系于怀。呜呼公乎，可谓其才。

熙宁七年九月庚申，改葬于县北五里太尉原。

罗道成镌

潘龟符妻严氏墓志

宋皇祐五年（1053）。志正长0.38米，宽0.34米。志文楷书19行，满行19字，题"严夫人墓志铭"。张元规撰，安仲康刊。早年出土于渭南市华州区孝悌乡，现藏西安碑林博物馆。《西安碑林全集》著录。

志主严氏系潘龟符之妻，卒于皇祐五年（1053），卒时十九岁，则其生年当在景祐二年（1035）。《潘龟符墓志》亦已出土。

庆历八年（1048），严氏十四岁嫁于潘龟符，皇祐五年（1053）卒时仅十九岁，先葬。元祐四年（1089），潘龟符欲将严氏迁葬，但"索于旧垄，失其所在"。崇宁四年（1105），潘龟符卒后，以严氏、阴氏两位夫人祔葬于郑县孝悌乡故县原，郑县时属华州，即今陕西省渭南市华州区。

〔志文〕

严夫人墓志铭

婿敕授简州文学张元规撰

右班殿直潘君讳龟符先娶之夫人严氏者，华人也。天资仁孝而复颖爽，喜看书，亦善音律，年十四归潘氏，事舅姑祥顺，举皆适宜，族属无不贤之者。皇祐五年五月九日，以疾终于家，享年一十有九。后三十六年，殿直君欲迁夫人之柩于先茔之次。索于旧垄，失其所在。君自执锸，次先役夫，五日之间，凿地丈余，广袤数十尺，而竟弗获矣。意其岁久，所已化欤？抑亦为人所误取欤？斯诚可哀。生一女，乃元规所娶，后夫人三十八年而亡。潘氏诸孤卜崇宁四年八月二十日，葬其父殿直君于故县原，以其母阴夫人祔焉，亦招夫人之灵以葬之。乃为铭曰：

夫人幼稚，淑德已彰。逮乎为妇，孝行芬芳。宜其有寿，不寿而何。宜其有后，有女亦亡。竟失其柩，尤为可伤。招来神识，请安斯藏。

京兆安仲康刊

药昭纬墓志

宋皇祐六年（1054）。志正方形，边长0.47米，厚0.07米。志文楷书26行，满行26字，题"宋故药府君墓志"。张天隐撰，刘公辅书。近年出土于西安市临潼区，现藏西安碑林博物馆。《西安碑林博物馆新藏墓志续编》《宋代墓志辑释》著录。

志主药昭纬，字天经，卒于皇祐六年（1054），卒时四十七岁，则其生年当在大中祥符元年（1008）。

药昭纬曾祖药彦昇曾任殿中丞。药昭纬及其父药为光当无仕宦经历。志云"既葬君二十年，坟罹水"，故于熙宁十年（1077）改葬于临潼县旌儒乡永乐原。

撰文者张天隐、书者刘公辅，未见正史记载。

〔志文〕

宋故药府君墓志

江南张天隐撰

侄婿中山刘公辅书

礼有葬，墓有铭，铭云铭云，爵禄云乎哉！士有不喜声利，恬然自得于草野。表乡党以廉慎，训子弟以义方。是亦君子之为政者，吾得之党人药君矣。君讳昭纬，字天经，殿中丞讳彦昇之曾孙，故进士讳为光之元嗣也。慈母安氏早失，事父以孝谨闻。既立，又失所天。哀感过制，几自毁灭。执五弟手曰："先人勤俭克家臻于富，叔伯利财产，剖居南北，失棠棣之大义，不得展先人之心。今家复完，既不迨孝养，愿共成先人之志，则瞑目无憾焉。"由是君以廉义约身，以友爱和下。师则教导之，暇则宴乐之。乡党之间，雍雍如也。粗不如教，则正色庭责，皆伏膺谢咎。姊妹悉给田从士人。在乡党不媚上，不忽下，交言必直，辩论必正。客有三尺童子，登君之阶，五弟侍立，斋如也，从容几十五年。娉娶有叙，家力尤赡，里称望族。乡人每训子孙，皆引药氏昆仲为表仪，信谓君子所居则化矣。以皇祐六稔［祀］九月二十三日，寝疾终于家，享年四十七。诸弟号恸，若失考妣。将迁于堂，举君平生所治囊箱，唯一弊衾一故袍而已。里巷闻之，莫不伤叹。室商河令之曾孙曰宋氏，生子曰中辅，慈抚训诲。曰严，娶外郎尚起女，生孙曰伉。次赵氏、次元氏。女孙方幼齿。既葬君二十年，坟雁水，以熙宁丁巳十一月初八日，迎处士已下及君，易葬于临潼县旌儒乡永乐原。大藏有期，中辅惠然过曰："先人昔有行于乡间。前葬也，中辅未立；今葬也，不忍使先人用心蔑闻于后。"天隐久厕德邻，素钦君之举措，乃为铭曰：

　　父事能继，抚和五弟。乡党从化，既廉且义。家累千金，囊乏余衾。良士亟谢，皇天难谌。绣岭实旁，渭阴之岗。松柏苍苍，君子是藏。

苏昕夫人张氏墓志

宋至和元年（1054）。志长0.40米，宽0.48米。志文楷书20行，满行16字，题"宋故武功苏氏妇清河郡张氏墓铭"。苏晦撰，范育书。出土时间、地点、现藏地不详。《珍稀墓志百品》著录。

志主张氏系苏昕之妻，卒于北宋至和元年（1054），卒时三十岁，则其生年当在北宋天圣三年（1025）。

此志较为简略，结合出土《苏昕墓志》可知，苏昕先娶张氏，有一子二女。张氏卒后，苏昕再娶边氏，有一子。

张氏卒后，志称"葬从舅傍"，即指祔葬于苏昕之父苏通墓侧，在长安县神禾原万村，是为苏氏旧茔。另，《苏昕墓志》载："熙宁二年冬十月辛酉，余从父弟晖葬其考妣于京兆府万年县洪固乡神禾原之新茔"，《苏通夫人王氏墓志》载："遂以熙宁二年十月二十八日改葬先生于万年县神禾原之杨村，以王氏祔焉。"由此可知，熙宁二年（1069）苏氏墓茔由神禾原万村迁于杨村。张氏亦于其时迁祔于苏氏新茔。

撰文者苏晦为志主张氏丈夫苏昕之从弟，苏昕父亲苏通墓志亦由其撰文，此署"广文馆进士"。书者范育，字巽之，曾任泾阳令、户部侍郎等职，《宋史》卷三〇三有传。刻者安元吉，《侯䜣墓志》《宋寿昌妻师氏墓志》亦出其手。

〔志文〕

宋故武功苏氏妇清河郡张氏墓铭

广文馆进士武功苏晦撰

试秘书省校书郎范育书

张氏之先，世为著姓，居乾之阳。曰讳澡者，贡以进士，名知于乡。是生贤女，少而惠淑，家推懿良。长归苏氏，于昕为配，和鸣锵锵。事上恭顺，动无违者，协于姑嫜。四时奉祭，举合内则，洁于粢裳。何期壮齿，困以沉疾，浸成膏肓。甲午之祀，正月辛未，宛然以亡。年止三十，三子孩幼，宗党哀伤。号称至和，岁在乙未，冬焉可藏。十月丁酉，龟策告吉，葬从舅傍。呜呼哀哉，彼善当寿，云胡不臧。有厉以慁，周惠于义，何老而强。是二端者，交谬其报，嗟哉彼苍。婉婉柔德，宜承家室，铭焉以扬。陵谷万变，斯石未泐，嘉声益长。

安元吉刊

吕大钧妻马氏墓志

宋至和二年（1055）。志长0.34米，宽0.35米。志文楷书18行，满行16字，题"宋秦州右司理吕参军妻马夫人墓志铭"。石约撰，罗道成刻。2009年出土于西安市蓝田县三里镇，现藏陕西省考古研究院。《陕西省考古研究院新入藏墓志》著录。

志主马氏系吕大钧之妻，京兆万年人，卒于至和二年（1055），志云"年二十始得其友人之子吕大钧，遂以妻之。越明年，皇祐五年，将见于夫庙而有疾"，由此推知马氏生年当在明道二年（1033），其卒时二十三岁。嘉祐六年（1061）葬于蓝田县李村原，熙宁七年（1074）迁葬于蓝田县太尉原。

据志文记载，马氏祖父马景曾任直史馆，父亲马靖曾任延长县令，伯父马端曾任西京左藏库使。其伯父马端墓志亦已出土，关于其家族世系记载更为详细："公（马端）讳宗诲，字承之，后改名端。曾祖翊，不仕。祖则，为忠武军书记，赠水部郎中。考景，登进士第，为工部郎中、直史馆，赠太常少卿。"而马端本人曾知秦州成纪、颍州汝阴、许州郾城，通判仪、延二郡，知丹、鄜、利三州，梓夔、益利二路钤辖。马氏二十岁嫁于吕大钧，两家门第相当，惜早卒。

吕大钧，字和叔，为吕蕡第三子，关学代表人物之一。史称："大钧从张载学，能守其师说而践履之。居父丧，衰麻葬祭，一本于礼。后乃行于冠昏、膳饮、庆吊之间，节文粲然可观，关中化之。尤喜讲明井田兵制，谓治道必自此始，悉撰次为图籍，可见于用。虽皆本于载，而能自信力行，载每叹其勇为不可及。"[1]

撰文者石约，署"秦州司法参军"，未见正史记载。

〔志文〕

宋秦州右司理吕参军妻马夫人墓志铭
秦州司法参军石约撰

夫人京兆万年人。祖景，直史馆；伯父端，西京左藏库使，皆显名于时。父靖，少有隐操，学杜甫为诗数千篇，精致可爱。晚年以兄端遗命，属之令仕，强起为延长令以卒。娶蔡氏，生夫人，甚贤，爱之过其子。念无以为婿者，年二十始得其友人之子吕大钧，遂以妻之。越明年，皇祐五年，将见于夫庙而有疾，至十二月生一子徽。又明年，当至和二年二月十日以疾卒，归其骨于吕氏。夫人沉静有识，其卒也，延长哭之极恸，尝书十六字纪其行，今取以为铭云：

如珪如璋，如芝如兰。不幸短命，妇人之颜。

嘉祐六年始葬蓝田李村原。熙宁七年九月，改葬县北五里太尉原。
罗道成刊

---

[1] （元）脱脱等：《宋史》卷三四〇，第10847页。

苏通墓志

宋至和二年（1055）。志长0.62米，宽0.61米。志文楷书25行，满行25字，题"宋故武功苏先生墓志铭并序"。苏晦撰，范育书。出土时间、地点、现藏地不详。《珍稀墓志百品》著录。

志主苏通，字季通，京兆武功人，卒于北宋至和二年（1055），卒时四十六岁，则其生年当在北宋大中祥符三年（1010）。苏通夫人王氏、苏通长子苏昕、苏昕夫人张氏等苏氏家族成员墓志亦已出土。

苏通及其曾祖苏琬、祖父苏毅、父亲苏仲舒等皆未入仕，志称其父亲苏仲舒得赠大理评事，与出土之苏通长子苏昕墓志记载吻合。苏通"不喜谈章句，乐文武治世之道"，经历康定年间宋与西夏战事之后，曾游学京师，后因未得志同道合之士，转而研习道家丹药、长生之术。由志文中"康定中，元昊内寇，西帅连讨未平。先生兴曰：'时矣，盍求之乎？'"以及"久于志无所合，叹曰：'吾道固已已者邪，于吾复何伤？'"等记载，侧面反映出其时北宋一批儒生对国家内忧外患政局的忧虑以及郁郁不得志的情绪。

苏通娶大理评事王元吉之女，有苏昕、苏晖、苏暲三子。其卒后，葬于京兆府长安县同乐乡万村，熙宁二年（1069）迁于苏氏新茔。

撰文者苏晦为苏通之侄，《苏昕夫人张氏墓志》亦由其撰文，署"广文馆进士"。书者范育，字巽之，曾任泾阳令、户部侍郎等职，《宋史》卷三〇三有传。

〔志文〕

宋故武功苏先生墓志铭并序
侄晦撰
试秘书省校书郎范育书

先生讳通，字季通。姓苏氏，其先京兆武功人也。曾祖讳琬，始避寇居齭；祖讳毅；父讳仲舒，赠大理评事；皆潜遁不仕。先生廷评之季子也，少博学，性沉默而有大志，不喜谈章句，乐文武治世之道，故不肯从乡里贡，其视荣利憺如也。好延四方游学之士，至皆馆之。日讲道五经，交语以大趣而不畸碎，明韬谋而僻于言兵。其旨以正，守权施权，正循相生，终复无穷极。尝曰："使吾虽日迎百敌无殆焉。"康定中，元昊内寇，西帅连讨未平。先生兴曰："时矣，盍求之乎？"遂东游京师，历谒公卿，间能吐言论时事，而深究利病。且久于志无所合，叹曰："吾道固已巳者邪，于吾复何伤？"然终不能与碌碌者俱。因从道士游，即其宫，学老子说，而多畜丹砂诸宝石，庶夫成不死之药。乃归，买山于鄠杜之间，将退处以卒其志焉。庆历中，二兄继卒。明年，母夫人宁氏亦卒。先生哀悼逾毁，久而益病，遂不复交人事，日道黄老言以自娱。至和二年夏，寝疾弥笃，乃召诸宗党，语其长以慈爱教下，以顺悌于朋友故旧，一无遗焉。谓晦曰："吾兹不复矣，尔业古文，其往铭吾幽。"晦默然，泣伏再拜以退。翼日而卒，时秋七月十有四日庚午也，享年四十六。是岁冬十月丁酉，葬于京兆府长安县同乐乡之万村。先生为人恬退，处富饶而奉己廉约，未尝以喜怒易色于人。于阴阳数术，无不贯达。其为诗，喜自道格意，富健沛然而不繁，斯可尚也已。悲夫！年才过四十，顾其所施为，足以昭世垂不朽，而天亟夺之。噫，命矣乎！先生娶大理评事王元吉之女，生三男，长曰昕，次曰晖，曰暲，皆幼。三女，二女皆适仕族，其季未适人。铭曰：

  士贵以道兮道章以时，道茂时否兮古今之悲。先生之才兮不速用世，一出非心兮隐以自闭。天艰其年兮维名不替，呜呼，贤果有后兮子孙继继。

刘 胜 墓 志

宋嘉祐二年（1057）。盖佚。志正方形，边长0.56米，厚0.10米。志文行楷26行，满行26字，题"有宋故彭城刘君墓志铭并序"。王渥撰，张郊书并题盖，刘宝、李吉刻。1970年出土于耀县寺沟乡杨家庄村，现存药王山博物馆。《中国文物地图集·陕西分册》《铜川碑刻》著录。

志主刘胜，字子能，耀州人，未见正史记载。据志文记载，刘胜当未入仕。其卒于北宋嘉祐二年（1057），卒时六十六岁，则其生年当在淳化三年（992）。

志载刘胜曾组织乡里对抗盗匪，颇有声名。志文提及"时康定，以西鄜用兵之际"，即康定元年（1040）宋和西夏交战之事。据《宋史》记载，康定元年正月，"元昊寇延州，执鄜延、环庆两路副都总管刘平、鄜延副都总管石元孙。诏陕西运使明镐募强壮备边。二月丁亥，以夏守赟为宣徽南院使、陕西马步军都总管、经略安抚使。诏潼关设备。辛卯，月、太白俱犯昴。壬辰，夏守赟兼沿边招讨使。出内藏缗钱十万赐戍边禁兵之家。知制诰韩琦安抚陕西。白气如绳贯日。甲午，括畿内、京东西、淮南、陕西马。丙申，诏诸路转运使、提刑访知边事者以闻。丁酉，诏枢密院同宰臣议边事。辛丑，出内藏缗钱八十万付陕西市籴军储。丙午，德音：释延州保安军流以下罪，寇所攻掠地除今夏税，戍兵及战死者赐其家缗钱。是日改元，去尊号'宝元'字，许中外臣庶上封章言事。丁未，诏陕西量民力，蠲所科刍粮"；"三月丙辰，诏大臣条陕西攻守策。癸亥，命韩琦治陕西城池。乙丑，阅虎翼军习战。辛未，诏延州录战没军士子孙，月给粮"，"诏按察官举才堪将帅者。庚辰，诏参知政事同议边事。辛巳，德音：降天下囚罪一等，徒以下释之。赐京师、河北、陕西、河东诸军缗钱,蠲陕西夏税十之二";"夏四月丙戌,省陕西沿边堡寨。癸巳,诏诸戍边军月遣内侍存问其家,病致医药,死为敛葬之。甲午,遣使籍陕西强壮军","辛亥,筑延州金明栲栳寨";五月"癸酉,诏夏守赟进屯鄜州。戊寅,以夏竦为陕西马步军都总管兼招讨使。是月,元昊陷塞门寨,兵马监押王继元死之,又陷安远寨";六月"甲辰,增置陕西、河北、河东、京东西弓手";八月"戊申,夏守赟罢,以杜衍同知枢密院事。辛亥,诏范仲淹、葛怀敏领兵驱逐塞门等寨蕃骑出境,仍募弓箭手,给地居之";九月"元昊寇三川寨,都巡检杨保吉死之。又围师子、定川堡,战士死者五千余人,遂陷乾沟、乾河、赵福三堡"。[1]

刘胜卒后,于熙宁元年(1068)迁葬于华原县流凤乡杨家里,即今之铜川市耀州区。

撰文者王渥,其名见于元祐八年(1093)《张守节墓志》。题盖者张郊,刻者刘宝、李吉,相地者高宏,均未见正史记载。相地卜葬虽在葬俗中较为常见,但在墓志中题相地人姓名者,则并不多见。

〔志文〕

有宋故彭城刘君墓志铭并序

太原王渥撰

南阳张郊书并题盖

君卒十二年,其孤天祺列君素所为而乞铭于予。予观君之录而叹曰:刘君之美可铭矣!君讳胜,字子能,世居州北之山下。幼丧父,长丧母,以礼事兄嫂,以义训子弟,大小和顺,熙熙而聚四十年。诸兄知君有干力,悉委以家事。君于家未尝少有毫发之私,而一于其公也。劳心勤力,以治其生,险阻艰难备尝历矣。十年间,大丰其产。人或谓君曰:"君未有嗣子,孜孜于家而谓谁邪?"君应之曰:"父母没,兄嫂在堂,群侄皆幼,仰奉俯畜,

---

[1] (元)脱脱等:《宋史》卷一〇,第206~209页。

惟恐不足，汝何出是言，使我为不义邪！"遂叱而不听。君尝居山，山距州百余里，一日有人奔而告君，曰强寇二十人持戟被甲将及吾里，人皆扶老携幼，惊而四走。君慨然仗三尺出曰："汝等无患矣，我在焉，从我而有斗志者谁？"欣然请行者五十人，操弓挟矢，同意毕力，奋不顾己以迎其寇。寇知其必敌而不敢入。时康定，以西虏用兵之际，加之饥馑，盗贼蜂起，人处山谷者，往往不能安而迁徙之，独君之里，群盗望风而不敢犯焉。由是居有五百家，磐然不动，乃君之力也。噫！君之志如此，其用止于是而已，苟使得其地而岂可量哉？以嘉祐二年十二月七日病卒于家，享年六十六。始娶王氏，生二女，长适潭[谭]氏，次适范氏，皆亡。再娶弟[第]五氏，内治有法，性明而断，举措动作无妇人女子之态，而有丈夫操。后君十二年而卒。生三子：长曰宗元，敏而能干；次曰士安，蚤死；次曰天祺，教以进士业，四中乡选，两冠贤能，书志远到而终有立。孙男七人，孙女三人。以熙宁元年十一月三日，葬于华原县流凤乡杨家里东山之下，以王氏、弟[第]五氏附[祔]焉。铭曰：

法著闺门兮义服乡里，生不得地兮死伸其美，磨石刊铭兮后世所视。

相地高宏
刊者刘宝、李吉

苏昕墓志

宋嘉祐四年（1059）。志长0.51米，宽0.45米。志文楷书18行，满行20字，题"宋故武功苏君墓志铭并序"。苏晒书，吕大观填讳，翟秀刻。出土时间、地点、现藏地不详。《珍稀墓志百品》著录。

志主苏昕，字大明，京兆武功人，卒于北宋嘉祐四年（1059），卒时年三十四岁，则其生年当在北宋天圣四年（1026）。

志文关于苏昕家族世系记载十分简略，但其父苏通墓志已出土，可补充相关记载之不足。苏昕未曾入仕，志文述其生平时，提及"康定、宝元之间，夏羌犯塞，守兵迎战不利"，与《苏通墓志》"康定中，元昊内寇，西帅连讨未平"记载相合，盖其志文亦由苏晦撰写。

熙宁二年（1069），苏昕葬于京兆府万年县洪固乡神禾原苏氏新茔。

撰文者苏晦、书者苏晒，均为苏昕从兄弟。填讳者吕大观，为蓝田吕氏家族成员，其墓志亦已出土。刻者翟秀，其名见于多方宋代墓志。

〔志文〕

宋故武功苏君墓志铭并序

熙宁二年冬十月辛酉，余从父弟晖葬其考妣于京兆府万年县洪固乡神禾原之新茔，以其兄大明之丧祔之。君讳昕，大明，其字也。性强果勇迈，少而不羁。当康定、宝元之间，夏羌犯塞，守兵迎战不利，西土骚动。君以谓智者尽其谋，勇者奋其力，则兵可强，敌可灭。于是学孙武兵法，略究其义，而尤长于刺射之伎。继而西师解［戎］严，君遂退养于家，勤约甚有规法，然平居暇日，尚或跃马戏剑以自娱，视不忘其志也。嘉祐四年五月十六日，无疾而卒，时年三十四。祖讳仲舒，大理评事。父讳通，高蹈不仕。君前娶前进士张澡之女，生男曰林。二女，其长早亡，季适同郡王公权。后娶边氏，有子曰牺。及其葬，祔以张氏。从父弟晦，哀其有志而无命也，为之铭曰：

艺而不庸，实系所逢。天夺厥志，方壮而终。琢石寓辞，以识其封。

从父弟晒书
汲郡吕大观填讳
翟秀刻

程希道墓志

宋嘉祐五年（1060）。志长0.62米，宽0.61米。志文楷书27行，满行27字，题"宋故朝奉郎守秘书丞知邛州火井县事兼兵马都监武骑尉程君墓志铭"。范育撰，苏旦书并篆盖。出土时间、地点、现藏地不详。《洛阳新获墓志百品》著录。

志主程希道，字适之，宁州真宁人，卒于北宋嘉祐五年（1060），卒时四十五岁，则其生年当在北宋大中祥符九年（1016）。程希道子程枢墓志亦已出土。

程希道曾祖程畹、祖父程元义、父亲程焕均未仕。程希道年少时曾师从梁坚、尹洙等名儒，志称其"能传两家经行之要"，登第入仕后，得授果州团练推官、保平军节度推官、仪州军事判官、著作佐郎、邠州新平知县、秘书丞等。程希道有四子：程格、程权、程极、程枢。程格早卒，其余三子当无仕宦经历。

《程枢墓志》出土于西安市长安区，其志文称"自其祖徙葬于长安城南凤栖原"。此《程希道墓志》葬地云"京兆府万年县洪固乡凤栖原"，亦当出土于西安市长安区。

撰文者范育，字巽之，《宋史》卷三〇三有传，亦为《程枢墓志》书者。书并篆盖者苏旦，署"将仕郎、守京兆府奉天县主簿"。

〔志文〕

宋故朝奉郎守秘书丞知邛州火井县事兼兵马都监武骑尉程君墓志铭

将仕郎守光禄寺丞知同州韩城县事范育撰
将仕郎守京兆府奉天县主簿苏旦书并篆盖

君讳希道，字适之，宁州真宁人。曾祖晼，祖元义，考焕，皆不仕。君起家登进士第，调果州团练推官，后迁判官，再调保平军节度推官，以河梁舟败官蒭火，复为仪州军事判官，改著作佐郎，知邠州新平县，迁秘书丞，移邛州火井县，未赴，卒于家，时嘉祐五年七月二十六日，享年四十五。君性沉敏端毅，少从梁坚、尹洙学，能传两家经行之要，交际不苟合，其合必固，振穷恤艰，汲汲如在己。莅官持心宽矜，及临大事，见其勇决。陕有妖人，构逆连逮几千人，君鞫狱，止坐首恶，余悉原之。权幕梓州，郡有蛮寇，朝廷发内兵戎焉，寇退，诏还其屯，且输械于府，众哗不从，手剑庭下，守不能遏，君谕以祸福，众惧，受械而还。权倅环州，蕃官慕容恩豪纵，屡召不集，君谕郡将发卒守其第，恩顾资储，入伏府下，即麾吏欲兵之，其部叩头谢，乃已，自是酋党震服从命。君之宽勇，大略如此。君行议修劲而雅怀中和，不为激昂过甚之行，以炫迹取名。临公守正，辨析纷疑，推诚与人，靡校声气，而理卒归直，虽诪之以重势厚利不变也，可谓好刚而能学者矣。举斯以往，固足以致远流光，沛为事业。然而方其强仕，不幸以疾，怀未大施，而天实歼之，命矣夫。夫君娶戴氏，太子中舍廊之女。四男：曰格，早卒；曰权；曰极；曰枢。一女，嫁进士蹇东辰。予之先君，为陕西转运使，首荐君才，君殁之十五年，其子权葬皇考府君于京兆府万年县洪固乡凤栖原，奉君之丧，以祔其侧。前葬，请曰："吾父生见荐于先大夫，死见铭于夫子，吾无恨矣。"实熙宁七年十月二十一日乙酉。铭曰：

程系自何，休父载周。真宁世微，厥绪靡求。由君起家，仕学优优。帖奸诉良，义劲仁柔。服采不疑，辨正如流。斯人云亡，命矣何忧。弗弃父蓄，三子陈修。惟天相之，示训铭幽。

侯訢墓志

宋嘉祐五年（1060）。志盖尺寸相同，长0.80米，宽0.77米。盖文篆书3行，满行3字，题"大宋故侯府君墓志铭"。志文楷书29行，满行29字。赵瞻撰，宗莘书，杨恪题盖，安元吉、张遵刻。出土时间、地点不详，现藏周至县文物管理所。

志主侯訢，字叔泰，卒于嘉祐五年（1060），卒时五十二岁，则其生年当在大中祥符二年（1009）。

志载侯訢先祖为阆州阆中人，北宋景德年间始迁居陕西。侯訢曾祖侯光裔、祖父侯廷朔均未入仕途。其父亲侯文儁官至内殿崇班、阁门祗候，累赠左领军卫大将军，母亲王氏赠福昌县太君。

大中祥符年间，侯文儁奉使督陕府西路刑狱，侯訢因父亲任职得朝廷赐官，任三班借职，掌司竹监。侯氏家族与当时的名臣王沔、陈尧佐均有姻亲关系，这在《侯訢妻孙氏墓志》中有相关记载："夫人姑即咸平中执政太原尚书王公沔之子冢妇，之父乃康肃颍川陈公尧咨"。侯訢得到陈尧咨之兄陈尧佐的赏识举荐，转任华州渭南县主簿，又补利州绵谷县主簿。之后迁大理丞、知河南府渑池县事，迁太子中舍、知忠州事，迁国子博士、通判梓州，迁司门员外郎、通判华州，等等。此外，据撰志者赵瞻所述："其为渑令时，邑郭旧苦水患久之，道途庐舍浸啮以坏。君即帅众行水，使距畎浍，此可访渑之民为不诬。"结合《侯訢妻孙氏墓志》"（孙氏）以庆历五年六月五日终渑池官舍"之记载，可为互证。

侯訢卒葬凤翔府盩厔县仙游乡孟召社侯氏祖茔，其夫人孙氏祔葬。

《侯訢墓志》载其有三子三女，长子侯复早卒，侯震、侯益尚幼，长女适郑惟几，次女适张戬，三女尚幼。而《侯诉妻孙氏墓志》称"字儿女七人，长女适今计庭亚相郑公骧之子太庙室长惟几"，两者略有出入。郑惟几之父郑骧曾任陕西转运使、天章阁待制、凤翔知府等。张戬为张载之弟，曾任蒲城县令、普润县令、秘书省著作佐郎、太常博士等。此外，《侯诉墓志》还提及其兄侯识之名。

撰文者赵瞻，署"承奉郎、守秘书丞、知彭州永昌县事、骑都尉"，于侯诉行状之外补述志主生平事，当为志主友人。书者宗莘、填讳者任兼、题盖者杨恪，均未见正史记载。刻者安元吉、张遵，其中安元吉之名还见于宋嘉祐六年（1061）《宋寿昌妻师氏墓志》《李义太父墓志》等。

〔志文〕

大宋故朝奉郎尚书驾部员外郎前通判华州军州兼管内劝农事轻车都尉赐绯鱼袋侯君墓志铭并序

承奉郎守秘书丞新知彭州永昌县事骑都尉赵瞻撰

河南宗莘书

成都任兼填讳

新平杨恪题盖

君讳诉，字叔泰，其先阆州阆中人。以景德初东徙家岐，自君而下即为岐人。曾祖光裔，祖廷朔贽视君封始浃，国初大化，皆未及仕。考文俨，乃仕至内殿崇班、阁门祗候，累赠左领军卫大将军。母王氏，赠福昌县太君。祥符中，领军奉使督陕府西路刑狱，赐一子官。授君三班借职，掌司竹监。会陈文惠公方参机务，才君精敏，奏可文吏。诏换华州渭南县主簿，入铨补利州绵谷县主簿。本道及州大吏推荐，擢授将作监丞，出知滑州韦城县事，迁大理丞、知河南府渑池县事。迁太子中舍，敕知忠州事。移疾不拜，即请监凤翔府横渠镇税务。既得请，就迁殿中丞。上祀明堂，例迁国子博士，寻差通判梓州，就迁尚书虞部员外郎，赐五品服佩，次迁司门员外郎，通判华州事。还朝，迁驾部员外郎。以嘉祐五年秋七月二十有七日卒，享年五十二。以十月三十日，葬于凤翔府盩厔县仙游乡孟召社之先茔。夫人孙氏祔焉。子男三人：曰复，早卒；曰震、曰益，方向学问。女三人：一归大理丞郑惟几，次归普润县令张戡，次未字。君志学艺，持议论，故所与游多世名卿。其谦折敏迈，耸善趣义，尤为所长。云前葬日，君之兄识敕其从兄之子去惑撰次行事，以其状来请为序赞，铭之墓石。予谓状有善志四是，亦不朽者已。初吏州县领行台推最，凡三十余狱，情得罪臣，没齿无讼。是具书于利滑之考课，可得覆视。其为渑令时，邑郭旧苦水患久之，道途庐舍浸啮以坏。君即帅众行水，使距畎浍，此可访渑之民为不诬。又曩在雍，与大理丞尚颖游。颖有道师儒，死无余财，君具钱十万，与好事者共赒其葬。此则雍人闻者莫不义之。及今夏入朝，得疾病，士人多来问之。君独恬然，方对宾客，谈名理，齐生死，若初无苦者。顷间即瞑。宾出具能道此，噫亦达矣。是四善为得才、利、义、达之一端，又尽可质之于文书谣俗，及士大夫而信，则其从子状为无愧辞，予铭亦其可即。铭之曰：

　　善恶于其藏也均，侯君有善也，四其不泯，则于归之全也足云。

安元吉、张遵刊

宋寿昌妻师氏墓志

宋嘉祐六年（1061）。盖长0.41米，宽0.39米。志长0.65米，宽0.62米。盖文篆书3行，满行3字，题"宋故师氏夫人墓志铭"。志文楷书17行，满行17字，末行上部6字为篆书。志题"宋故师氏夫人墓志铭并序"。张戬撰，李寂篆盖，安元吉刻。盖左右上角均有残缺，但未损字。早年出土，时间、地点不详，现藏西安市文物保护考古研究院。《新中国出土墓志·陕西》（叁）著录。

志主师氏为宋寿昌妻，《宋寿昌墓志》亦已出土。

师氏为京兆人，其祖父师颃、父亲师仲说。《宋史》有传："师颃，字霄远，大名内黄人。父均，后唐长兴二年进士，终永兴节度判官，因家关右。颃少笃学，与兄颂齐名。建隆二年举进士，窦仪典贡举，擢之上第。释褐耀州军事推官，以疾解，久不赴调。开宝中，复为解州推官。太平兴国初，召还，迁大理寺丞、陕西河北转运判官，就改著作佐郎。秩满，迁监察御史、通判永兴军府。坐秦王廷美假公帑缗钱，左授乾州团练副使，寻复旧官。六年，改殿中侍御史、通判邠州。徙知简州，转起居舍人。以公累去官，复为殿中侍御史，知资、眉二州。颃所至，以简静为治，蜀人便之。代还，迁侍御史、知安州，赐缗钱二十万。移朗州，超拜工部郎中，命知陕州，赐金紫。时西鄙用兵，馈道所出，军士多亡命，啸聚山林为盗。颃严其巡捕，盗越他境。改刑部郎中，未几召还。真宗以其旧人，素负才望，而久次于外，累召对，询其文章。颃谦逊自晦，上益嘉之。翌日，命以本官知制诰，兼史馆修撰。咸平二年，与温仲舒、张咏同知贡举。明年，召入翰林为学士。五年，复与陈恕同典贡部，又知审官院、通进银台封驳司。俄卒，年六十七。诏遣官护葬，给其子仲回秘书丞奉终丧。颃旷达夷雅，搢绅多慕其操尚。有集十卷。子三人：仲回，端拱元年进士及第，

125

至太常博士；仲宰，国子博士；仲说，殿中丞。"① 师颃本传称其大名内黄人，当为其祖籍。师氏墓志称京兆人，当因师氏一族自其祖父师颃时已迁居关中。

师氏墓志称"君始仕而夫人遽卒，享年三十六"，具体时间未详。嘉祐六年，宋寿昌母亲永安太君刘氏去世，宋寿昌将母亲和妻子会葬于龙首岗太仓社宋寿昌父亲墓侧。

撰文者张戬为张载之弟，曾任蒲城县令、普润县令、秘书省著作佐郎、太常博士等，此志署"将仕郎、试秘书省校书郎、守凤翔府普润县令"。刻者安元吉，《侯䜣墓志》《李义太父墓志》亦见其名。篆盖者李寂，陇西狄道人，未见正史记载。

〔志文〕

宋故师氏夫人墓志铭并序

将仕郎试秘书省校书郎守凤翔府普润县令张戬撰

夫人氏师，世京兆人。翰林学士吏部郎中颃之孙，比部员外郎仲说之子，今虞部员外郎宋君寿昌之先配。生二男，奇、章，皆谨恪，应进士贡。二孙男，子立、子美，幼从学。四孙女在室。夫人妇道婉柔，居室有仪范，族人安之，内外无间言。君始仕而夫人遽卒，享年三十六，以嘉祐六年仲冬始从永安太君丧，会葬龙首岗太仓社，祔先大卿兆次。先期宋君泣书请铭，南阳张戬既已铭永安之墓，因为其辞云：

彼茁而良，胡夺而戕。彼孽而暴，胡恩而茂。倏来忽反兮，曷足追亡而究有。日庚申，岁辛丑，归龙首，铭不朽。

狄道李寂篆盖
京兆安元吉刻

---

① （元）脱脱等：《宋史》卷二九六，第 9860~9861 页。

李义太父墓志

宋嘉祐六年（1061）。志长 0.43 米，宽 0.44 米。志文楷书 16 行，满行 16 字，题"陇西李府君墓志"。孟之才书并撰，安元吉刻。出土时间、地点不详，现藏西安博物院。《西安新获墓志集萃》著录。

志主李君，志文记载信息较为简略。据志文记载，志主于嘉祐六年（1061）葬于万年县洪固乡王岳村。其子义太幼年出家，在观音院修行。

志文中有多处误字，如："劬劳之敢如斯"一句"敢"当作"感"；"以大小禁在此时，永垂不污"一句"禁"当作"尽"，"污"当作"朽"；"幼小出加"一句"加"当作"家"；"亲剩经教"一句"剩"当作"授"；"后接横刚"一句"刚"当作"岗"；"地兴将抉"一句"兴"当作"舆"，"抉"当作"缺"等。

撰书者孟之才，未见正史记载。刻者安元吉，《侯訢墓志》《宋寿昌妻师氏墓志》亦见其名。

〔志文〕

陇西李府君墓志

府君者，生由天富，死掩泉台。卜宅兆于良辰，礼终于世；立封树之悲惨，孝乃尽成。劬劳之敢〔感〕如斯，罔极之心为念。以大小禁〔尽〕在此时，永垂不污〔朽〕。时嘉祐六年十二月十一日，归葬于万年县洪固乡王岳村。时当冬景悲凉，寒风烈烈。有子一人，幼小出加〔家〕。亲剩〔授〕经教，艺业精专，感圣恩赐紫于本府观音院。其地周回伍亩，前临古寺，后接横刚［岗］，肆至分明。

维大宋嘉祐六年岁次辛丑十二月庚辰朔十一日庚寅，祭主男义太。
铭曰：

南风助赐，日光如血。乾刚炭炭，地兴［舆］将抶［缺］。一人有庆，亲戚尽哀。

平昌孟之才并书撰
安元吉刻石

宋寿昌墓志

宋嘉祐七年（1062）。志盖均为正方形。盖边长 0.84 米，志边长 0.88 米。盖文篆书 4 行，满行 4 字，题"宋故尚书虞部员外郎宋府君墓志之铭"。志文楷书 32 行，满行 32 字，题"宋故朝奉郎尚书虞部员外郎骑都尉赐绯鱼袋宋府君墓志铭"。张载撰，范育书，雷寿之篆盖，翟秀刊。早年出土，时间、地点不详，现藏西安市文物保护考古研究院。《新中国出土墓志·陕西》（叁）著录。

志主宋寿昌，字延之，渭南人，卒于嘉祐七年（1062），卒时六十四岁，则其生年当在咸平二年（999）。

据志文记载，宋寿昌五世祖勰、四世祖德权在唐末、五代时为州从事别驾。其曾祖宋鸢曾任监察御史，祖父宋珰曾任谏议大夫，父亲宋远曾任职方员外郎。由宋寿昌先世任职情况来看，宋氏家族并非望族。

宋寿昌父亲在天圣年间致仕，宋寿昌以父荫恩授试将作监主簿，之后仕环州司法、次庆州录事参军，举转大理寺丞、知京兆府蓝田县事、升太子中舍，知凤翔府扶风县、改殿中丞，通判邠州事、迁国子博士、虞部员外郎，等等。

撰文者张载为关学创始人，《宋史》卷四二七有传，此志署"承奉郎、守秘书省著作佐郎、崇文院校书"。书者范育，字巽之，曾任泾阳令、户部侍郎等，《宋史》卷三〇三有传，此志署"将仕郎、守光禄寺丞、知同州韩城县事"，其名亦见于其他出土墓志，《吕大受墓志》中题"将仕郎、守陕州陕县令"，《吕大观墓志》中题"光禄寺丞、知同州韩城县事"，《程枢墓志》中题"承奉郎、守秘书省著作佐郎、直集贤院、权检详枢密院兵房文字"。篆盖者雷寿之、刻者翟秀之名,在多方墓志中亦有记载。

〔志文〕

宋故朝奉郎尚书虞部员外郎骑都尉赐绯鱼袋宋府君墓志铭
承奉郎守秘书省著作佐郎崇文院校书张载撰
将仕郎守光禄寺丞知同州韩城县事范育书
承奉郎试大理评事权陇州防御判官雷寿之篆盖

宋氏本帝高辛,概见诗书史官。由春秋而后,支播中国。其族系世次,盖无从考正,不可得而详云。府君讳寿昌,字延之。五世祖勲、四世祖德权,皆仕,唐末、五代为州从事别驾。土著西郑,为渭南人。大王父鸾,始显本朝,为监察御史。王父珰,以魁磊奇特,策名乾德中。祖宗两朝,不次宠用,所历皆方面要剧,终左谏议大夫。父明远,擢进士,卒职方员外郎、累赠至光禄卿。府君幼袭先训,涉经史。天圣中以职方致仕,恩授试将作监主簿。初仕环州司法,次庆州录事参军。从路兵城大顺川,以功迁感德军节度推官。监环州,入中仓,举转大理寺丞、知京兆府蓝田县事,就升太子中舍。皇祐三年,知凤翔府扶风县,改殿中丞。至和三年,通判邠州事,迁国子博士,虞部员外郎。嘉祐六年,除通判宁州。未赴,丁所生永安太君刘氏忧。七年夏五月二日戊申,以疾终长安私居,享年六十四。府君气质和易,临事内敏有谋。官环、庆十年,方西兵扰攘,共事皆武夫悍卒。所职修举,而能尽人人欢心。庆府之开,有若范文正、孙田、滕尹数公,皆一时重望,相继出镇,莫不曲被慰荐,引为腹心。蓝田下车之始,击去大奸一人,邑民信惧且悦,无敢轻犯。在扶风,辨获麟游真盗,雪岐民几死者数人。所至州县,狱无巨细,必反坐告者。其简厚中理,得仁术之大端焉。先卿垂年,语之戒酒,因奉行终身,未尝亟饮。雅好推人生禄命,精究其术。始娶师氏,翰林学士颃之后。再娶张氏,给事中复之孙,封清河县君。男四人:长曰奇、举乡进士,次曰章,皆早卒;次曰翊,次曰京。孙男女存者六人,皆幼,未婚娉。府君捐馆十年,乃得从葬先茔,实熙宁辛亥岁冬十二月之庚申

也。载外姻宿契,且迫请诸生。既为撰志行事,重为铭八章,章四句:

生事承颜,彼非克艰;一语终身,孝思所难。猛吏诛恶,弊乘威作;君举不烦,万夫悦跃。枉鞠既臣,彼奸方获;匪善得情,死生冤隔。伯乐弗顾,权奇孰分;慰荐交章,具惟俊臣。乃祖瑰异,庙堂英器;勋业未融,泽存后裔。诗美硕人,公侯子孙;婉婉师张,来仪庆门。师则同穴,张兹奉祀;慈训皇皇,惕其中圮。龙首北阜,太仓旧田;先德之依,松楸万年。

翟秀刊

吕大受墓志

宋嘉祐七年（1062）。志正方形，边长0.56米。志文楷书25行，满行23字，题"宋故前进士吕君墓志铭并序"。范育撰，雷寿之书，翟秀刻。2009年出土于西安市蓝田县三里镇，现藏陕西省考古研究院。《陕西省考古研究院新入藏墓志》著录。

志主吕大受，字彦辉，吕蕡第四子，卒于嘉祐七年（1062），卒时二十五岁，则其生年当在宝元元年（1038）。

吕大受于嘉祐六年（1061）进士及第，《吕通墓志》《吕蕡墓志》均称其同进士出身，《吕大受墓志》云"君兄三人相继登科，时人荣之"，《宋史》称，吕蕡六子，其五登科。① 志称吕大受精通草书，但因其耻以自名，又不幸早卒，故罕传于世。其卒后葬于蓝田县玉山乡，熙宁七年（1074）改葬于蓝田县太尉原。

撰文者范育，署"将仕郎、守陕州陕县令"。据《宋史》记载，范育，字巽之，举进士，为泾阳令，以养亲谒归，从张载学。曾得授崇文校书、韩城知县、河中知府、直集贤院、直龙图阁、光禄卿、枢密都承旨、给事中、户部侍郎，绍兴年间追赠宝文阁学士。② 书者雷寿之，《吕通墓志》署"右班殿直"，《王扬庭妻梁氏墓志》署"左班殿直"，《宋寿昌墓志》署"承奉郎、试大理评事、权陇州防御判官"，《吕蕡墓志》署"承奉郎、试大理评事、前权陇州防御判官"，此志署"梓州观察推官、承奉郎、试大理评事"，可略见其仕途经历。

---

① 参见（元）脱脱等《宋史》卷三四〇，第10847页。
② 参见（元）脱脱等《宋史》卷三〇三，第10050~10051页。

〔志文〕

宋故前进士吕君墓志铭并序

将仕郎守陕州陕县令范育撰

梓州观察推官承奉郎试大理评事雷寿之书

君讳大受，字彦煇，其先汲郡人。曾祖鹄，赠尚书司封员外郎。祖通，终太常博士，累赠尚书工部侍郎。父蕡，今为尚书虞部郎中，知果州。果州既仕，徙居京兆蓝田，以纯行著于乡间。有子六人，皆贤，君其弟〔第〕四子也。少颖晤过人，弱冠有能文声。嘉祐六年，中进士第。先是，君兄三人相继登科，时人荣之。而君愈自刻约，处众若无能者。明年，君迎妇岐下，时果州莅官河阳，君之二弟侍焉，皆将应诏里中。君一日感疾且革，置死生，不少戚戚，犹强起为书，以不克归侍，而使二弟行为恨。书未致而君卒，实嘉祐七年五月二十四日，享年二十有五。君性孝友，事亲汲汲，常患不至。与人接，中心涣然纯易，而持义确正，行不苟随，故人皆乐与之交。使夫穷年懋学，以见施设，其可量哉？而不幸早死，悲夫！君善草书，耻以自名，故罕传于人。妻张氏，桂州荔浦县主簿瑊之女，娶三日而君亡，无子为后。权殡于蓝田县李村原祖茔之偏。后七年，熙宁二年己酉，果州语诸子曰："丧至葬终也，使此子未安，其终可乎？"遂以十月辛酉，迁祔于大茔前葬。命君之季弟大观来属铭。育之先子与果州友善，故得以兄事君之三昆而友二季，深惟世好之笃，且慕吕氏之多贤，而独悼君之不幸，故不辞而为之铭曰：

学贵有源，维质之醇。粪〔业〕贵要终，而数之屯。所得在己，所失在天。非君之患，伊人之叹。

七年九月，改葬于县北五里太尉原。

南函翟秀刻

孙胜墓券

宋嘉祐八年（1063）。正方形，边长 0.40 米，厚 0.08 米。券文楷书 18 行，满行 19 字，题"故孙二父墓券"。孙构书，梁演刊。早年出土于今咸阳市乾县，现藏乾陵博物馆。《咸阳碑刻》、《新中国出土墓志·陕西》（壹）著录。

据志文记载，志主孙胜，乾州人，其子孙祐，侄子孙构。关于三人生平，志文并无详细叙述。此买地券年代相对较早，文中"东至青龙，西至白虎，南至朱雀，北至玄武。内方勾陈，分掌四域，见者岁月，保者日时"的文句在之后的买地券中屡次出现，成为定式，但券文中的其他内容则与后代文本格式基本定型的买地券差别较大。此券文是研究买地券及其文体发展演变的重要文献资料。

〔券文〕

故孙二父墓券

二父名胜，本乾州人也。昔之生也，然常处于镇城。今则死焉，是宜安于宅兆。嗣子祐，谨于本州奉天县孝节乡，就祖谦先行钱置买到地土，内荆割其田，而以工匠修营成墓一所，安葬父孙胜者。

东至青龙，西至白虎，南至朱雀，北至玄武。内方勾陈，分掌四域，见者岁月，保者日时。

右前项墓址，委是其真的无伪。今谨以清酌庶羞之奠，用昭告于常处所主之神，洎父孙胜，伏乞知悉，永为常主。倘有无名异鬼，失位诸神，或隐晦以先居，或恃强而后夺，若然则深宜自省，速敛迹于他方，勿犯宪条，保全躯于幽所。况事有所以难明语，因兹而具述。如有违此约者，请之地府，将此照理，以见显明。伏愿安措［厝］已后，魂归所守，灵享常宁，俾已殁祖宗，共谐于欢庆。见存骨肉，别迓于禧褕［褕］。祷祝之诚，奚止千万。

时大宋嘉祐八年岁次癸卯十二月戊辰朔初五日建，谨券。

孙构书

梁演刊

王扬庭妻梁氏墓志

宋治平元年（1064）。志正方形，边长0.52米。志文楷书20行，满行20字，题"宋故寿光县君梁夫人墓志铭并序"。雷寿之书并篆盖。出土时间、地点不详，现藏西安博物院。《西安新获墓志集萃》著录。

志主梁氏，其父梁惟吉曾任国子博士、赠都官员外郎。据《隆平集》载："梁惟吉知怀安军，其弟惟逊已任属官，惟吉母老，乞改任。仁宗命有司自今如是者悉免，遂为定制。"① 梁惟吉之子梁端曾任太常博士。

梁氏十九岁时嫁王扬庭，志文称其"累封寿光县君。郎中之守坊州，夫人感疾，终于坊之官舍，享年四十七"。王扬庭之名见于北宋嘉祐六年（1061）《栽种松柏圣旨碑》，碑文载其为"坊州知州"。② 由此推测，梁氏之卒年当在嘉祐六年前后。梁氏墓志与《栽种松柏圣旨碑》可互相佐证。据梁氏墓志记载，王扬庭卒后，于治平元年（1064）与梁氏合葬于京兆府万年县洪固乡，其卒年当在嘉祐六年至治平元年之间。

王扬庭与梁氏共有三子三女，长子王启强为试校书郎，次子王胜强为太庙斋郎，三子王文强尚幼。

篆盖者雷寿之，《吕通墓志》《吕蕡墓志》《吕大受墓志》《宋寿昌墓志》等亦见其名。

---

① （宋）曾巩：《隆平集》卷三，《景印文渊阁四库全书》第371册，台北：台湾商务印书馆，1982。
② 《栽种松柏圣旨碑》现存黄陵县黄帝陵，其碑高1.74米，宽0.82米，厚0.17米。

〔志文〕

宋故寿光县君梁夫人墓志铭并序

朝奉郎太常博士武骑尉赐绯鱼袋刘☐

左班殿直雷寿之书并篆盖

试校书郎王君启强将葬其母，来致其舅太常博士梁君端之书，请铭于予。梁君，予所慕者，幸不鄙予之文，予敢让哉。夫人世仕族，父惟吉，国子博士，累赠都官员外郎。夫人年十九，适职方郎中王公扬庭，累封寿光县君。郎中之守坊州，夫人感疾，终于坊之官舍，享年四十七。以治平元年八月十五日，合祔于京兆府万年县洪固乡之先茔。夫人逮事其舅姑以孝称，洎郎中仕通显，夫人益以礼自约，恩逮姬侍，均爱诸子。无忌忮之行，皆母妇之所难，而夫人能之。男三人：长即启强；次胜强，太庙斋郎；次文强，尚幼。女三人：长适国子博士张从，次适进士杜师道，次☐☐☐☐郎中之世德行实，今成都府路☐☐判官都☐☐☐母公沆志之矣。而此☐☐铭曰：

铭人之墓，必☐☐☐。妇德平内，曷☐☐☐。寿光之贤，☐☐☐☐。☐☐缄辞，☐☐☐☐。俾予文☐

☐武☐

刘玘墓志

宋治平三年（1066）。志正方形，边长 0.60 米。志文楷书 28 行，满行 28 字，题"宋故承务郎守坊州司理参军刘府君墓志铭"。崔度撰，张孝友书。近年出土于西安市长安区。《宋代墓志辑释》著录。

志主刘玘，字子瑜，长安人，卒于治平三年（1066），卒时四十五岁，则其生年当在乾兴元年（1022）。

刘玘曾祖刘建中未仕，祖父刘祚为左班殿直，父亲刘棠为大理寺丞。志称"康定、宝元间，父尝从军西征，有馈饷之劳，不幸没于师"，即康定、宝元年间北宋与西夏的三次大战，刘棠卒于战事，以军功禄其子，刘玘得授郊社斋郎。刘玘入仕后，历任同州郃阳县主簿、华州下邽县尉、利州司户参军、桂州兴安县尉、陕州阌乡县主簿、坊州司理参军等。刘玘娶水丘氏，生刘伯庄、刘伯雨、刘伯通三子。水丘氏、刘伯庄墓志均已出土。

刘玘卒后，于元丰二年（1078）改葬万年县洪固乡神禾原。

撰文者崔度，署"朝奉郎、守尚书都官郎中、前知华州军州兼管内劝农事、管勾驻泊马公事"；书者张孝友，署"朝奉郎、守殿中丞、监耀州酒税务、骑都尉"，二者未见正史记载。

〔志文〕

宋故承务郎守坊州司理参军刘府君墓志铭

朝奉郎守尚书都官郎中前知华州军州兼管内劝农事及管勾驻泊兵马公事护军赐绯鱼袋借紫崔度撰

朝奉郎守殿中丞监耀州酒税务骑都尉赐绯鱼袋张孝友书

府君讳玘，字子瑜，世为泾州人，自祖迁于开封，今复居长安。君少举进士不第，康定、宝元间，父尝从军西征，有馈饷之劳，不幸没于师。后庄敏庞公述父劳于朝廷，请禄其子，诏授君郊社斋郎，始年未及铨格。丞相梁公适再奏，乃调同州邰阳县主簿，再选华州下邽县尉、利州司户参军、桂州兴安县尉、陕州阌乡县主簿、坊州司理参军。治平三年三月二十九日，以疾卒于坊之官舍，享年四十五。君为人廉谨，以信义自持，是非不较，而黑白致于胸中。每与朋友笑谈雍雍，固未尝枉道进取，苟容以合。居家孝友，祖母、母皆垂白，虽家至贫，不失甘旨之奉。诸孤未嫁者，悉娉之以礼，故内外称其孝。方其在兴安时，县有漕渠，岁役民丁，牟蠹财力，邑人苦之。前董役吏第苟简一切，恬不顾后日之患。至君主役事，乃寻究利弊，遂开故道，作石埭以捍暴水，民到于今赖之。桂牧尚书余公靖雅知其材，称誉表荐，欲请守儋，君竟辞以母老。坊州狱有兄弟杀人者，郡官不根其首恶，皆欲论死，君原情执谳，一归之正，吏议不能夺，卒平其狱，冤者衔惠而图其像。复有郡豪非辜被劾，黜胥钩致其罪，因缘为奸，久不能决，郡将一委，君按鞫皆得其情而疏之。迨君之捐馆，来哭于庭。君莅官循法，临事推诚，使人爱思之，亦足谓之能吏，故屡为公卿荐引。呜呼！惜其时命不偶，终于小官，天之报施善人也，果如何哉？予知不在斯人，而当在其嗣也。元丰二年十二月二日，葬于万年县洪固乡神禾原。曾祖建中，不仕。祖祚，任左班殿直。父棠，任大理寺丞。君娶故国子博士水丘无忌之次女。男三人：伯庄、伯雨、伯通。女一人，未出适。三子皆时敏笃学，尝预乡书之荐。今伯庄举曾祖而下洎君八丧，泣来请铭君墓，予于君为友婿，义不得辞。铭曰：

德性内明，行义外充。仕蹶于用，寿不及中。天之施报，兹焉孰穷。君实有子，后当显隆。

吕大章墓志

宋治平四年（1067）。志长0.34米，宽0.46米。志文楷书20行，满行14字，题"宋故汲郡吕君墓志铭并序"。秦伟节撰，吕景山书，翟秀刻。2009年出土于西安市蓝田县三里镇，现藏陕西省考古研究院。《陕西省考古研究院新入藏墓志》著录。

志主吕大章，字仲夔，卒于治平四年（1067），卒时三十一岁，则其生年当在景祐四年（1037）。

吕大章父亲为吕通长子吕英，故吕大章与吕大防为从兄弟。志称"其族系见于著作府君之志铭"，"著作府君"即吕英。《吕英墓志》亦已出土，关于吕氏世系记载称："曾祖讳咸休，周户部侍郎，赠左仆射。曾祖母刘氏，彭城郡夫人。祖讳鹄，皇任太子中允，赠司封员外郎。祖母杨氏，追封虢略县太君。考讳通，皇任太常博士，赠祠部郎中。母张氏，追封仙居县太君。"此记载与出土之《吕通墓志》一致。

据志文来看，吕大章未及入仕而卒，故志题仅称"宋故汲郡吕君"。其卒后，于熙宁七年（1074）祔葬于蓝田县太尉原吕氏祖茔。

〔志文〕

宋故汲郡吕君墓志铭并序

临汝秦伟节撰

堂侄景山书

君讳大章，字仲夔，秘书省著作佐郎讳英之仲子，其族系见于著作府君之志铭。君少而孤，以质直，勤俭自任，能攻苦食淡，力治生事。养亲必有甘旨而赡，其族人亦不使不足，以为亲忧。故素产虽薄，而岁时荐享，昏丧宾客之用取具焉。与人交必以信，而多得其情。待其下不纯以威，而事克治。里闾宗族皆称之曰："是为良子弟矣。"治平四年六月十九日卒，享年三十有一。娶随氏，生三女，长未嫁，次皆蚤卒。熙宁七年九月庚申，葬于京兆府蓝田县太尉原，祔其祖兵部府君之兆。铭曰：

俭以丰其亲，勤以佚其家。不昌其年，岂命也邪！

瞿秀刻字

苏通夫人王氏墓志

宋熙宁元年（1068）。志长 1.2 米，宽 0.6 米。额横刻篆书 1 行 5 字，题"王氏墓志铭"。志文楷书 18 行，满行 27 字，题"宋故武功苏先生妻王氏墓志铭并序"。范育撰，丘君卿书，武德诚刻。出土时间、地点、现藏地不详。《珍稀墓志百品》著录。

志主王氏系苏通之妻，邠州三水人，卒于北宋熙宁元年（1068），卒时五十九岁，则其生年当在北宋大中祥符三年（1010）。

志称王氏曾祖王赞得赠光禄卿，祖父王祚未仕，父亲王元吉得赠卫尉少卿。另，王氏丈夫苏通墓志称苏通"娶大理评事王元吉之女"。《王氏墓志》关于其生平记载简略，但于苏通家族世系的记载则较为详细，可与出土的其他苏氏家族墓志相互佐证。

王氏卒后，于熙宁二年（1069）葬于苏氏新茔。其墓志述及苏氏家族迁建新茔的原因，即"万村之地下隰"。

撰文者范育，《宋史》卷三〇三有传。书者丘君卿，署"乡贡进士"。刻者武德诚，其名见于多方宋代墓志。

〔志文〕

宋故武功苏先生妻王氏墓志铭并序

外甥前陕州陕县令范育撰

乡贡进士丘君卿书

王氏，邠州三水人也。曾祖赞，赠光禄卿。祖祚，不仕。父元吉，赠卫尉少卿。王氏，十四岁嫁苏先生讳通。先生少有美才，其家为邑大姓，合属百人。王氏为稚妇，下身循矩，不敢自同于长姒，舅姑爱之，常称曰："此吾家有德妇也！"先生既强，绝意仕进，自肆于山水之游以卒。长子昕，克治家产，未几亦亡。二、季及诸孙皆幼，王氏抚诲有方，温而能肃，岁时享荐，亲治饔廪，帅其子妇愉愉以进堂，循奉舅姑之礼，族党贤之。以熙宁元年四月二十七日卒，享年五十九。三男：曰昕，先卒；曰晖；曰暐；皆学进士。二女：长适太庙斋郎周敏修；次适保安军判官安师孟。孙二男，曰林、曰㸅，一女。先生卒于至和二年，是岁十月葬于长安县同乐乡之万村。后十三年而王氏卒，万村之地下隰，嗣子晖患宅兆未安，遂以熙宁二年十月二十八日改葬先生于万年县神禾原之杨村，以王氏祔焉。其甥范育为之铭曰：

卑顺以恭，孝德之庸。鞠而能训，慈爱之终。妇哲而才，维生厉阶。铭告尔后，先懿之怀。

武德诚刻

王奕墓志

宋熙宁元年（1068）。志长1.28米，宽0.76米。额篆书6行，满行2字，题"宋故都官郎中王公墓志之铭"。志文楷书42行，满行62字，题"宋故朝奉郎尚书都官郎中前知大宁监兼管内劝农事上骑都尉赐绯鱼袋王公墓志铭并序"。任逵撰，苏衮书，周霖篆盖，翟秀、武德诚刊。早年出土，时间、地点不详，现藏西安市文物保护考古研究院。《新中国出土墓志·陕西》（叁）著录。

志主王奕，字公嗣，京兆长安人，卒于熙宁元年（1068），卒年五十九岁，则其生年当在大中祥符三年（1010）。

王奕曾祖王延之，乾德六年（968）戊辰科进士，曾任起居郎，以尚书屯田郎中致仕。祖父王渡曾任尚书度支员外郎，赠刑部侍郎。父亲王汝霖，以门荫恩补右班殿直、左侍禁，赠光禄卿。王奕于庆历二年（1042）进士及第，任陕州平陆县主簿。治平年间，又迁职方员外郎、赐五品服，后转屯田郎中、加上骑都尉。熙宁初，加都官郎中。其妻范氏被封为寿安县君。

志称王奕长子王君玉未入仕，次子王君佐为太庙斋郎。结合《王奕妻范氏墓志》可知，王奕与范氏共君佐、君弼二子，王奕卒时，二子均年幼，范氏立其侄王君玉为嫡嗣。王奕长女嫁于河中府司法参军周永锡，次女嫁于大理寺丞、东审官院主簿欧阳棐。欧阳棐为欧阳修之子，《宋史》有传。

王奕卒后，于元丰元年（1078）葬于京兆府长安县义阳乡亭子社，以夫人范氏祔葬。

撰文者任逵，署"朝奉郎、尚书司封郎中、前提举西京崇福宫、轻车都尉"，未见正史记载。篆盖者周霖，曾为元祐七年（1092）《元迅墓志》篆盖，《元迅墓志》署"左朝奉大夫、通判遂州军州兼管内劝农事、柱国、赐绯鱼袋"，当为其在元祐年间之职封。

〔志文〕

宋故朝奉郎尚书都官郎中前知大宁监兼管内劝农事上骑都尉赐绯鱼袋王公墓志铭并序

朝奉郎尚书司封郎中前提举西京崇福宫轻车都尉赐绯鱼袋任逵撰

朝奉郎尚书职方郎中知汾州军州兼管内劝农事上骑都尉赐绯鱼袋借紫苏衮书

朝奉郎守太常博士骑都尉赐绯鱼袋周霖篆盖

公姓王氏，其先魏人。案元城祖旧之碑及其系谱，乃晋太保祥之后裔。自晋更唐，逮宋兴运，世有显阀。曾祖而下，历官秦蜀，因家京兆，今遂为长安人。公讳奕，字公嗣。皇曾祖讳延之，在太宗朝曾任起居郎。年过知命，坐公累谢病去职，改尚书屯田郎中致仕。皇祖讳渡，官至尚书度支员外郎，累赠刑部侍郎。皇考讳汝霖，为人性度纯明，笃于孝悌。为舅氏枢相文忠陈公之所钟爱，荫于朝。俾就薄俸，乞补三班。一命恩授右班殿直，仕至左侍禁，累赠光禄卿。夫人宋氏，即故谏议大夫可观之女。生四男子，公其长也。公年十三而丧其父，服未除，又丧其母。摧然哀慕，礼过成人。仲父司法怜其孤，视如己子。举善而教，造次必于事业。公亦孜孜不倦，务学课功。志节谨修，不群戏玩。比冠，博涉书史，尤通《左氏春秋》。所工词章，格力清丽，声望蔼郁，为士大夫闲宴之美谈。庆历二年，擢进士第，释褐调陕州之平陆主簿。公始入官，任为僚佐，辅行邑政，宽而不苛，尤能谨守条章。决平冤讼，吏民畏悦，颇著能名。于时部有剧盗，负险而伏，劫害生聚，杀其守尉。朝廷闻之，立降优赏，以来捕者。公领尉事，痛其戮死县官，愤惋不已。由是练兵砺器，力图讨袭。众议谓公儒人自爱，胆决无勇，若委之亲临执杀，必畏贼锋，不捷而还，寇心炽矣。公闻斯语，尤增感激。已而别其令曰："夫忠义者，事君之节，吾侪之常道也。若不奋不顾身，临危蹈难，以徇国家之急，岂丈夫子耶？"公于是躬率尉兵百人，侦知处所。夜分秉火，拥众而行，罩以未兴，掩其不备。束首恶之党，俘群凶之徒。不遗一人，悉擒而返。公遂献功诣府，寻以状闻，为旧相陈公称其能官者，盖谓是尔。满岁论功，迁河西令。县带蒲关之坂，右据大河之要。土风不厚，井衍不熙。刚愎之民，群多妄讼。唯嗜渔盐之利，不力农桑之业。公至为政，持下以严，抑摘奸豪，督于公调。振纲革弊，威望肃然。一府之间，号为能吏。考课居最，用举者迁秘书省著作佐郎，知华阴县。岁中以祀明堂恩，加秘书丞。公再膺铜墨之寄，出宰是邑，背川面岳，壤瘠赋重。公方以宽和之术，抚字贫民。会以在境之原，苑地藩庑，为旧尹著令，禁民不得纵牧私畜。时有农夫犯令，惧罪匿于里中。公使捕而获之，决以轻法。不逾旬日，被挞者因疾而毙，立为近戚诉公于州，云本冒禁者，乃其孥也。公坐断治误，降监阶州酒税。公既下迁，怡然之任。权征利而有制，欺蔽廉而不彰。漕台念公以烦亵是司，非大才所职之地，以故移公文檄，承乏通守。公谓郡将武吏，不明诏条，遂与之剖决事机，率循文法，抚和戎夏，美化大行。临局再期，移知氾水县兼管关事。公既拜命，以居人聚落雕敝，意颇不怿。既而叹曰："百里之内，有民有社。不图所以庇身，亦可以施于政矣。"未几，到官视事。累月转太常博士。顷之叙勋，加骑都尉。公化民育物，悯默以恤刑为意。政清务简，官无留事。惟严于御暴之禁，不贷奸伏。居暇则完客馆，葺公舍，粲然善绩，辨理者莫能尚焉。虎牢人至今犹思之。代还都中，入尚书省，改屯田员外郎，知须城县。公久为才吏，复尹大邑。内附藩镇，凤厖俗豪。众务繁剧，素号难治。前后官长，往往旷职。及公之莅事也，务以廉平致理，宽猛得中，敷洽化条，民怀利爱久之。会年谷不稔，细民艰食，嗷然狼顾，颇有饥色。讻讻窃议，欲流隶于它郡。公遂拊循慰劳，蠲繇损赋，以此群心怗堵，无一家坏其业者。公又竭诚具道于府，然后大发仓廪，以赈救之，民无饿者。其邑中诸老相与话于其里曰："今遇贤令，能活吾家，不共报德，是忘恩也。"于是合力生为立祠，仍募士人作记，以赞厥美。秩满归朝，改都官员外郎，监在京杂物库。公以爱子谋姻，不干外补，辞大邦符守之佐，就京邑监临之司。先领是局者，多效模棱，不根奸弊。公既莅职，以谓天都贮物之地，经费所先，若不以干局为明，何以知出纳之幸。遂日以廉勤律下，能绩居多。计相器之，力荐于上。以其管库有才，堪任钱谷。英宗即位，迁职方员外郎，赐五品服。居久之，转屯田郎中，勋再加上骑都尉。执政者以公例升远守，遂差知大宁监。今上嗣位，加都官郎中。俄以章贺继明，推恩亲属。奏其侄君陈为郊社斋郎。公被忠良之选，出守下藩。为治大方，务以宽仁镇俗。蜀人信爱，呼为慈父。至于老奸宿蠹，闻公长厚，莫不缩颈敛迹，望风震悚，而罕有犯其法者。本监旧制，募民以煮盐为业。疏凿林岭，导注泉溜，毕力烹治，成醝送官。日限千钧之输，以供公上之鬻。请其役直，以利其生。或额不周，则缓其欠而后补。公下车之明年，岁凶不雨，卤泉几涸，课入不充。民以数耗颇多，日忧谴责。遂建明旱暵，牒诉于公。公曰："盐者，食用之急，不可阙也。"于是洁诚具享，祷雨于神。越崇朝而甘泽骤降，水复润下，如监兴利。故得饶于经入，而移用足焉。编户晏然颂公之德。先时监有僚吏，贪而好佞，受赇既露，罢职而归。监司疑公朋比其人，纵逃赃坐。遂使廉其情状，了无一毫之迹有累公者。以此上官信公清慎，有循吏之称。公昔朝参毂下，预较试艺于省中，览春官所黜文卷，择其才格之善者，密以达于主司，而后数人皆中优等。京师闻者，莫不赏公之藻鉴明发，不妄弃人。公守典居官，回翔二纪，以才荐者几三十人，盖以寒进无邪，卒不登于显用。白首郎位，任终一监。早衰而不得其寿，岂非命欤。公又以伏枕沉绵，潜心请老。垂干敷奏，天已降凶。知退而不假以年，良可哀也。以熙宁元年冬十月既望日，寝疾终于长安之私第，享年五十有九。闾巷之亲，皆相吊而哭于其家，曰："善人亡矣！"孰知公遇病遐方，舉归故里，殁身牗下，不其幸欤。公既危慁，语于其室夫人曰："子侄君玉事吾久矣，呼医煮药，勤亦至矣。吾儿皆幼，能主吾之后事者，非斯子其谁可乎。"由是亲笔百言，留示恩信。以其遗荫，乞授一官。无何，以新典例革，不遂其请。乌呼！公之为人也，质重气严，持心信厚。尤慎谈笑，不好臧否人物。标置清尚，服膺名教。约己纯素，不耽燕乐。与僚友议论政事，穷其理而后已。每公退平居，恬然淡坐，未尝不以文史自娱。由此人畏其高，而称为守正有常者。公娶范氏，累封寿安县君。男子三人：长曰君玉，守儒未仕；次曰君佐，太庙斋郎；又曰君弼，谨而好学。女子二人，长适故河中府司法参军周永锡，先公而亡；次适大理寺丞、东审官院主簿欧阳棐。其孤君玉卜以元丰元年戊午岁冬十一月辛未朔十四日甲申，奉公之丧，葬于京兆府长安县义阳乡亭子社之新兆，以范氏夫人祔焉。前事之月，嗣子君玉以进士沈师言状公之世系、官阀、德业、治行，请铭于同年友任逵曰："愿著一篇，以作先君窀中之记。"余谓铭者，所以纪其事功，传信于后世者也。辱知既旧，何敢以辞。其铭曰：

有伟王公，材宏器雄。瑰姿秀拔，太俊神锋。辞气温厚，珪璋吐虹。诚明之质，德操之风。能具斯美，萃于一躬。业精而仕，介洁而忠。爵位虽显，壮图不充。猷为有素，声烈无穷。天报莫辨，弗跻寿终。瑑词哀石，永秘幽宫。

翟秀、武德诚刊

王奕妻范氏墓志

宋熙宁二年（1069）。志盖均正方形，盖边长0.52米，志边长0.72米。盖文篆书4行，满行4字，题"宋故寿安县君范氏墓志之铭"。志文楷书32行，满行31字，题"宋故寿安县君高平范氏墓志铭并序"。早年出土，时间、地点不详，现藏西安市文物保护考古研究院。《新中国出土墓志·陕西》（叁）著录。

志主范氏系王奕之妻，京兆长安人，卒于熙宁二年（1069），卒时六十一岁，则其生年当在大中祥符二年（1009）。

范氏祖父范守凝曾为衙内都虞候，父亲范湘曾为试将作监主簿。志称范氏"年甫二十，择府君以为之配"，其嫁于王奕的时间当在天圣六年前后，当时王奕尚未进士及第。王奕入仕后，多次调迁，范氏"遍从守任，治内有功"。王奕卒之次年，范氏病卒。元丰元年（1078），王奕夫妇迁葬于长安县义阳乡亭社原。

撰文者徐公衮，署"朝奉郎、尚书屯田员外郎、上骑都尉"；书者赵倩，署"朝奉郎、守太常博士、监在京商税院、骑都尉"，二者未见正史记载。

〔志文〕

宋故寿安县君高平范氏墓志铭并序
朝奉郎尚书屯田员外郎上骑都尉赐绯鱼袋徐公衮撰
朝奉郎守太常博士监在京商税院骑都尉赐绯鱼袋赵倩书并篆盖

尚书都官郎临沂王府君名奕之夫人范氏者，本京兆长安人也。祖讳守凝，皇衙内都虞候。父讳湘，皇试将作监主簿，其妻杜陵冯氏也，乃皇任尚书职方员外郎讳师颜之长女。生夫人未笄而主簿即世，夫人在家事母以孝行著。慧敏多艺，能于女功，酥字成诗，曲尽其巧，亦善音乐，举族奇之。年甫二十，择府君以为之配。既归王氏，妇道居多。当是时，太君祖姑华发在堂，御家以法。夫人为长孙之妇，孝养不怨。其于事上之仪，晨昏省侍之礼，肃如也。加乎奉长以顺，遇夫以柔，友娣妇义而和，教女妹慈而爱。噫，非夫人之雅性淑慎，何以及此。由是为表里宗属称为贤妇，乡人知者，至今多之。居久之，府君登科，历官八政。夫人遍从守任，治内有功。而能俭以奉身，勤以率下。至于楚僚友，馔宾客，莫不协同妾御，力具肴羞。宽而不严，祗慎厥职。事无巨细，未尝有一忤府君发乎愠色者。古所谓夫有礼则柔从而听顺，夫无礼则恐惧而内竦者，此其效欤！夫人少育三男，雪肌姝貌，皆英物也。在婴褓则弱而多病，凡遇疾革，募医不效，则府君露薰灼臂，以丐于神，奈何天夺其龄，俱未免怀而夭，为府君平生痛惜，岂胜道哉！后有男子二人：长曰君佐，太庙斋郎；次曰君弼，学而未仕。息女二人，长适河中府司法参军周永锡，皆早卒；次适大理寺丞、东审官院主簿欧阳棐，乃故参知政事、赠太师文公之令子也，谨厚笃学，贤而有文，举进士，一上高第，有名于时。夫人以二子孩幼，遂如府君之命，立其侄君玉以为长嫡，倚干家政，主其后事。今君玉果副先父之志，能守其家。夫人居府君之丧，哀瘁过礼。忽一旦，召君玉等坐而教之曰："吾不幸为孀老之母，死期将至，傥汝曹不改父道，谨身立节，保守门户，则吾之素愿足矣。"诸子于是起而对曰："钦佩慈训，安敢忘也。"居无何，暴得风疾，医来不救，顷刻卒于家之正寝，享年六十有一，实熙宁二年正月十二日也。即以元丰元年冬十一月甲申，举夫人之柩，合葬于长安县义阳乡亭社之原先都官之大墓，礼也。於戏！自古之人，或室或处，而有一概之德，一节之行，尚以垂于史笔，纪于圹石。而况夫人以柔嘉之道，清懿之烈，老为哲妇，殁齿于名公之门者乎！考其善状，斯可铭也已。遂为铭曰：

猗欤夫人兮，淑声有闻。作配君子兮，以柔辅仁。睦夫党兮义风格，奉祭馈兮仪法纯。何降年之不永兮，遽托骨于穷尘。故勒铭于片础兮，以传后人。

瞿秀、李仲甫刊

吕大雅子兴伯墓志

宋熙宁四年（1071）。砖志，近正方形，边长0.32米。志文楷书4行，满行8字，题"吕氏殇子兴伯之柩"。2009年出土于西安市蓝田县三里镇，现藏陕西省考古研究院。《陕西省考古研究院新入藏墓志》著录。

志主系吕大雅第二子，卒于熙宁四年（1071）。据《吕大雅墓志》记载，其共有十一子，长子吕仲山、次子吕省山，余皆早亡。

〔志文〕

吕氏殇子兴伯之柩

大雅之次子，一岁。熙宁四年八月夭殁，七年九月祔葬。

吕大观墓志

宋熙宁五年（1072）。志长0.57米，宽0.61米。志文楷书24行，满行23字，题"宋故处士吕君墓铭并序"。范育撰，雷寿民书。2009年出土于西安市蓝田县三里镇，现藏陕西省考古研究院。《陕西省考古研究院新入藏墓志》著录。

志主吕大观，字求思，吕蕡第六子，卒于熙宁五年（1072），卒时二十九岁，则其生年当在庆历四年（1044）。

志称吕大观幼年聪颖，博览群书，曾师从张载。其多次参加科考未能中第，遂潜心学问，不求仕进。其母方氏墓志称："大观，举进士"，可能有误。吕大观卒葬蓝田县玉山乡，熙宁七年（1074）改葬于蓝田县太尉原。吕大观娶雷氏，有一子一女。其子吕至山，《吕蕡墓志》载："孙男四人，景山、义山、道山、至山"，吕至山年龄最小。元祐八年（1093）《吕大雅妻贾氏墓志》有"云安军司理参军、新差管句书写秦凤路经略安抚都总管、司机宜文字吕至山书并篆盖"，绍圣三年（1096）《吕大忠妻姚氏墓志》撰文者题"侄至山记"，大观四年（1110）《吕大雅墓志》载"承议郎充环庆路经略安抚都总管司管勾机宜文字吕至山篆盖"，可略见吕至山之仕途经历。

撰文者范育，《宋史》卷三〇三有传。书者雷寿民，或与多方墓志中出现的刻工雷寿之有亲属关系，待考。

〔志文〕

宋故处士吕君墓铭并序

光禄寺丞知同州韩城县事范育撰

前同州司理参军雷寿民书

处士吕君，其先殷人也。太公之归周，其不从者居汲，故汲之吕与东平、河东、东莱、范阳之吕，皆以族显于汉、唐、五代之间。在汲而显者，周尚书户部侍郎讳咸休，于君为高祖。其曾孙尚书比部郎中賷，始去汲，家关中。又葬其考赠尚书兵部侍郎讳通于京兆蓝田骊山之原。故君之葬也，不得之汲，而从其祖兵部府君之兆。君，比部君之少子也，讳大观，字求思。幼敏给强识，常童之所莫及。年十余岁，读史至《律历志》，辄自运算乘除，达其统纪。于是博习群书，下至方技佛老之说，莫不洞解。连举进士不中第，比部君怜之。凡再，得以恩及子，而君辞皆不就，以推与其旁亲。既长，学益笃，悉弃其旧习之不急者，一于礼义之要，而沉潜于天人性命之际。或劝之求仕，则曰："古之仕者，未尝有求。故出处去就，莫不为义也。今之仕者，未尝无求，故出处去就，莫不为利也。士之廉鄙敦薄，正在乎义利之辨，求与不求之分。本且失之，而责其末，亦不足以语道矣。"劝者不能难，遂不复应举。日取孔子、孟子之书，磨研剖析，以极其义。师事扶风张子厚，能传其道而蹈其行。盖将学至于圣人而后已。不幸短命，年二十九以卒。娶京兆雷氏，生二子，男曰至山，女曰画奴。君之卒，以熙宁五年五月丙戌。后五月，得十月壬寅之吉而克葬。铭曰：

志学矣，或不由其道。造道矣，复不得其年。岂天之啬于仁欤？将吾道之重不幸欤？抑君之命至于此而已欤？悲夫！

七年九月，改葬县北五里太尉原。

折惟忠妻李氏墓志

宋熙宁五年（1072）。盖佚。志正方形，边长0.70米，厚0.15米。志文楷书32行，满行32字，题"宋故福清县太君李夫人墓志铭并序"。杨大荣撰，张天成书并篆盖，崔海刊。1965年出土于榆林市府谷县府谷镇付家塌村，现藏榆林市文物保护研究所。《榆林碑石》著录。

志主李氏系折惟忠妻，卒于熙宁五年（1072），卒时七十四岁，则其生年当咸平二年（999）。

大中祥符四年（1011），李氏嫁于时任崇信军节度使的折惟忠。折惟忠家族为党项后裔，宋代长期占据府州，在宋、辽、西夏、金的战争中发挥着举足轻重的作用。折惟忠（约982~1033），曾任简州团练使。天禧四年（1020），李氏生折继祖，折继祖曾任西作坊使、解州防御使，赠左金吾卫上将军。李裕民《折氏家族研究》一文整理折氏家族世系，包括"折从阮—折德扆—折御勋、折御卿—折惟正、折惟昌、折惟忠—折继宣、折继闵、折继祖—折克柔、折克行—折可大、折可求"等。[1] 据此志及《折继闵神道碑》[2]，折克柔同辈尚有克俊、克俭、克廉、克仁、克仪、克禧、克净等，折可大同辈尚有可复、可宝、可权、可畏、可变、可卞、可政、可懿、可著、可节、可麟、可颁、可常、可表、可绩、可赋、可右、可直、可致、可久、可褒、可与、可规、可攻、可矜等人。折氏家族多方碑志均已出土，戴应新《折氏家族史略》多有收录。[3] 关于折氏家族数代割据府州及其相关军

---

[1] 李裕民：《折氏家族研究》，《陕西师范大学学报》1998年第2期。
[2] 陕西省古籍整理办公室编《榆林碑石》，西安：三秦出版社，2003，第261~262页。
[3] 戴应新：《折氏家族史略》，西安：三秦出版社，1989。

事活动，薛正昌《府州折氏家族析论》一文已有论述。①

李氏于嘉祐末年得封福清县太君，皆因其子折继闵、折继祖之能，可谓母以子贵。李氏卒后，于政和元年（1111）葬于府州府谷县将相乡崇勋里小柏墕原。李氏葬地距折氏家族墓地较远，原因在于李氏并非折惟忠嫡妻，即志文所云"不祔崇信之兆者，不敢乱嫡庶之分"。

撰文者杨大荣，署"从事郎、守府州观察推官"。书并篆盖者张天成为志主之曾孙婿，署"东头供奉官、权麟州横阳堡兵马监押"。刻者定羌堡崔海，未见相关记载。

〔志文〕

宋故福清县太君李夫人墓志铭并序

从事郎守府州观察推官杨大荣撰

曾孙婿东头供奉官权麟州横阳堡兵马监押张天成书并篆盖

夫人姓李氏，世居开封，系出仕族。年十三，从府守崇信军节度使折公讳惟忠，为箕帚之助。熙宁五年闰七月初四日，终于正寝，享年七十有四。以政和元年十月二十日，葬于府州府谷县将相乡崇勋里小柏墕之原。夫人秀外慧中，不妄笑语，心无妒忌，宜其家人。时崇信母梁国太夫人性简严，少许可，治内有法，举族畏之。崇信嫡夫人刘氏，晨昏定省，不敢辄诣，必先遣夫人入伺颜色，乃前。梁国数谓崇信及嫡夫人曰："斯人纯厚谨恪，它日可委以事，宜善待之。"由是皆不以家姬遇。年二十二，生西作坊使、解州防御使、赠左金吾卫上将军。继祖是为崇信之季子。后崇信寝疾，议尽出侍姬。厥父闻之，来自京师。夫人愿留侍甚坚，厥父谓曰："吾与汝母俱老，汝弟尚幼，须汝归，庶几可活。"夫人意未决。崇信闻之恻然，语夫人曰："尔虽持心近义，然不顾尔亲，非孝也。"遂厚赠以资其行。景祐初，崇信薨。长子文思使、恩州刺史继宣，次子宫苑使、果州团练使、赠太尉继闵相

---

① 薛正昌：《府州折氏家族析论》，《西夏研究》2016年第1期。

继领州事。皇祐二年，太尉薨，朝廷擢金吾承袭。金吾既贵，念夫人自与父归，音尘杜绝，命亲友询访。久之，闻夫人适苏州豪族田氏，已三十有八年，体力康强，子孙成列。金吾遣侄持书于田氏，恳请夫人以归。越水陆五千里，安舆而来。金吾偕夫人慕容氏，歌钟燕乐，日奉甘旨。复刻章闻上，愿纳见任遥剌一官以丐封邑。仁宗皇帝嘉之，特封福清县太君，时以为荣。熙宁四年，金吾以疾捐馆。孙男三人：孟曰克仪，文思副使，蚤亡；仲曰克禧，皇城使、前麟州兵马都监，上柱国；季曰克净，左侍禁，蚤亡。曾孙男七人：可致，皇城使、环庆路准备将领；可久，皇城使、河北第十一将；可褎，供备军副使、麟州通津堡兵马都监；可与，东头供奉官、河东第一将部将；可规，右班殿直、真定府元氏县尉；可攻、可矜，蚤亡。元孙男九人，五人以荫从仕，余尚幼。孙女六人，曾孙女四人，皆适仕族。政和元年，侄曾孙四方馆使、荣州团练使、知府州可大，将葬其父安武太尉、母和义夫人，尽举族人二百余丧葬之。克禧白府守，愿别卜地以葬夫人，府守许焉。呜呼！其亡也，不祔崇信之兆者，不敢乱嫡庶之分。其葬也，不厝诸姬之域者，盖以尽子孙之孝。礼以义起，于是为称。克禧论次行究，请铭于余。义不敢辞，乃为铭曰：

于嗟夫人，绰有淑德。少从折公，阴相内职。祗事女君，分无僭忒。宜其家人，见称梁国。实生金吾，藩垣西北。□彩承颜，歌钟鼎食。封邑之荣，恩礼殊特。身后之心，子孙蕃息。孝尽送终，异其北域。刻铭纳幽，以传罔□。

定羌堡崔海刊

吕大防下殇岷老墓志

宋熙宁五年（1072）。砖志，近正方形，边长0.33米。志文楷书4行，满行10字，题"吕氏下殇岷老之柩"。2009年出土于西安市蓝田县三里镇，现藏陕西省考古研究院。《陕西省考古研究院新入藏墓志》著录。

志主系吕大防之子吕岷老，由"觞"字可知，吕岷老夭折而葬，下葬时间为熙宁五年（1072）。

《宋史》载："吕大防，字微仲，其先汲郡人。祖通，太常博士。父贲，比部郎中。通葬京兆蓝田，遂家焉。大防进士及第，调冯翊主簿、永寿令。"后历知青城县、休宁县、泗州、延州、华州、秦州。元祐元年（1086），拜尚书右丞，进中书侍郎，封汲郡公。史称："大防朴厚蠢心，不植党朋，与范纯仁并位，同心戮力，以相王室。立朝挺挺，进退百官，不可干以私，不市恩嫁怨，以邀声誉，凡八年，始终如一。"①

〔志文〕

吕氏下殇岷老之柩

大防□□□□□年六月不育，熙宁五年十月祔葬。

---

① （元）脱脱等：《宋史》卷三四〇，第10839、10843页。

任台买地券

宋熙宁六年（1073）。砖质。高0.22米，宽0.15米，厚0.03米。正文楷体朱书8行，满行13~15字。2015年出土于铜川市新区气象局防雷中心工地，现藏铜川市考古研究所。《铜川碑刻》著录。

志称"南赡部洲大宋国耀州界富平县义林乡亡过人任台"。

"富平县义林乡"，据《长安志》卷十九载，富平县有十一乡十一里，管村二百七十九。本注："唐四十四乡。和元年以栎阳县大泽乡、奉先县神泉乡来属，奉丰陵。十五年析万年乡隶奉先县，奉景陵。长庆四年析丰水乡隶奉先县，奉先陵。开成五年，以三原县仁少乡来属，奉章陵。又有周文、通开、会善三乡。余不传。"其中"义林乡神地里，在县西，管村十六"。[1]

"南赡部洲"即佛教所称"四大部洲"——东胜神洲、西牛贺洲、南赡部洲、北俱芦洲之一。从"南赡部洲大宋国耀州界"的叙述可见佛教在宋代民间之影响。券文正文合于宋代买地券之范式，从"东至青龙，西至白虎，南至朱雀，北至玄武"的土地四至描述可知，此为冥界地契，并无实际效用。张坚固与李定度二人为专司冢墓之神，以确认土地买卖的合法性与可信性，在大量出土买地券、瓷俑中屡有出现。券文内容在一定程度上反映了佛教、道教和民间信仰在宋代的融合情况。

文中有多处异体字和误字，如："南胆部州"一句"胆"当作"赡"，"州"当作"洲"；"张坚周"之"周"当作"固"；"已后不德侵夺"一句"德"当作"得"；"壹速避千里之外"一句"壹"当作"宜"

---

[1] （宋）宋敏求撰，（清）毕沅校正《长安志》，《中国方志丛书》本，台北：成文出版社，1969，第488~489页。

等。可见券文书写之随意性，一定程度上亦反映出宋代底层百姓日常用字习惯。

〔券文〕

南胆［赡］部州［洲］大宋国耀州界富平县乂林乡亡过人任台早终。今用钱九万九千九伯九十贯文买暮［墓］地一段，东至青龙，西至白虎，南至朱雀，北至玄武。保人张坚周［固］，见人李定度。已后不德［得］侵夺，先有居，壹［宜］速避千里之外，急急如律令。板上书暮［墓］项，请安魂。熙宁六年正月五日，任台。

吕大圭妻张氏墓志

宋熙宁六年（1073）。砖志，近正方形，边长0.34米。志文楷书12行，满行12字，题"宋故陈留张氏夫人墓铭并序"。2009年出土于西安市蓝田县三里镇，现藏陕西省考古研究院。《陕西省考古研究院新入藏墓志》著录。

志主张氏系吕大圭妻，卒于熙宁六年（1073），卒时四十五岁，则其生年当在天圣七年（1029）。其夫吕大圭墓志亦已出土。

张氏为陈留人，其祖父张清曾任河南颍阳县令，其曾祖张贤、父亲张世基均未仕。志称"夫人既笄，归嘉州洪雅主簿吕大圭"，据《吕大圭墓志》载，其在熙宁年间为太庙斋郎，仕为嘉州洪雅主簿，又称其"始娶张氏，追封安居县君。继室王氏，封安仁县君"。两志可互相补证。

〔志文〕

宋故陈留张氏夫人墓铭并序

夫人姓张氏，其先陈留人。曾祖贤，不仕；祖清，河南颍阳令；父世基，不仕。夫人既笄，归嘉州洪雅主簿吕大圭。未几，舅没，夫且未仕。服勤不懈，事寡姑以孝闻。敛箧韫所藏，以资叔妹，而无吝色。从其夫之官于蜀。熙宁六年三月三十日，以疾卒，享年四十五。明年十一月辛丑，葬于京兆府蓝田县太尉原吕氏之兆。铭曰：

无悔于勤，无怨于贫，贤哉夫人。

吕大雅子郑十七墓志

宋熙宁六年（1073）。砖志，近正方形，边长0.32米。志文楷书4行，满行9字，题"吕氏殇子郑十七之柩"。2009年出土于西安市蓝田县三里镇，现藏陕西省考古研究院。《陕西省考古研究院新入藏墓志》著录。

志主系吕大雅第三子，卒于熙宁六年（1073）。据《吕大雅墓志》记载，其共有十一子，长子吕仲山、次子吕省山，余皆早亡。

〔志文〕

吕氏殇子郑十七之柩

大雅之第三子，二岁。熙宁六年八月夭殁，七年九月祔葬。

吕蕡墓志

宋熙宁七年（1074）。盖近正方形，边长 0.73 米。志近正方形，边长 0.74 米。盖文篆书 4 行，满行 4 字，题"宋故尚书比部郎中汲郡吕府君墓志铭"。志文楷书 39 行，满行 38 字，题"宋故朝奉郎守尚书比部郎中致仕轻车都尉赐绯鱼袋吕府君墓志铭并序"。赵瞻撰，雷寿之书并篆盖，翟秀、武德诚刻。2009 年出土于西安市蓝田县三里镇，现藏陕西省考古研究院。《陕西省考古研究院新入藏墓志》著录。

志主吕蕡，字秀实，为吕大防等人之父。其卒于熙宁七年（1074），卒时七十五岁，则其生年当在咸平三年（1000）。

吕氏先祖为汲郡人，《吕通墓志》云"至公（吕通）犹为卫州新乡人"，《吕蕡墓志》记载，至吕蕡一代，吕氏家族迁居于蓝田，"蓝田吕氏"即始于此。吕通卒于咸平五年（1002），故《吕蕡墓志》称"公始生即孤，随其母张夫人依外氏丞相吕文穆公"，"吕文穆公"即北宋名相吕蒙。

吕蕡少年时已颇有才华，"文辞学问已高士论"，"乡贤能为诸京府最"，但由于"所试不合有司意"，四十岁前一直未仕。庆历二年（1042），得赐同三礼出身，调庆州司法参军、庆治经略府帅行军。之后先后迁成州同谷县令，擢大理寺丞、知邠州定平县事，迁太子中舍、知邵武军归化县，迁殿中丞，除金书河阳节度判官公事、提举均耀州税。嘉祐八年（1063），恩诏迁尚书虞部员外郎，敕金书定国军节度判官公事，赐绯服鱼佩。熙宁四年（1071）致仕。熙宁五年，进加比部郎中。

吕蕡娶方氏，生六子：大忠、大防、大钧、大受、大临、大观。《吕蕡墓志》云"夫人方氏，封旌德县君，尚书屯田员外郎易从之女，先公卒，自有志铭",即已出土之《吕大防母方氏墓志》。庆历五年（1045），吕贲任庆州司法参军时，方氏卒于庆州官廨。庆历八年（1048）权厝蓝田佛舍，嘉祐六年（1061）迁葬于蓝田骊山之原。熙宁七年（1074），吕大防等兄弟因祖父吕通墓在骊山西原，"道险非计，当迁于平易地，使世世不以葬劳人"，遂将祖父吕通、祖母张氏、父亲吕贲、母亲方氏等吕氏家族墓一并迁于蓝田县玉山乡太尉原新茔。

撰文者赵瞻，署"朝奉郎、守尚书度支郎中、知同州军州事、轻车都尉"。书并篆盖者雷寿之。刻者翟秀、武德诚，其名亦见于多方宋代墓志。

〔志文〕

宋故朝奉郎守尚书比部郎中致仕轻车都尉赐绯鱼袋吕府君墓志铭并序
朝奉郎守尚书度支郎中知同州军州事轻车都尉借紫赵瞻撰
承奉郎试大理评事前权陇州防御判官雷寿之书并篆盖

公讳贲，字秀实，其先出于四岳，作禹心吕［膂］，故封为氏。太公归周，其属有留汲者，以封为姓，公其后也。自公始徙于京兆之蓝田。大王父咸休，皇任尚书户部侍郎，赠尚书右仆射。王父鹄，皇任太子中允，赠尚书司封员外郎。父通，皇任太常博士，赠尚书兵部侍郎。公始生即孤，随其母张夫人依外氏丞相吕文穆公，故就西都之乡举。公始冠，文辞学问已高士论，而洛守当世巨公，乡贤能为诸京府最。及奏籍，公在甲等，洛之选固常为礼部望，而所试不合有司意，遂报罢。公年四十余，未仕居乡，以道义教育子弟后进，委曲规䂓不之倦。其存孤幼，赴患难，惟恐不及。都转运使张奎领京兆府事，闻士大夫之论，即欲以羔雁聘礼，邀致学官。公谦避不应累举。庆历二年春，特赐同三礼出身，调庆州司法参军、庆治经略府帅行军，制一切便宜。尝传一才吏，以重法而欲于狱具贷，出镌为之用。公持议不回，帅即嘉纳，名节自兹卓然矣。既而用要官荐，就迁成州同谷县令。公政清直举，蓋守臣之为，屡为所构，卒毋文害。或讼守不法事，公顾为平反之，众服其有德量。嘉祐四年，以荐者益多，铨笺引对，擢大理寺丞，出知邠州定平县事。秦城古渭寨羌兵围噪，转运使檄公饷军，粮道危绝。公遽钩索旁近，缗钱益粢继给。虏既平，上多弟赏，而公不自赞，赏亦弗及。至和二年，叙迁太子中舍，移知邵武军归化县。谣俗率意吏文，以讼相轧，故江外道雅号剧治。公以为忠信可以入水火，况尽人邪。民善诅祝，以动官吏，或以是告公，谓曰："吾闻其术，必得所生甲子，乃能杀人。"审令长政不平，彼殆能除害。即录其时日予之，且曰："吾不汝欺也。"邑人惊叹，知为悔惩。县濒杉溪，构桥甚力，夏秋漂没，病于材役。公始经画，度为浮梁，而舟楫纤悉颇重其取，众遽白曰："长利也，公其毋取。"即相与计所具成之，以至于今。三年，迁殿中丞。还朝，除佥书河阳节度判官公事，复敕提举均耀州税。朝廷初诏，方天下田。时猝未知其法，公曲为条教，遂正经界。六年，迁国子博士。八年，英庙嗣位，恩诏迁尚书虞部员外郎，敕佥书定国军节度判官公事，赐绯服鱼佩。治平元年，迁比部。四年，今上嗣位，迁驾部。熙宁元年，移知果州，以道远不拜。公自是不复以仕宦为意。二年，迁虞部郎中，分司西京。三年，疾作于京师，时子大防直舍人院，出随大丞相幕府宣抚陕西。上即命中人抚问，仍诏侍医诊视，盖异数也。四年，遂请致仕，诏许之。向在定国幕府，尝权州事，而会今上即位，例得奏荐亲属，公有季子未仕，乃以子婿乔岳应令。至是，复置其子，而以兄之子大圭奏任恩例，人皆义之。五年，上祀明堂，进加比部郎中。七年六月十四日，卒于家，享年七十有五。始疾，且敕诸子具后事，子皆恒泣，不忍奉命。乃自为诗，以谕里人。营辨[办]棺柩，不以死生为戚，其达如此。夫人方氏，封旌德县君，尚书屯田员外郎易从之女，先公卒，自有志铭。是年九月辛酉，葬公于蓝田县玉山乡太尉原，夫人祔焉。子男六人：长大忠，秘书丞；次大防，尚书度支员外郎；次大钧，光禄寺丞；次大受，同进士出身；次大临，颍州团练推官；次大观，不仕。大受、大观皆早卒。女二人，长归前名山县主簿乔岳，次早卒。孙男四人，景山、义山、道山、至山；女六人。曾孙三人。前葬期，诸孤皆予之友，以行状来取铭。予知公为详，故当为铭。公笃道义、善辨论，韵宇标置，廓然君子也，若庆州法守之劲，同谷德报之恕，古渭逃赏之恬，耀州均赋之敏，归化待民之诚，西京退身之明。劲维节，恕维器，恬维德，诚维性，敏维才，明维识，能以六者始终，仕虽不至公卿，然流风遗书，足以订不朽矣。学者道孝慈，考善庆，尝患未有以充其说，如公之诸子，人人贤明，故京兆吕为关中衣冠谱弟之首，岂非其可充也邪？其治命曰："吾葬兵部府君之墓骊山西原，道险非计，当迁于平易地，使世世不以葬劳人。且慎毋訹术家五姓语，及浮图氏之斋荐者。"故今并以兵部之丧，改窆于新兆云。瞻铭之曰：

劲恕立身，恬敏行道。诚明始终，六德之奥。四子之贤，教乃有蹈。京兆之吕，中正是告。

翟秀、武德诚镌

吕大钧庶母马氏墓志

宋熙宁八年（1075）。志长0.36米，宽0.36米。志文楷书18行，满行19字，题"吕氏庶母马氏墓志"。吕大钧撰。2009年出土于西安市蓝田县三里镇，现藏陕西省考古研究院。《陕西省考古研究院新入藏墓志》著录。

志称"庶母马氏者，我先君比部府君夫人，旌德县君之媵妾也"，"比部府君"即吕蕡，"旌德县君"即吕蕡妻方氏。马氏幼年作为方氏媵妾，陪嫁来到吕氏家族，侍奉吕蕡及方氏，抚育诸子孙成人。方氏、吕蕡相继亡故后，马氏于熙宁八年病卒，陪葬吕蕡墓侧。马氏为吕大钧乳母，故志题"吕氏庶母"，志文由吕大钧亲自撰写。

〔志文〕

吕氏庶母马氏墓志

庶母马氏者，我先君比部府君夫人，旌德县君之媵妾也。年始十岁，即从夫人归我先君。后二十二年，而夫人即世。又三十年，先君即世。凡事我先君、夫人五十有二年，而勤谨忠恳如一日。先君有子八人，其长者未及昏嫁冠笄，幼者未免襁褓。而夫人寝疾，独知庶母之良。乃深属先君，委视诸子。夫人既终，先君官小家贫，庶母悉力抚视，劳辱极至。有所不足，不以禀请，辄簪履以资之。虽曰感夫人之知，亦其性然也。后诸子皆出仕，有妇有孙，且有曾孙矣，所以奉养庶母者亦有加。庶母老且病，而犹勤力不懈。每时节，尽所有以施予群下，私褚不留一钱。后先君一年，当熙宁八年六月二十三日以疾卒，即以七月朔陪葬于先君墓侧。诸子孙诸妇皆哭之尽哀，诸妾御亦多为之出涕。庶母生一女，适雅州名山县尉乔岳。又乳夫人之子光禄寺丞大钧。其葬也，诸子、孙、妇皆送至墓所。乳子大钧又为此志。

张喜墓志

宋熙宁八年（1075）。志正方形，边长 0.48 米。志文楷书 23 行，满行 23 字，题"宋故张君墓志铭"。崔陟明撰，石浩书。近年出土于宝鸡市凤翔县境内，现藏岐山县博物馆。

志主张喜，卒于熙宁八年（1075），卒时六十三岁，则其生年当在大中祥符六年（1013）。

张喜先祖世为陇民，其父张昌一代迁居汧阳。张氏一族几代人以经商为业，故铭文有"实惟商民，二世不立。次子改居，迁岐盛矣。卓然成家，夺志财起"之句。张喜卒后，于绍圣二年（1095）迁葬天兴县美阳乡。

撰文者崔陟明、书者石浩，未见史书记载。

〔志文〕

宋故张君墓志铭

孟□□

进士崔陟明撰

进士石浩书

君姓张氏，讳喜，字即未闻。高与曾祖不记讳，世以陇民皆不仕。考讳昌，以繇事之艰，遂不得已居汧阳县。市以□□业，渐成家产。君凤钟孝道，天赋沌[纯]和。少与子竭力市务，以□其亲。君平生为人勤厚守淳，无杂好。自幼性列[烈]刚直，所乐无□，未尝有过，乡党咸称吉士焉。天命不与，吁可痛哉！熙宁八年七月七日，君感疾终于家，亨[享]年六十有三。娶巩氏，妇礼□和，平昔乐善，视人饥寒者如己有之。尝出己之所有以济人之所无。凡其贤识多此类也。后以疾终于家，年七十有一。生子三人、女一人。长女一人，适汧阳县李义，良士也。子二人，幼未名，早卒。次曰中立，自幼赋性明敏，博识不惑，为祖治家质朴，无立夺其志。少起家迁凤翔府，居市习父业，营干家丰，卓然孤立，变易谋生，结托东西川商客，皆称勤厚有断。缘致□产，增至数阡，常为预备之计。有外甥三人，中立者皆挈家于府，已商为道，成家处事，尤可佳矣。夫人有一节可称，不可不谕也。娶吕氏，生子五人：长曰倚，幼读书，应进士；次二人皆少卒；次曰伸，习父业；又其次尚幼未名。今以为岐民，遂以绍圣二年三月初七日，举葬本府天兴县美阳乡王兵马使，以巩氏附［祔］焉。中立葬期俯近泣告于予，请铭。铭曰：

陇邑张氏，平生坚执。实惟商民，二世不立。次子改居，迁岐盛矣。卓然成家，夺志财起。卜其宅兆，延□□岁。

刘绛墓志

宋熙宁八年（1075）。志、盖均为正方形，尺寸相同，边长0.85米。盖文隶书3行，满行3字，题"宋故寺丞刘君墓志铭"。志文楷书33行，满行33字，题"宋故朝请郎守大理寺丞致仕刘君墓志铭并序"。钱景谌撰并书，刘刚书盖，翟秀、武德诚刻。2011年出土于西安市户县大王镇，现藏西安市鄠邑区文物管理委员会。《碑林集刊》第20辑著录。

志主刘绛，字子武，卒于熙宁八年（1075），卒时五十七岁，则其生年当在北宋天禧三年（1019）。

刘绛四世祖刘涛历仕后晋、后汉、后周和北宋，曾任谏议大夫、知制诰、秘书监，赠工部侍郎；曾祖刘顼为监察御史，赠工部郎中；祖父刘晟，职方员外郎，赠光禄少卿；父亲刘讷为殿中侍御史。其家族自刘涛一代由彭城迁居河南，之后又迁居京兆蓝田、鄠县。刘氏家族的迁徙和仕宦经历与五代至北宋社会政治动荡密切相关。

刘绛以荫补太庙斋郎，改三班借职，累迁至右班殿直。后任华州华阴主簿、蜀州晋原主簿、乾州奉天主簿，以大理寺丞致仕。关于墓志涉及的平叛元昊、揭发贪官、分水利民、开仓赈灾等事迹以及刘绛家族成员关系，王原茵《北宋鄠县彭城刘氏家族墓志考释》已有论述。[1]

刘绛卒后葬于鄠县珍藏乡货泉里，刘氏几代均安葬于此。刘绛之子《刘奕墓志》亦于同地出土。

撰书者钱景谌，为刘绛女婿钱景孺之从兄，史称"熙宁末，从张景宪

---

[1] 参见王原茵《北宋鄠县彭城刘氏家族墓志考释》，《碑林集刊》第20辑，西安：三秦出版社，2015。

辟知瀛州，终身为外官，仅至朝请郎而卒"，[1] 此志署"给事郎、守秘书省著作佐郎、知凤翔府盩厔县事"。书盖者刘刚，署"将仕郎、守凤翔府盩厔县主簿"，未见正史记载。

〔志文〕

宋故朝请郎守大理寺丞致仕刘君墓志铭并序

给事郎守秘书省著作佐郎知凤翔府盩厔县事临安钱景谌撰并书

将仕郎守凤翔府盩厔县主簿临沂刘刚书盖

君讳绛，字子武，世为彭城人。四代祖涛，以进士起天成时，历晋、汉、周，尝为谏议大夫、知制诰，本朝以秘书监致仕，赠工部侍郎，遂居河南。曾祖顼，监察御史，赠工部郎中。祖晟，职方员外郎，赠光禄少卿。父讷，殿中侍御史。四世以明德闻于时，由工部葬京兆之蓝田，殿中又徙于鄠，今为鄠县人。君生十有四年，而殿中君卒，持丧治身，已能如成人，事母夫人以孝闻。以父任补太庙斋郎，改三班借职，累迁至右班殿直，监京兆咸阳之浮桥。当是时，赵元昊叛，西方用兵，咸阳当其冲。君物色谁何，岁中得奸盗千余人，以劳迁左班，复换华州华阴主簿。华守私于邑民，颇怙势犯法，君一切按其奸状。守怒，百端求君之过，卒无纤毫可以指名者。以选蜀州晋原主簿。晋原之人，以离碓水溉田，疏为渠，以千万计。百姓每以用水不均为患，争讼未尝息。君至，则相地之远近立表江中，以尺寸时刻为先后。又为条约，刊石水旁，由是，人人飨其利，至今无敢逾者。及君之归，百姓遮道呼叫以泣，曰："使我无讼而不饥者，刘君之赐也。"留数日不得去，又画为君之像，立祠道周，岁时相率拜之。再调乾州奉天主簿。会岁大饥，君请开仓以赈贫民。守令沮其议，君曰："朝廷重守令之选者，所以为民也，今安坐而视其死，吾不忍为。"乃列于州，愿独发□以活人，以家资偿其出，虽重得罪不恨。守令不能夺，卒如君议，而人赖以济。未几，丁□

---

[1] （元）脱脱等：《宋史》卷三一七，第10349页。

夫人忧，终丧，遂不复有仕进意，喟然叹曰："士之所以仕者，不常唯义之从，死生贵富者有天与命，而或出或处者当在己，吾将遂其在己者。"以大理寺丞致仕。乃筑室于鄂之野，临渼陂，面南山，清流美竹，尽林亭之胜。日与贤士大夫哦咏于其间，如是凡十余年。衣食有余，不以厚己，而辄以周人之急，虽亲戚乡党无以异。熙宁八年秋，如洛葬其妻之母于钱氏之墓。既事已，九月戊寅还次于灵宝道，得疾，辛巳卒于华阴之馆舍，享年五十有七。遂以其柩归，鄂之人长者号，幼者啼，士大夫相吊以泣，皆曰："善人死矣，吾何归焉。"自归至葬，吊者日踵门不绝。若刘君者，可谓去就在己，而进退不失于义者乎。幼而知所以立，仕而能用其职。知其时之不我与也，不顾以去，又能以行义信于乡党，虽古之君子何以加哉。前夫人张氏。今夫人钱氏，中书令英国文僖公之女。妇事妻道，贤而有法。子男一人：奕，为进士，孝谨有立。女二人，长归钱氏，为进士景孺之妇；次尚幼。孙男二人：戬、载。女二人。以十一月壬申葬于鄠县珍藏乡货泉里殿中兆之次。君之夫人于景谌为姑，而景孺为叔父弟，故知其世次与行己之大方为甚详。景谌之来西也，拜君于洛，饮酒笑语，期我为南山之游，别才一月，而哭君之死，既又铭其墓。呜呼，人事其可必邪。铭曰：

允义刘君，处得其理。人则由人，我有诸己。从吾所好，不可则止。纳铭幽墟，贻尔孙子。

翟秀、武德成［诚］刊

于君家族改葬墓志

宋熙宁八年（1075）。志正方形，边长0.46米。志文楷书18行，满行19字。早年出土于西安市长安区，现藏西安市长安区博物馆。《长安碑刻》著录。

志主于君，名讳不详，卒于后周显德元年（954），卒时年龄未详。李氏卒于北宋治平二年（1065），卒时八十一岁，则其生年当在北宋雍熙二年（985）。

于君与李氏有一子一女，其子于升未仕，其女嫁于保州团练使、真定府路总管武贵，封福昌郡君。武贵在陕西为官时，将李氏接至长安赡养。熙宁八年（1075），其外孙将于君父母、于君、李氏及其子于升等改葬万年县凤栖原长寿里。

撰文者崔敷，未见正史记载。刻者武德诚，在其他墓志亦见其名。

〔志文〕

于君，开封人。父早卒，君之齿未壮，复失其母。君感早亡其亲，无意于仕进。娶李氏，有子一人曰升，不仕。孙一人曰海。女一人，归保州团练使、真定府路总管武贵，封福昌郡君。君以显德元年卒于京师。子升，后君三十余年亦卒。李氏因其婿总戎陕西，福昌君遂迎侍其母至长安。于治平二年八月二十日，寿终于官舍，享年八十一。君之后益衰。为嗣者惟孙海，而复贫甚，不堪于事。自君之母已下，久未克葬。福昌君晚年，屡以葬事属于其子，故君之外孙、右侍禁抗左侍禁提举马纲程驿拱承其母氏之命，卜以圣宋熙宁八年十二月三日，举君之父母，及君与李氏至于子升数丧，买地以葬于京兆府万年县凤栖原长寿里。不侈不陋，取称其宜，古人所谓以其所以葬葬之者，此欤。君既为开封人，加之自显德距今七十余年，既久而远，故于族系履行，不能详知，姑纪其略。

少陵崔敷记
武德诚刻

张守节墓志

宋熙宁八年（1075）。志长 0.78 米，宽 0.56 米。额楷书 1 行 4 字，题"张公墓铭"。志文楷书 25 行，满行 28 字，题"宋庄宅副使银青光禄大夫检校太子宾客兼御史大夫广南西路兵马都监骑都尉清河县开国子食邑五百户张公墓志铭"。武宗道刊。出土时间不详，1984 年自西安市雁塔区鱼化寨征集，现藏西安博物院。《文博》1986 年第 2 期著录。

志主张守节，字帝鲁，卒于熙宁八年（1075），卒时四十八岁，则其生年当在天圣六年（1028）。

张守节曾祖张彦进为莱州防御使，祖父张继伦赠左千牛卫上将军，父亲张敏为解州团练使，均未见正史记载。张守节生平事迹，《宋史》仅有零星记载，均与志文提及的交趾叛乱有关。《宋史·马默传》称："昆仑关丧师，张守节不战；侬智高破亡，因狄青之智勇。"[1]《宋史·苏缄传》云："邕既受围……缄初求救于刘彝，彝遣将张守节救之，逗遛不进。"[2] 此志则与正史记载有很大差异，即张守节曾协助刘彝御敌，并主动请命出兵援助邕州。在实力相差悬殊的情况下，张守节一边"益张旗帜"，一边侦查敌情以伺战机。但迫于军令，只得"拔营度山驻金城"，最终兵败，卒于军中。志称"朝廷念之，赠成州团练使，仍录诸子。监司先不喜公，又讼公不疾救邕。状章累上，其言甚广。朝廷信之，恩礼一切皆罢。众知其冤，而终不能辩。"这应当就是《宋史》与《张守节墓志》记载相矛盾的原因。关于此问

---

[1] （元）脱脱等：《宋史》卷三四四，第 10948 页。
[2] （元）脱脱等：《宋史》卷四四六，第 13157 页。

题，付志杰、李俊芳《张守节墓志发微》一文已有详细论述。①

刻者武宗道，还刻有《刘奕墓志》。

〔志文〕

宋庄宅副使银青光禄大夫检校太子宾客兼御史大夫广南西路兵马都监骑都尉清河县开国子食邑五百户张公墓志铭

熙宁八年冬，交阯〔趾〕叛，陷钦廉，攻邕州，广西摇动。经略刘彝与公议所以御贼计。公自求领兵以援邕。时桂兵不多，又已先遣，所余皆荆湖孱弱之卒，得二千人。不习战阵，与驱市人何异。公遂益张旗帜，严金鼓，倍道兼行，扼昆仑关以图进取。会本路监司不知兵者，妄处军前事，谓公观望，檄公速救邕。公叹曰："食君之禄，岂特惜死哉！第须侦贼之虚实，权宜以应之，则举无不利。今以势见逼，不可不行，然必不能破贼也。"遂拔营度山驻金城。交人知公远来，营垒未办，恚众迎战，其多数倍。公申严号令，激发士卒，贾勇当先。会日暮，贼兵益增。公顾伤夷者半，谓左右曰："众寡不敌，今与诸君戮力尽命，以报朝廷。"是夜，全军覆殁，而邕州随陷，时年四十八岁。朝廷念之，赠成州团练使，仍录诸子。监司先不喜公，又讼公不疾救邕。状章累上，其言甚广。朝廷信之，恩礼一切皆罢。众知其冤，而终不能辨。曾祖讳彦进，莱州防御使。祖讳继伦，累赠左千牛卫上将军。考讳敏，解州团练使，累赠左屯卫上将军。妣杜氏，京兆郡君，追封许昌郡太君。公讳守节，字帝鲁，以明道元年用团练公荫补右班殿直，十一迁至庄宅副使，自凤州巡辖马递铺至广南西路都监，凡七任，皆有能绩。在原州随种古破折疆会，奏功上等。娶李氏，封崇德县君，唐高祖神尧之后，耀州富平县主簿琮之女，后公十一年而亡。男五人：牧，元丰中从军，至灵武战殁；特、𬭚，并早卒；岘、况，学进士业。女三人：长适左侍禁竹修，次适右侍禁马继勋，次适进士王渥。以元祐八年三月庚甲申招

---

① 付志杰、李俊芳：《张守节墓志发微》，《文物春秋》2013年第3期。

公之魂，与崇德君合葬于长安县善政乡小洛村。铭曰：

  古人有言，命或重于太山，或轻于鸿毛，惟顾义之所在。当金城之战，用弱兵拔强敌，弓折矢穷，人无尺铁。以其偷生而避死，岂若就死以成忠。公之事君报国，顾义而轻命，不愧前人，可谓至矣。不幸怨起仇家，谤书随土，使身不被及泉之泽，子不霑升斗之禄，悲夫。

武宗道刊

韩应墓志

宋熙宁九年（1076）。志盖尺寸相同，均为正方形，边长0.76米。盖文篆书4行，满行3字，题"宋故赠右承议郎韩公墓志铭"。志文楷书29行，满行30字，题"宋故通直郎守太子中舍知平定军乐平县事兼兵马都监赠右承议郎韩府君墓志铭"。刘航撰，安师文书，刘淮篆盖。1954年出土于西安市灞桥区高楼村，现藏西安碑林博物馆。《新中国出土墓志·陕西》（贰）、《宋代墓志辑释》著录。

志主韩应，字承之，卒于熙宁九年（1076），卒时五十八岁，则其生年当在天禧三年（1019）。

韩应曾祖父韩贯之曾为太子洗马，祖父韩义方赠工部侍郎，父亲韩奉先为光禄少卿，其家族自韩奉先一代迁居京兆府临潼县。韩应以父荫补为太庙斋郎，曾任绵州魏城县尉、丹州司理参军、同州节度推官、凤州河池知县等。熙宁九年（1076）以太子中舍任平定军乐平知县，未及赴任而卒。韩应先后娶三位夫人，即真宁县太君孙氏、华容县太君左氏、仁和县太君任氏。其长子韩周卿为右通直郎，权通判隰州；次子韩端卿未仕；幼子韩介卿为登州防御推官，知晋州冀氏县事。韩应卒后，于元祐八年（1093）迁葬于京兆府万年县龙首乡长乐原，同时安葬的还有韩应之子韩介卿。《韩介卿墓志》亦于同地出土。

撰文者刘航，署"左朝议大夫、知相州军州事兼管内劝农使、上护军、彭城县开国子"。《宋史》载刘安世之父刘航，历知虞城、犀浦、宿州，以群牧判官任河南监牧使。是否与此撰文者刘航为同一人，待考。书者安师文，曾任左朝议大夫、泾州知州等，《宋史》有零星记载，曾为《刘奕墓志》撰文，所署职官与此志相同。篆盖者刘淮，曾为《刘玘妻水丘氏墓志》篆盖，所题职官与此志相同。

〔志文〕

宋故通直郎守太子中舍知平定军乐平县事兼兵马都监赠右承议郎韩府君墓志铭

左朝议大夫知相州军州事兼管内劝农使上护军彭城县开国子食邑五百户赐紫金鱼袋刘航撰

左承议郎前管勾熙河兰岷路都总管经略安抚司机宜文字武骑尉安师文书

右宣德郎知京兆府奉天县签书兵马司公事刘淮篆盖

府君讳应，字承之，世家河南。曾祖讳贯之，故任太子洗马。祖义方，故赠工部侍郎。父奉先，故任光禄少卿，赠光禄卿。母赵氏，永嘉县太君。自光禄徙居京兆临潼县，遂为临潼人。君始以父任太庙斋郎，初调绵州魏城县尉。时偶岁歉，盗贼充斥。君用智力，夙夜警捕，寇攘屏迹，民赖以安。丁母忧去职，继执父丧，皆以孝闻。服除，改丹州司理参军，治狱详明，能察情伪，疑辞隐讼，片言辄决。时有系囚，陷于巧诋，当以重辟，不能自明。君力辨而生之，故终君之任，民自以不冤。迁同州节度推官，号为称职，监司、郡守交章慰荐，转大理寺丞，知凤州河池县。县民狡狯，素称难治。君推诚抚字，未尝加以威刑，曾不阅岁，人心自化。会使者行县，过事威严，君与之论列，不为回屈，乃掎以公坐，移监邠州酒税。士人为之愤惋，而君处之自如。或以左迁勉君者，君笑曰："乘田委吏，圣人且为之，苟无愧心，何往而不乐也。"闻者叹服。任满考课，又以增美，就复知平定军乐平县，迁太子中舍。方将赴官，以熙宁九年十月二十九日终于家，享年五十八。君生于名族，幼能自立，居家孝悌，而莅官公正，处己接物，一于至诚，言行有常，不近名誉，是以久而人益信之。屈于小官，间遭迁谪，未始枉道以徇世态，故其施设止于如此。苟天假之寿，使得行其志，则其所未为者，岂易量哉！君始娶孙氏，赠真宁县太君；再娶左氏，赠华容县太君；

又娶任氏，赠仁和县太君。男三人：曰周卿，右通直郎、新差权通判隰州；曰端卿，未仕；曰介卿，及进士第，登州防御推官、知晋州冀氏县事，已亡。女二人：长适比部员外郎、通判棣州张仲舒；次适右朝散郎、通判定州张延年。孙男四人：曰公亮、曰公度、曰公孺、曰公才，皆习进士业。以元祐八年十月十七日，葬君于京兆府万年县龙首乡长乐社之原，从先茔也，以孙、左、任氏三夫人祔焉。诸子先期状君之行，乞铭于予，义不得辞，乃为之铭曰：

显允韩氏，世有令人。君始肯构，灼以才闻。位则时屈，道则已伸。未究之绪，其在后昆。

元迅墓志

宋熙宁十年（1077）。盖盝形，志正方形，志盖尺寸相同，边长0.70米，盖厚0.13米，志厚0.12米。盖文篆书3行，满行3字，题"宋故元君子高墓志铭"。志文楷书27行，满行27字，题"宋故元府君墓志铭并序"。马威撰，安铎书，周霖篆盖。1994年出土于咸阳市秦都区古渡街道，现藏咸阳市博物馆。《咸阳碑刻》著录。

志主元迅，字子高，卒于熙宁十年（1077），卒时四十五岁，则其生年当在明道二年（1033）。

元迅曾祖元彦饶、祖父元守约、父亲元授均未有仕职，元迅本人亦未入仕，故志文仅记其行善乡里、优游偃息等事。元迅卒后，于元祐七年（1092）葬于咸阳县河南乡资川里。

撰文者马威，署"新授邠州观察推官"；书者安铎，署"同州澄城县主簿"；篆盖者周霖，署"左朝奉大夫、通判遂州军州兼管内劝农事"，三者皆未见正史记载。周霖在元丰元年（1078）《王奕墓志》中署"朝奉郎、守太常博士、骑都尉、赐绯鱼袋"。

〔志文〕

宋故元府君墓志铭并序

新授邠州观察推官马威撰

同州澄城县主簿安铎书

左朝奉大夫通判遂州军州兼管内劝农事柱国赐绯鱼袋周霖篆盖

京兆咸阳元氏，始以财豪关中，聚族至数百人，孝悌之风，播于远近。祥符中，守臣状其事，天子诏表其闾以旌之。六十余年，家复替。然子孙有以儒学取青紫者数人，故门户不为殄瘁，而人知元氏有人焉。君生一岁而孤，母吴夫人鞠育拊［抚］教，至于成人，则端雅朴茂，动循礼法。自伤幼失所天，其报罔极，而慈闱定省，未尝少懈。语默动静，惟母言是从，于是夫人益欢，而宗族称其孝也。与人和易款密，无纤介得失。虽生长富家，不为骄屑猥薄态，而与之游者多士大夫。平居无事，则罗列文史，好观古人之行事，善谈汉唐都邑废兴之迹。尝叹曰："人不可以无学。顾迫于尘俗之劳，不得尽力于此，亦命矣。"性倜傥，尤乐周人之急。夫人之族，有不能自存者，迎之于数千里外，馆而衣食之，二十余年，逮夫人之终，如一日，人以为难也。邑之东偏有园十数亩，轩槛连属，堂室宏壮，种花植竹，蔽翳左右。南有亭，下瞰渭流，浪卷云日，目落天际。君朝暮必往，优游偃息于其间。遇风月之佳，则会集亲友，吹竹弹丝，以侑壶觞，诙谐笑歌，必剧醉而后已。融融怡怡，以是自适。议者且谓："君性恬体舒，当获寿考。而春秋止四十五，悲夫！"君讳迅，字子高。曾祖彦饶，祖守约，皆晦迹不仕。父授，以文行称，尝一举于有司。君四娶，屈氏、刘氏、范氏，先君而亡。后娶杜氏。子三人：曰峙、曰嶬、曰峻，皆资质秀颖，从学于乡先生。二女，长适进士澹原，次适进士范勋。君之卒，实熙宁十年十一月二十八日也。即以元祐七年三月二日，葬君于咸阳县河南乡资川里，三夫人祔焉。前期峙以状来请铭。盖予之先祖母，于君为再从姑，故予拜君且久，知君颇为详，其可辞邪？铭曰：

姓之著，曰元氏。君于乡，称善士。宜其寿，遽已矣。天必报，在三子。

程枢墓志

宋元丰元年（1078）。盖长0.46米，宽0.45米。志长0.44米，宽0.45米。盖文篆书3行，满行3字，题"宋故安定程君墓志铭"。志文楷书22行，满行21字，题"宋故安定程君墓志铭"。游师雄撰，范育书，苏晦篆盖。20世纪80年代出土于西安市长安区，现藏西安市长安区博物馆。《新中国出土墓志·陕西》（叁）、《长安碑刻》著录。

志主程枢，字审言，宁州真宁人，卒于元丰元年（1078），卒时二十六岁，则其生年当在皇祐五年（1053）。

程枢曾祖程元义、祖父程焕均未仕，自程焕一代迁居京兆府万年县，程焕卒葬于长安县凤栖原。程枢父亲程希道墓志已出土。程希道有子程格、程权、程极、程枢。志主程枢本人当无仕宦经历。

撰文者游师雄，字景叔，武功人，曾求学于张载门下，曾任陕西转运判官、提点秦凤路刑狱、陕西转运使、祠部员外郎等，[1] 其墓志亦已出土。书者范育，《宋史》有传。刻者李仲甫、武德诚，在其他墓志亦见其名。

〔志文〕

宋故安定程君墓志铭

前将仕郎试秘书省校书郎权彰武军节度推官游师雄撰

承奉郎守秘书省著作佐郎直集贤院权检详枢密院兵房文字范育书

---

[1] 参见（元）脱脱等《宋史》卷三三二，第10688~10690页。

将仕郎守耀州云阳县令苏晦篆盖

熙宁中，予仲妹及笄，而友人范巽之谓予曰："为君家择婿，莫如程氏子善。其为人孝悌端悫，可妻也。"先子许之，姻期未卜，而先子去世。后君既娶，女未庙见而君遘疾。伯兄权、仲兄极，友爱素笃，救疗无所不至。以元丰元年五月十日卒，享年二十有六。其年七月一日癸酉，葬于祖茔之次，以先娶王氏祔焉。前期，二兄属予曰："知我弟无如吾子，愿得子之文，以铭其墓。"予方哀之，其忍辞。君讳枢，字审言，其先宁州真宁人。曾祖讳元义，祖讳焕，皆不仕。父讳希道，终秘书丞。自其祖徙葬于长安城南凤栖原，故今著籍京兆之万年。君为人志意坦然，无所蔽匿。奉其亲能竭力，事其兄能尽恭，与人交一以信，下至仆夫野叟，遇之皆有恩意。用是人皆爱慕，多得其欢。性厚于亲族，虽贫，遇其乏绝者，必尽力赒恤。其处事审谛中理，与人谋必忠。呜呼！天姿至粹，使之久于其学，将亡愧于古之善人吉士者矣。不幸短命，重可哀也。铭曰：

樊川北，韦曲东。祖之域，厝尔躬。悲何寓，白杨风。

刊者李仲甫、武德诚

李邦直墓志

宋元丰四年（1081）。志盖尺寸相同，均为正方形，边长 0.58 米。盖文楷书 3 行，满行 3 字，题"宋故奉职李君墓志铭"。志文楷书 27 行，满行 26 字，题"宋故三班奉职李君墓志铭并序"。李处讷撰，吕义山书，李寿永刊。1987 年出土于西安市户县天桥乡，现藏西安市鄠邑区文物管理委员会。《户县碑刻》、《新中国出土墓志·陕西》（叁）著录。

志主，字子彦，卒于元丰四年（1081），卒时三十五岁，则其生年当在庆历七年（1047）。

志称"曾大父而下三世，已具载于父内园志文，此不复悉书。君即内园之长子"，"内园"即李邦直父亲李宗师，其墓志已出土，题"宋故内园使上骑都尉平原县开国伯食邑九百户李公墓志铭并序"。《李宗师墓志》于其先世叙述较为详细。李邦直早年习儒学，试进士科，但未能及第。之后"习兵略，肄弓马"，以父任得补三班奉职，并参加武科考试，中上第，授监西染院门之职。

绍圣三年（1096），李邦直与父亲李宗师、母亲雍氏迁葬于鄠县太平乡仁和里。

撰文者李处讷，李周之子，宋哲宗时任左宣德郎、知户县事，此志署"奉议郎、知京兆府鄠县事兼兵马都监"，为政和二年（1112）《阎噩墓志》题盖时署"朝奉大夫、通判原州军州管勾学事"。书者吕义山，为吕大钧与夫人马氏之子，署"解州防御推官、知京兆府武功县事兼管勾兵马司公事"。

〔志文〕

宋故三班奉职李君墓志铭并序

奉议郎知京兆府鄠县事兼兵马都监李处讷撰

解州防御推官知京兆府武功县事兼管勾兵马司公事吕义山书

君讳邦直，字子彦，其先冯翊人。自大父博士监凤翔府太平宫，见南山林泉之胜，喜而爱之，因家于长安之鄠县，遂为雍人。曾大父而下三世，已具载于父内园志文，此不复悉书。君即内园之长子也。少而慷慨有气节，其形貌亦颀然壮伟。内察其志趣，外视其形质，表里实相称也。蚤岁，父训以义方，使读书就学，师不劳而业不惰，方册间且浸浸有得矣。年逾冠，以进士试于有司，不中，叹曰："丈夫遇盛时，不当块然无用于世，然则谋身不可缓也。"于是又习兵略，肆弓马，欲与其父立殊功于边徼。学之数年，艺益精，方俟施用。遇天子南郊恩霈，以父任得补三班奉职。明年，武学较试，中上第，监西染院门，高阳关路大帅王克臣欲辟任沿边堡寨，时内园君为河东安抚，以地里相距辽邈，恐贻亲忧，遂恳辞不就。元丰四年四月十五日以疾终，享年三十五。娶作坊使张继愿之女。君自幼笃于孝友。内园君被命驻兵安南，尝染瘴疠。君侍于侧，昼忘餐，夜忘寐。每进药剂，必先尝之。内园君或累日不食，君亦同之。暨疾瘳，君则复故。其孝行类如此。内园君尝副种公谔为鄜延路将领，随父深入虏地，讨击招纳，折馘甚多，而归顺者众，君盖与有力也。及大兵围啰兀逾旬，人心危骇，而兵卒以退，城卒以固，策略又有助焉。惜乎！寿不克永，未及强仕，而奄忽逝矣。呜呼！天之报施，何如哉？以绍圣三年七月十日丁酉，葬于太平乡仁和里。铭曰：

气勇而雄，蚤慕立名而立功。习兵略而挽强弓，期灭虏而平戎。斯以孝而移忠，志则甚大。才未施而身已殒，天人胡为不相逮？奄忽逝兮寿未艾，衔恨九泉兮千古犹在。

李寿永刊

温若愚墓志

宋元丰五年（1082）。志长 0.40 米，宽 0.30 米。志文楷书 5 行，行 10～12 字。志中部题"河南温氏中殇子若愚墓"。出土时间、地点不详，2009 年入藏陕西历史博物馆。《风引薤歌：陕西历史博物馆藏墓志萃编》著录。

志主温若愚系温旦之子，生于治平三年（1066），卒于元丰五年（1082），卒时十七岁，元祐五年（1090）葬。此志出土信息缺失，志文未载葬地。

〔志文〕

河南温氏中殇子若愚墓

旦之子，治平丙午十一月二十六日生。

元丰壬戌［戌］正月二十六日亡。

元祐庚午十一月十二日葬。

宗延英墓志

宋元丰五年（1082）。志长0.69米，宽0.58米，厚0.12米。额隶书1行，题"宗君墓志铭"。志文楷书24行，满行26字，题"宋故府州宗府君墓志铭并序"。王慎修撰，苏霖篆额。早年出土于榆林市府谷县高石崖镇，现藏府谷县文物局。《榆林碑石》、《新中国出土墓志·陕西》（壹）著录。

志主宗延英，字遵贤，府谷人，卒于元丰五年（1082），卒时八十一岁，则其生年当在咸平五年（1002）。

宗延英曾祖宗行德曾为府州威远第一指挥使，祖父宗汉杰未仕，父亲宗重矩占籍军马司孔目官，其家族于北宋建隆初年由洛阳迁居府谷。志称宗延英"有马癖，尤善别良驽"，可能与其出身于武将家庭有关。宗延英并未担任官职，但因其精于鉴别马匹，故郡官命其负责宋与西夏的边境商贸。

撰文者王慎修、书者安后、篆额者苏霖均署"乡贡进士"，刻者景福，四者均未见正史记载。

〔志文〕

宋故府州宗府君墓志铭并序

乡贡进士王慎修撰

乡贡进士安后书

乡贡进士苏霖篆额

徇利而忘义者，人之常情。或能治产而不私诸己，处俗而语多及善，亦君子之徒欤。宗君实得之矣。君讳延英，字遵贤，其先本洛阳人。曾祖讳行德，严毅有武力，建隆初，为府州威远第一指挥使，因家焉，今遂为府谷人。祖汉杰，力农不仕。父讳重矩，和谨公直，精于吏事，占籍军马司孔目官。君自幼性介然，少与群儿戏。既长，衣食七百余指，伏腊之供，上下均一。闺门雍睦，闾里称之。常诫子弟曰："富贵贫贱本天也，而由人乎哉？但出孝入悌，勤事耕稼，温饱当足尔，慎勿他求。"遇暇多游州庠乡校间，勉励青衿，若父师之教。君有马癖，尤善别良驽。虽伯乐在前，必从其说矣。向因夏国纳款，始议和市通商。郡官委君往定博买协中之式，西人咸听约束，无敢增损其价。后屡载缯帛茶货，市贺兰之牛、紫河之马，岁且千数，利或倍蓰，未常[尝]与群小计锥刀之末。每听逢掖谈古今治乱，神竦意悦，终日忘倦。倘使夙习吾道，取青紫易于拾芥，孰量其远到哉。元丰五年四月十有二日，疾终于家，得寿八十一。以五月十六日葬于州北谷家里北平侧，从吉卜也。君娶马氏、李氏、赵氏，皆祔焉。三男：曰文中，早夭；曰文千，醇厚温谦，以有易无，肯堂者也；曰文蔚，今更名度。三女：长归里民张安，次适客将陶英，次嫁故殿直男姚明。五孙男，方佩觽就训。三孙女，尚稚。度即李氏所生，业进士，三随丰州贡版。泣告余曰，生无禄以逮亲，没不能美其所为，岂人子耶？愿得铭于石，故直书其辞云：

利也取之而不污，语也惟善则及诸。刻斯铭于坚石，知君子之墓欤。

镌者景福

吕大雅妻贾氏墓志

宋元丰五年（1082）。盖近正方形，边长 0.62 米。志近正方形，边长 0.61 米。盖文篆书 2 行，满行 2 字，题"贾夫人志"。志文楷书 31 行，满行 31 字，题"宋故贾夫人墓志铭并序"。吕景山撰，吕至山书并篆盖。2008 年出土于西安市蓝田县三里镇，现藏陕西省考古研究院。《陕西省考古研究院新入藏墓志》著录。

志主贾氏系吕大雅之妻，卒于元丰五年（1082），卒时三十二岁，则其生年当在皇祐三年（1051）。

贾氏本为开封尉氏县人，其四世祖贾伯祥在太平兴国年间曾任郏城县令，遂迁居郏城。其曾祖贾先、祖父贾永和、父亲贾世济，均未入仕。据吕大雅父吕英墓志记载，吕英曾在汝为官，买田定居。吕大雅娶贾氏，当与吕氏与贾氏两家在汝州郏城的往来经历有关。志载贾氏有五子：长子吕仲山、次子吕孝山，余皆早卒。又云"叔父秘书省正字讳大临之嗣未立，主簿君以其子孝山为正字君后，正字君易孝山曰省山"，与《吕大雅墓志》"次省山，文林郎、行定边军判官。以省山为从兄大临之后"记载吻合。

撰文者吕景山、篆盖者吕至山，均为吕蕡之孙。

〔志文〕

宋故贾夫人墓志铭并序

右宣义郎句当在京寺务司武骑尉吕景山撰

元丰五年十一月庚辰，从叔陈州南顿县主簿大雅之夫人贾氏卒。后十一载,是为元祐八年正月辛丑,伯祖母永寿县太君以寿考终。是年十一月甲申,举夫人之丧,从祔于京兆府蓝田县太尉原之先茔,永寿君之兆。主簿君以其子仲山之状示景山,使铭夫人之墓。景山不敢辞,谨按:

夫人其先开封尉氏人也。兴国中,四世祖伯祥为汝之郏城令,没于官,因徙家焉。曾大父先、大父永和、父世济,皆读书晦处,不事进取,是故无闻于时。夫人警慧温淑,蚤失所怙,而兄弟皆夭。夫人事寡母,抚庶媦,曲尽孝友,母氏由此守义不再嫁。十有五岁而归主簿君。是时,永寿釐居,御家严整有法度。夫人言动谨在绳墨之内,左右就养,服勤妇事,能获姑之欢心。其没也,永寿念之不忘。初,夫人与庶媦俱在室,而其母鞠养之道盖有隆杀。夫人每以所有潜使分遗,必均而已。既归吕氏,又为庶媦择婿,纳之使奉母养,其睦姻廉约如此。先是,叔父秘书省正字讳大临之嗣未立,主簿君以其子孝山为正字君后,正字君易孝山曰省山。元祐八年正月癸未,正字君以省山年甫及冠,乃诹日具仪祗告祖考,命外姻册敦常、王康朝居宾赞行三加礼,字之曰子茂,抑欲省其躬而茂其德也。世父龙图公以郊祀恩任省山为郊社斋郎,成正字君之志也。四月庚午,不幸正字君捐馆,而省山实主后事焉。夫人享年三十有二,生子男五人:长仲山,举进士;次则孝山也;余皆蚤亡。女一人,未嫁。乌乎!夫人既多男子,而又能推有余以继宗族之嗣,贤于人远矣。重惟正字君畴昔,以是称夫人,且命景山记其事,乃泣而铭曰:

乌乎夫人,既慧且温。叔氏居约,来嫔我门。移母之敬,以事所尊。推媦之爱,室家欢欣。逮我叔仕,不幸蚤世。收也有子,又以命继。其继伊何,实秘书君。维我秘书,德大名闻。如虞鸿钟,如器纯玉。虽多令子,克肖不足。独有宗事,斯焉可托。元祐八载,岁在作噩。孟春之初,三加礼恪。锡名命字,茂德省恶。曾未逾时,秘书弃馆。远日有期,叔母亦空。祔于其姑,永寿君兆。它山之石,镵词以告。

云安军司理参军新差管句书写秦凤路经略安抚都总管司机宜文字吕至山书并篆盖

吕大忠子汴墓志

宋元丰六年（1083）。砖志，近正方形，边长 0.32 米。志文楷书 5 行，满行 9 字，题"汲郡吕氏殇子汴之墓"。2009 年出土于西安市蓝田县三里镇，现藏陕西省考古研究院。《陕西省考古研究院新入藏墓志》著录。

志主吕汴系吕大忠之子。据《宋史》记载，吕大忠在元丰年间任河北转运判官之职，志云吕汴两岁时卒于大名府，史书与墓志记载可互证。

〔志文〕

汲郡吕氏殇子汴之墓

大忠之子，生二岁，夭于大名府。元丰癸亥十月癸酉，祔葬于显祖谏议府君之兆。

李宗师墓志

宋元丰七年（1084）。盖长 0.87 米，宽 0.85 米。志长 0.84 米，宽 0.82 米。盖文篆书 3 行，满行 3 字，题"宋故内园使李公墓铭"。志文楷书 39 行，满行 38 字，题"宋故内园使上骑都尉平原县开国伯食邑九百户李公墓志铭并序"。李周撰，刘随书并篆盖。1987 年出土于西安市户县天桥乡，现藏西安市鄠邑区文物管理委员会。《户县碑刻》、《新中国出土墓志·陕西》（叁）著录。

志主李宗师，字希先，卒于元丰七年（1084），卒时六十四岁。则其生年当在天禧五年（1021）。

李宗师曾祖李吉赠太常少卿；祖父李行简为给事中，赠礼部尚书；父亲李贶为国子博士、监凤翔府太平宫，赠中大夫。李氏本为冯翊人，因李贶监凤翔府太平宫事，故迁居鄠县。李宗师以父荫补为太庙斋郎，先后任凤州两当主簿，调丹州司户参军，历京兆府醴泉尉，移坊州宜君县令、耀州美原县令，改大理丞、知延州敷政县事，改太子中舍，授供备库副使、延州东路同都巡检使、兼安定堡寨主。熙宁三年（1070），知绥德城。志文涉及韩绛、种谔等领兵与西夏交战之事，志主李宗师长期参与宋与西夏之战，多有功勋，故志称"君在延安，贼犯境者一十九次……幕府上功，君居多焉"。李宗师有二子五女。长子李邦直为三班奉职，其墓志已出土；次子李钦臣为权坊州军事推官。

绍圣三年（1096），李宗师、夫人雍氏、子李邦直一同迁葬于鄠县太平乡仁和里。

撰文者李周，字纯之，《宋史》卷三四四有传。《吕大忠妻姚氏墓志》

署"著作佐郎知凤州河池县事",此志署"朝请大夫、充集贤殿修撰、提举西京崇福宫、上柱国、华亭县开国男"。书者刘随,字仲豫,开封考城人,曾任永康军判官、大理寺丞、太常博士、尚书刑部员外郎、三司盐铁副使、工部郎中、天章阁待制等。[①] 刻者姚文之名亦见于其他墓志,武宗古或为武宗道同辈兄弟。

〔志文〕

宋故内园使上骑都尉平原县开国伯食邑九百户李公墓志铭并序

朝请大夫充集贤殿修撰提举西京崇福宫上柱国华亭县开国男食邑三百户赐紫金鱼袋李周撰

左朝请郎前知合州军州兼管内劝农事护军赐绯鱼袋借紫刘随书并篆盖

君讳宗师,字希先,世为冯翊人。父博士监凤翔府太平宫,爱终南林泉之胜,遂家于有鄠。曾大父吉,赠太常少卿。太父行简,给事中,赠礼部尚书。父贶,国子博士,赠中大夫。君以博士致政,恩受太庙斋郎,主凤州两当簿。以父忧去官,服除,调丹州司户参军,历京兆府醴泉尉。考满,移坊州宜君令。丁母忧,终丧,再授耀州美原令。时有制均田税,命司勋薛公向总其事。公知人善任,使以谓:"方田均税,治民之本。苟非其人,民益受弊。"乃选君均蒲之龙门,又均本县税,民号平允。遂复命指教蒲、陕、耀三郡田税,公私赖之。用荐者,改大理丞,知延州敷政县事。神宗即位,覃恩改太子中舍,赐五品服。君沉毅有谋,志在立功名于世。宣徽使郭公逵雅知君,乃荐诸朝。熙宁二年,换授供备库副使、延州东路同都巡检使、兼安定堡寨主。明年,移知绥德城。丞相韩公绛宣抚河东、陕西两路,命君副鄜延路将领,与种公谔同进兵讨夏贼,俘获甚众,又破贼众于马护川。及招纳降附,筑啰兀城,以功进官二等,授文思副使,且俾提举本城兵马。贼以十万众围之,城中兵止三千。君曰:"彼众我寡,强弱异势。彼若知我虚实,

---

[①] 参见(元)脱脱等《宋史》卷二九七,第9888~9889页。

则必乘我矣。"于是设奇计，张虚声，开门延敌。贼果疑而不敢逼。围既久，士卒震恐。君虑士气不振，难与共守，乃亲劳吏卒，抚之曰："国家育汝等，正为今日。若不同心固守，一旦城坏，则首领不保。苟能自奋，则富贵可取。"众皆感激自厉，士气益振。虏知城不可拔，因请和。忽有暴风自南来，尘埃蔽天。虏疑有援兵至，引众遁去。时同筑者七城，皆不能守，独啰兀赖君以完。君在延安，贼犯境者一十九次。君每将兵锋，追奔出塞，骑卒无伤。幕府上功，君居多焉。迁左藏库副使。时初置河朔诸将，修备讲武。凡军之政令，一出宸衷。故选用极艰。朝廷知君忠勇可用，遂除河北弟［第］三十五将。居二年，改西染院使，移京东第五将，寻知顺安军。未几，差同管勾河东沿边安抚司公事。凡除此职，必枢府弟［第］其劳绩，上名于天子。天子亲加审择，然后授之。每季以便宜入奏。神宗聪明睿智，动察事机。每臣下进见，虽宿学耆儒，或失所对，君凡十登文陛，条对利害，从容详整，神宗每加慰谕。秩满，再任转内园使，方委以西北事。元丰七年四月九日，以疾终于代之官舍，享年六十四。君资识明悟，喜读书。幼以孝行闻于乡党。及筮仕，志在抑强抚弱。故所至，誉望蔚然当涂，名公由此知君。为人落落有气节，慨然慕古人之功名。尝曰："人患不能以勇果致忠义尔。诚能以此自任，功名不难就也。"推此，则君之志趣可知已。与人交，未尝不倾写诚腑，笃于故旧。久而敬之，故人人皆得其欢心。当啰兀之被围也，贼执所得汉兵一人至城下，使以言诱降吾兵。其人复语城中曰："天子仁圣，不可负。坚守则莫能破矣。"贼怒，挥刃于口，杀之。君具白于上，谓："死而不忘忠义，君子之所难，而匹夫能之，不重褒赏，何以劝忠？"朝廷由是追赠死者，而官其子孙。此益见君忠义之心也。娶雍氏，先君而亡。子二人，曰邦直，三班奉职，早卒；曰钦臣，新授权坊州军事推官。女五人，长适侍禁康锡，次适进士程权，次适殿直高昱，二人尚幼。孙二人，曰绍彭，曰绍先。绍圣三年卜宅于太平乡仁和里。是年七月十日丁酉，归葬于新茔，以夫人蓬莱县君雍氏祔。既谏日，其子钦臣请铭于予。予冯翊人也，其族系既与君同，而所居之里又同，故自尚书中大夫以及内园君之行实，皆得其详，义不可辞。铭曰：

巍巍尚书，实大吾宗。有伟其孙，克绍厥风。文不我试，武思奋庸。见危授命，謇謇匪躬。孤城抗虏，忠义是崇。天陛对扬，谋议从容。用不究材，爵不及封。广也数奇，士夫所恫。终南之下，黑水之东。佳城郁郁，永宁其宫。

姚文、武宗古镌

成法师塔志铭

宋元丰七年（1084）。圆首。高1.26米，宽0.54米。碑额楷书3行，满行2字，题"成法师塔志铭"。志文楷书22行，满行40字，题"宋故南六井寿圣寺成法师塔志铭"。李珪撰，张绂题额，王辅书。出土时间、地点不详，现藏蒲城县博物馆。

志主成法师，俗姓卫，法名惠成，卒于元丰七年（1084），卒时六十八岁，则其生年当在天禧元年（1017）。

志文详细记载了惠成出家受戒经历。景祐五年（1038），其投河中府龙门县觉成寺观音院住僧文玉为师；皇祐元年（1049）中河中府试经合格，度为沙弥，次年得到祠部办法度牒；后四方云游，熙宁十年（1077）至华州蒲城县南六井寿圣寺，此后挂锡传法；元丰七年（1084）坐化于寿圣寺。

大观三年（1109），寿圣寺住持奉才为成法师立塔刻铭。

撰文者李珪，署"泾州录事参军"；题额者张绂，署"敕赐忻州参军"；书者王辅、校定者朱端敏，未见正史记载。

〔志文〕

宋故南六井寿圣寺成法师塔志铭

泾州录事参军李珪撰

敕赐忻州参军张绂题额

进士王辅书

师姓卫氏，法名惠成，河中府龙门县沃壤乡，俗中居也。幼丧其父，介然自立，知火宅之非安，顾空门而有□。母亲王氏，不违所愿，许以出家，遂于景祐五年三月中，投当县觉成寺观音院住僧文玉为师。自为□□，精进所业，众莫能及。至皇祐元年三月中，本府试经合格，降到祠部，度为沙弥。至二年四月中，□元寺□坛受具，给到戒牒。至熙宁十年六月中，行游至华州蒲城县南六井寿圣寺。一方之人，景慕戒行。泽被法教，斋心协意，愿得住持师随所缘，乐于传化，遂受县牒，挂锡兹寺。其为人也，禀性纯质，与人寡合。□教勤奉，礼念无□，如来妙旨，靡不精道。演说百法，尤为得趣。后度弟子二人：长曰奉琏，次曰奉才。皆善继其志，善述其事。至元丰七年四月中，师以病卧于方丈，经旬弗瘳，召门弟子曰："吾数今将尽矣，汝等当为吾勤苦传授法教，□□中辍。"谓门徒曰："而今而后，精心专志，坚守其戒，非策勤三业，无由得脱苦□。吾自卧病，虽终日一斋，未敢□坠。况有大于此者。"言毕，至中旬，凡数日不食。复召奉琏曰："为吾取水以净其□。"于是回面西北，念《弥勒上生经》至"一一思惟兜率陀天"，气渐微小，默诵不止，须臾化去。噫！师平日求生知足，既病将死，在众人则昏乱不能自持，师犹不变所守，此诚精不丧而灵不失也。享年六十八，卜是月二十三日，火葬于寺之西北隅。僧俗千有余人，愈近愈馨，皆不闻其臭。火熄，于灰烬中得戒珠十余粒，鲜洁光润，皆非人世所曾见者。珪虽知之，然终未尝一识师面。如师美行，珪所乐闻。况奉琏、奉才孝心天成，大志克当，肯至求铭。珪难以拒，乃为铭曰：

资性质直，终今世身。行业精专，为来世因。养育天□，解脱迷津。师范后人，孰能比伦。

大观三年十一月初五日住持寿圣寺门人奉才立石

进士朱端敏详定

郭子彦墓志

宋元丰八年（1085）。志正方形，边长0.74米，厚0.17米。志文楷书34行，满行33字，题"宋故朝奉郎通判环州军州兼管内劝农事轻车都尉赐绯鱼袋郭府君墓志铭并序"。范纯仁撰，范百禄书，郭子皋篆盖。近年出土于西安市长安区郭杜镇，现藏西安碑林博物馆。《西安碑林博物馆新藏墓志续编》《宋代墓志辑释》著录。

志主郭子彦，字醇叟，卒于元丰八年（1085），卒时五十三岁，则其生年当在明道二年（1033）。

关于郭子彦生平、仕宦、家族成员和相关史实问题，李娜《北宋〈郭子彦墓志〉考略》、杨玮燕《宋郭子彦、郭子皋墓志再考》，以及刘永刚、田卫丽《北宋"郭子彦墓志"再考》已做讨论。[①]

撰文者范纯仁，字尧夫，《宋史》有传。曾任京西提点刑狱、京西陕西转运副使、同知枢密院事、尚书右仆射兼中书侍郎等，卒赠开府仪同三司，谥"忠宣"。[②] 书者范百禄，字子功，《宋史》有传。曾任提点江东利梓路刑狱、中书舍人、吏部郎中、刑部侍郎、吏部侍郎、龙图阁学士等，卒赠银青光禄大夫。[③] 篆盖郭子皋，为郭子彦之兄，《全宋文》所收有《朝奉郎郭

[①] 参见李娜《北宋〈郭子彦墓志〉考略》，《碑林集刊》第20辑，三秦出版社，2015；杨玮燕《宋郭子彦、郭子皋墓志再考》，《陕西历史博物馆馆刊》第22辑，西安：三秦出版社，2015；刘永刚、田卫丽《北宋"郭子彦墓志"再考》，《西夏学》第14辑，兰州：甘肃文化出版社，2017。

[②] 参见（元）脱脱等《宋史》卷三一四，第10281~10293页。

[③] 参见（元）脱脱等《宋史》卷三三七，第10790~10793页。

君（子皋）墓志铭》。①

〔志文〕

宋故朝奉郎通判环州军州兼管内劝农事轻车都尉赐绯鱼袋郭府君墓志铭并序

朝议大夫直龙图阁权发遣庆州军州事兼管内劝农使兼权发遣环庆路经略安抚使兼马步军都总管公事柱国赐紫金鱼袋范纯仁撰

朝散大夫中书舍人上护军赐紫金鱼袋范百禄书

兄承议郎知利州军州兼管内劝农事兼提举利州路兵马巡检公事轻车都尉赐绯鱼袋借紫郭子皋篆盖

元丰八年夏五月初三日，承议郎、通判环州事郭君得暴疾，卒于治所。时上嗣位之始，霈大恩，内外文武官第进一级。君例迁朝奉郎，诰下而已捐馆舍。越冬十月十二日，卜葬于京兆府长安县义阳乡永和坊之新茔。其子珣状君治行，请铭诸圹，以□不朽。君讳子彦，字醇叟，其先成都人。曾祖卓，不仕。祖仁渥，故赠尚书职方员外郎。父□，故任尚书工部郎中、梓州路水陆计度转运使，累赠至正议大夫。由正议占籍长安，君始居焉。君少以父荫试秘书省校书郎，调泸州泸川县尉。县有强盗杂獠以害民，君方年少气锐，设奇诱其党，尽擒之。迁山南西道节度推官，以举者改大理寺丞，知汾州西河县。熙宁三年西边用师，皇城使曹偓提兵进自河东，发诸邑义勇护粮以从。君所部比它特众，而统之有方，人咸畏信。比归，军食克济而无一夫之逃。用是选签书丹州事，改太子中舍，赐五品服。陕西都转运使皮公彀举君才，徙监庆州折博务，迁殿中丞。时朝廷急边储，募商贾纳钱塞下，给盐抄以偿之。君劝喻招致，积数十万缗，而帅不时给其直。君争之曰："今法才下，而首不以信示人，何以来四方之旅邪？"帅谢而从。未几，丁所

---

① 参见曾枣庄、刘琳主编《全宋文》第 49 册，上海：上海辞书出版社、合肥：安徽教育出版社，2006，第 561 页。

生母忧。服除，会朝廷新官制，换奉议郎、通判环州，转承议郎。夏贼寇兰、会，庆帅赵公禼命本路兵自环而入，以牵其势，委君董粮道。君期会应，卒输挽相继，不劳而集。帅表君之才于朝。环与贼对垒，彼常乘隙入寇，则掠我居人，残我资畜。旧有天涧城，依山以为险。君曰："羌之来，若践无人之境者，以其坦然亡阻也。城此，足以扼其冲矣。"因建议增筑费，不料民役，不逾月而居者恃以为固。时承军兴之后，费出甚广，吏因缘以为奸。转运使委君究其弊，获所陷缗数万，其莅事精敏皆此类也。君为人廉直，以富贵为有命，不阘然媚时，以求荣进。与之论世务，条析本末，慨然有欲为之志。而所不偶者，位与寿而已。君始生而其母去，及入仕，常以禄不及养为恨。熙宁中，知其所在，迎以归，封南阳县太君。甘旨之奉，弥尽子职，而人以君为纯孝。乡无厚产，而不校家之有无。一日启手足，囊无余资，郡僚相与出财，以归其丧，而人以君为廉吏。君享年五十三。娶雷氏，故尚书水部员外郎周式之女，封崇德县君，先君而亡。子男六人：珣、琳、珍，业进士；球、理，尚幼；玽，早卒。女二人：长适进士李养中，次适内殿崇班李昭弼。铭曰：

其行己也直，其莅官也廉。遇事有为，气锐而坚。胡啬所施，彼苍者天。呜呼！夭寿穷达兮，得之自然。适来适去兮，夫复何言。漕水北兮终南前，君之宅兮闳幽泉。

吕义山子麟墓志

宋元丰八年（1085）。志近正方形，边长 0.30 米。志文楷书 11 行，满行 10 字，无题。2009 年出土于西安市蓝田县三里镇，现藏陕西省考古研究院。《陕西省考古研究院新入藏墓志》著录。

志主吕麟系吕义山之子，元丰八年（1085）卒于长安，卒时十二岁，其生年当在熙宁七年（1074）。《吕蕡墓志》载其孙男为：景山、义山、道山、至山四人，吕义山为吕大钧与夫人马氏之子。另，绍圣三年（1096）《李邦直墓志》书者题"解州防御推官、知京兆府武功县事兼管勾兵马司公事吕义山"，可略见吕义山之仕途经历。

志文提及之"外姻太原王谠"，字正甫，曾任国子监丞、少府监丞等职，娶吕大防之女，著有《唐语林》十一卷。[1]

〔志文〕

汲郡吕氏中殇子麟者，义山之子也。幼而孝谨聪惠，不烦师诲，自勤于学。内外亲族，皆冀其有成。生十有二岁，以疾夭于长安，实元丰乙丑十月乙酉也。越十有三日丁酉，归祔于蓝田王父宣义郎府君之兆。外姻太原王谠伤麟之不幸，为之铭曰：

孰赋其秀，孰啬其寿。天乎人乎，无所归咎。

---

[1] 参见（元）脱脱等《宋史》卷二〇六，第 5229 页。

杨遇墓志

宋元祐元年（1086）。志砖长0.31米，宽0.29米。顶侧楷书"淳化县"3字。志文楷书8行，满行字数不等。1985年出土于咸阳市淳化县车坞乡南胡同村，现藏淳化县博物馆。《文博》1993年第1期著录。[1]

志主杨遇，卒于元祐元年（1086），卒时八十六岁，则其生年当在咸平四年（1001）。

杨遇身份为平民。志文内容有对活砖匠、作木人、漆作人、穿墓人等不同类型匠人之记载，对于了解、研究宋代丧葬习俗有一定的参考价值。志文有"本县西车坞村"之记载，而墓志出土地即今陕西省咸阳市淳化县车坞乡，可见其名称至少自北宋时期已出现。

〔志文〕

元祐元年四月十一日，本县西车坞村杨遇年八十六岁身亡，至元祐四年十一月六日葬。见在长男杨进、孙杨审共三十六口。为活砖匠人三原县王用，作木人本县永建村范吉□，漆作人三水县万立，穿墓人李元、巳远、富之。

---

[1] 姚生民：《淳化县出土北宋砖刻墓志》，《文博》1993年第1期。

郭遘墓志

宋元祐四年（1089）。盖佚，仅存志石。志正方形，边长0.65米。志文楷书31行，满行30字，题"宋故内殿崇班新差西京皇城司巡检上骑都尉郭公墓志铭并序"。贾蕃撰，葛世延书，王汴篆盖。1987年出土于西安市雁塔区曲江池附近，现藏西安市文物保护考古研究院。《新中国出土墓志·陕西》（叁）著录。

志主郭遘，字通叔，卒于元祐四年（1089），卒年五十九岁，则其生年当在天圣九年（1031）。

郭遘曾祖郭弼未仕；祖父郭兴从军戍守灵武，赠左司御率府率；父亲郭恩长期从事黄河、汴河治理。因郭恩治水之功，郭遘得以荫补三班借职，累迁西头供奉官。后以功迁内殿崇班，历许州许田知县、庆州酒税、环州团堡寨兵马监押、庆州管界巡检、环州定边寨兵马监押、平远寨主、德顺军水洛城兵马都监等。关于郭遘生平、仕宦、家族成员和"庆州兵变"等相关史实问题，吕卓民《〈北宋郭遘墓志〉与史料价值》、任艾青《宋夏关系的折射：北宋荔原堡兵变——以〈郭遘墓志〉为中心》以及马立群、孔德翊《〈郭遘墓志〉所见元丰年间宋夏战争相关事情》已做讨论。[①]

撰文者贾蕃，署"朝议大夫"；书者葛世延，署"供备库副使"；篆盖者王汴，署"内殿崇班"，三者未见正史记载。

[①] 参见吕卓民《〈北宋郭遘墓志〉与史料价值》，《文博》1990年第2期；任艾青《宋夏关系的折射：北宋荔原堡兵变——以〈郭遘墓志〉为中心》，《宁夏师范学院学报》2015年第5期；马立群、孔德翊《〈郭遘墓志〉所见元丰年间宋夏战争相关事情》，《兰台世界》2016年第8期。

〔志文〕

宋故内殿崇班新差西京皇城司巡检上骑都尉郭公墓志铭并序

朝议大夫致仕贾蕃撰

供备库副使葛世延书

内殿崇班王汴篆盖

君讳遵，字通叔。自唐汾阳王后至曾大父曰粥，涉五季兵乱，养德避世于卫之共城。大父兴，太宗选以戍灵武。有劳以死，赠左司御率府率。父恩，自始仕，终始河上，未五十，感湿痹疾，还政而卒。仁宗皇帝尝谓侍臣曰："黄、汴得郭恩，足无忧矣。"君即第三子，以荫补三班借职，累迁西头供奉官。再以功迁内殿崇班，历许州许田县、庆州酒税、环州团堡寨兵马监押、庆州管界巡检、环州定边寨兵马监押、平远寨主、德顺军水洛城兵马都监，坐累去官。会朝廷取灵武，以君护环庆经略司辎重。主帅失律，例夺四官。越四年，以恩叙复。又三年，授西京皇城司巡检。未行，以疾终，享年五十九。夫人仁寿县君葛氏，追封仙居县君，先君十年卒。三男子：曰棐，始八岁；曰采，七岁；曰槃，六岁。四女子：长适太庙斋郎马昌言，次适三班差使朱君维，次未嫁，次适进士田弁。君为人材敏温廉，沉厚恬如也。与人交，必以情。人犯之，怡然不与校。善谈论笑谑，优游不伤。故人人与君欢。历官知己殁二十人，皆当世名公巨人。则所居，盖称职矣。恨君子幼，不能知平生行事之一二。独马氏之孤，使人来言曰："君巡检庆州日，荔原堡戍卒愤忮主吏，谋援羌人入堡以叛，有期矣。"经略使王公举元闻以访君，君曰："缓之则杀伤祸大，急之则可伐谋以平也。"王公深然之，即曰："非君行不可。"乃使更领千余骑往行，适与羌兵遇，急击之，羌兵奔败，而卒谋亦不得发，全活者众。王公益喜君，为有才，连荐诸朝。又禁军逃，法当死。能捕逃，法有赏。君遇被捕者，度无大过，推己俸以予捕者，而解逃者缚。敦谕告诫，使复于伍，得不死者盖十数人。呜呼！昔丙吉有阴德而病且笃，夏侯胜曰："有阴德者，必飨其乐，以及子孙。吉未获报，虽病，必不死。"吉果不死，以至封侯。君今所活多，亦可谓有德者。

一斤几十年，方复而暴疾以去。家空位卑，子幼妾弱，几不能敛藏君之遗体。且既不赢于其身矣，谓必有后，又可信然耶。君元祐四年五月十四日卒，其年八月二十三日，君之婿马君、田君，举葬君于京兆府万年县龙首乡芙蓉原先将军之封左，夫人葛氏祔焉。马君既葬君，又将经纪其家事，庶诸孤与有立焉。铭曰：

德必有报，报不及躬。积久发迟，子孙其封。芙蓉先原，兆宅斯邃。既安既固，以利后嗣。

宋寿昌妻张氏墓志

宋元祐四年（1089）。志盖尺寸相同，均为正方形，边长0.83米。盖文篆书4行，满行4字，题"宋故宋府君夫人清河县君张氏墓志铭"。志文楷书31行，满行30字，题"宋故清河县君张氏夫人墓志铭有序"。吕大临撰，游师雄书，仇伯玉篆盖。早年出土，时间、地点不详，现藏西安市文物保护考古研究院。《新中国出土墓志·陕西》（叁）著录。

志主张氏，张载之姐、宋寿昌之妻。张氏祖父张复曾任给事中、集贤院学士，赠司空；父亲张迪曾任殿中丞、涪州知事，赠尚书都官郎中。《宋寿昌墓志》《宋寿昌妻师氏墓志》均已出土。

宋寿昌先娶师氏，师氏卒后，继娶张氏。张氏得封清河县君，其育有二子，即志文提及之宋翊、宋京。张氏墓志称"元祐四年十有二月戊戌，夫人以疾卒于家"，又云"虞部君卒，嫠居者又二十有七年。享年八十，卒以寿终"，由此可知张氏生年当在大中祥符三年（1010）。

撰文者吕大临为张载弟子，故志文云："昔者闻诸横渠先生曰：'吾伯姊以贤行闻。'其所以为贤人，或未之知也。大临既学于先生之门，继又受室于张氏，得以外姻见。"书者游师雄，《宋史》卷三三二有传，其墓志亦已出土。篆盖者仇伯玉，曾任权同管勾陕西等路茶马事，兼提举买马、权陕西制置解盐使等，《续资治通鉴长编》《宋会要辑稿》等有零星记载。

〔志文〕

宋故清河县君张氏夫人墓志铭有序

左宣德郎宗正寺主簿汲郡吕大临撰

奉议郎权陕府西路转运判官赐绯鱼袋游师雄书

朝散郎权同管勾成都府利州陕西等路茶事兼权提举陕西等路买马公事上轻车都尉赐绯鱼袋仇伯玉篆盖

昔者闻诸横渠先生曰："吾伯姊以贤行闻"。其所以为贤人，或未之知也。大临既学于先生之门，继又受室于张氏，得以外姻见，且稽于族人之言，而后信之。元祐四年十有二月戊戌，夫人以疾卒于家。其孤卜以明年三月壬申之吉，祔于其先人之宅。遣使走京师，求予诔其行。予考夫人之遗德，其遇人，无戚疏，无恩怨，一主于爱。有不得所，怃然伤之。或对按〔案〕忘食，达旦不瞑，皆出于诚，非有要誉内交之心存乎其中也。接人必信，人我欺不责也；待人以厚，人我薄不恨也。内恕恻怛，犯而不校。闻人之过，绝口不道。力可及人，不知有余不足为可计。虽古之笃厚长者之风，夫人亦可以无憾矣。呜呼！予之于斯诔也，其无愧乎！夫人之先，开封人，给事中集贤院学士复之孙。少从其父殿中丞迪徙家长安，遂适同郡尚书虞部员外郎宋君寿昌。生子翃、京，以夫贵封清河县君。后二十有六年，虞部君卒。嫠居者又二十有七年。享年八十，卒以寿终。执其丧者，有二子、六孙、三曾孙焉。夫人孝友出于其性，已嫁不衰。逮事少姑，视其颜色之悦戚，拳拳致养，唯恐失之。春秋奉其祭祀，盥馈赞奠，极其敬而后慊。奉其夫子有礼，接其族人有恩。虞部君初娶师氏，有子六七人，夫人一抚之以慈，人莫知其继也。夫人尝有疾甚，梦师氏为厉。或欲命巫者祓除之，夫人曰："师氏，吾君子之元妃也。今欲祓之，使不得食于宋氏之祧，吾不仁也，吾无礼也。死生有命，以是求免，吾弗为也。"疾亦寻愈。喜诵浮屠氏之书，乐玩其说，为可以惩忿窒欲，有平均广大之意，非徼福于斯教也。不喜杀生物，虽蜂虿之毒，亦莫之伤，出于诚爱，非有望乎其报也。虞部君尝仕为狱官、县令，所以夙夜儆戒，惟恐刑一不辜，以为终身病也。有贩夫贩妇鬻物于门者，随所索而售之，不复评其直之高下。或告之以不可信，夫人曰：彼待是之赢［赢］以活其家，吾忍以锥刀之末与若人计哉。平居，终日衎衎，未尝见其喜愠之色。循循法度内，终老而莫之违。待妇子，御仆妾，恩意有等，虽及教戒，不继之以怒。其侍人有怀其德，老身服事而不忍去者。洞知人情之曲折，与内外族姻无间言，人人皆得其欢心。没之日，吊者在位皆哭之哀。呜呼，贤乎哉！岂独无愧于诔乎。书之信史，传之后世，殆将与古之列女并立而无愧者乎。铭曰：

孰劝而怀，孰迫而哀。非德之孚，其有是哉。

安觌妻胡氏墓志

宋元祐五年（1090）。志正方形，边长0.53米。志文楷书13行，满行13字。近年出土于西安市长安区郭杜镇。《宋代墓志辑释》著录。

志主胡氏系安觌之妻，长安人，卒于元祐五年（1090），卒时五十岁，则其生年当在庆历元年（1041）。

胡氏曾祖胡仪为工部尚书，祖父胡远为比部郎中，父亲胡允文为朝散郎。治平二年（1065），胡氏二十五岁时嫁于安觌，育有一儿一女。

据胡氏墓志，其丈夫名讳为"安觌"，《宋代墓志辑释》释作"安觐"，著录此志标题作"安觐妻胡氏墓志"。[1]

胡氏墓志载胡氏为"朝散郎允文之女"，其子为安寿之，胡氏卒后葬于京兆府长安县义阳乡第五里；而据《宋代墓志辑释》所收另一方《宋故安君（觌）墓志》："君娶朝请郎胡允文女。长男寿之，母晁氏。次曰祐之，先君亡。长女适忠翊郎刘质，次适进士张俊。孙男镇，孙女三人，皆幼。以是年八月二十七日葬于京兆府长安县义阳乡贵胄里。"[2] 两志结合可知，安觌当为此志主胡氏的丈夫。胡氏墓志所刻"安觐"当为"安觌"，或因形近而误。《宋代墓志辑释》将"觌"释为"觐"有误，当以《安觌墓志》为是。

---

[1] 郭茂育、刘继保编著《宋代墓志辑释》，郑州：中州古籍出版社，2016，第322~323页。
[2] 郭茂育、刘继保编著《宋代墓志辑释》，第498~499页。

〔志文〕

夫人胡氏，长安人也，工部尚书令仪之曾孙，比部郎中远之孙，朝散郎允文之女。生二十五年，适长安安觌［觍］。安，关中著姓，晋晋昌军节度使幽公彦威之后。夫人天性纯和，事姑孝，奉夫顺，御婢妾有恩。朝散之丧，夫人扶疾躬办丧事，纤悉如式。懿德淑行，宗族敬之。不幸寝疾，以元祐五年五月二十一日卒，享年五十。男女各一人，男曰寿之。卜以是年九月十一日葬于京兆府长安县义阳乡第五里先茔之次。谨叙夫人世次，刻石而纳诸圹。

王夫人墓志

宋元祐五年（1090）。志长 0.47 米，宽 0.31 米。额横刻楷书 1 行 5 字，题"王夫人墓铭"。志文楷书 13 行，满行 16 字，题"宋故夫人清源王氏墓铭"。姚彦刊。早年出土于西安市长安区，现藏西安市长安区博物馆。《长安碑刻》著录。

志主王氏，卒于元祐五年（1090），卒时二十七岁，则其生年当在治平元年（1064）。

志载王氏为"宣德郎知耀州富平县事长民之女，将仕郎张君讳裕之妇，三班奉职泽之妻，进士辉之母"，王长民、张裕、张辉三人具体情况未详。王氏卒后，于崇宁五年（1106）与其夫张裕合葬于京兆府万年县洪固乡凤栖原。

刻者姚彦，《吕景山女吕嫣墓志》亦出自其手。

〔志文〕

宋故夫人清源王氏墓铭

夫人，淄州邹平人也，宣德郎知耀州富平县事长民之女，将仕郎张君讳裕之妇，三班奉职泽之妻，进士辉之母。十七而嫁，二十七而卒，实元祐五年五月二十九日也。夫人为女而孝，为妇而正，为妻而顺，为母而慈，皆可誉叹，莫能间毁。宜乎允膺福寿，禀命不淑，遂夭于此，良可惜也。殁后十有三年，崇宁丙戌四月癸酉，葬于京兆府万年县洪固乡凤栖原将仕之茔。雁门解园铭之曰：

为女为妇,既孝且勤。为妻为母,既顺且仁。寿奚不永,天奚可询。冈铭幽壤,何千万春。

姚彦刊

韩介卿墓志

宋元祐六年（1091）。志盖尺寸相同，均为正方形，边长0.74米。盖文楷书3行，满行4字，题"宋故登州防御推官韩君墓铭"。志文楷书29行，满行29字，题"宋故登州防御推官知晋州冀氏县事昌黎韩君墓志铭"。左先之撰，陈正辅书，孙求题盖。1955年出土于西安市灞桥区高楼村，现藏西安碑林博物馆。《新中国出土墓志·陕西》（贰）、《宋代墓志辑释》著录。

志主韩介卿，字持正，卒于元祐六年（1091），卒时三十一岁，则其生年当在嘉祐六年（1061）。

韩介卿之父韩应墓志亦已出土，关于其家族世系叙述基本一致。韩介卿进士及第后，曾任阆州司法参军、登州防御推官、晋州冀氏知县，未及补缺而卒。结合韩介卿父子墓志，可梳理出"韩贯之—韩义方—韩奉先—韩应—韩介卿—韩公才"之世系。韩介卿之子韩公才墓志亦已出土。

撰文者左先之，自称为韩介卿之外族，当与韩介卿父亲三位夫人中的华容县太君左氏有关。书者陈正辅、题盖者孙求，未见正史记载。

〔志文〕

宋故登州防御推官知晋州冀氏县事昌黎韩君墓志铭

齐郡左先之撰

安化陈正辅书

富春孙求题盖

君讳介卿，字持正，其先河南人。曾大父义方，累赠工部侍郎。大父奉先，赠光禄卿。父应，赠右丞议郎。自光禄累任关辅，徙家京兆之临潼，遂为临潼人。君俊迈开爽，天资孝悌，始为儿时，已能如老成人。十六岁，遭父丧，哀毁癯瘠，憔然苫块中。母夫人病且亟疾，医来视，诊其脉曰："无可疗矣。"君忧泣不已，即潜刲股肉为药剂以进，已而疾间，人皆目为孝童云。事兄敬顺，未尝失色。一姊婺[嫠]居于华，君赒恤勤至，久而弥笃。它日，逡巡侍君夫人侧，母尝训之曰："谨身节用，以养父母，此庶人之孝尔。不能立身扬名，以显其亲，徒为庶人之事，非吾所以望汝也。"君感悟自厉，日亲师友，虽食息寝兴，未尝废卷，学数岁，业且成矣。不幸母夫人卒，君以志未就，哀毁加焉。既而曰："生不能以有养，殁当追荣于后世，斯可矣。"乃服勤终丧，益取群书，伏而读之，研精极思，缀为文辞。下笔辄数千百言，人皆叹美，以为莫可及。明年，举进士中第，调阆州司法参军。阆居两川间，富江山之秀，民事殊简，君日赋诗为文，以自娱乐。尝曰："仕宦仆仆，与俗吏上下，而专以文法自拘，何足以取名于天下后世哉？"会朝廷更复制举，以待非常之才，君即喜曰："此诚志士之所托迹也，吾将勉焉。"适以代还，用荐者迁登州防御推官，知晋州冀氏县，待次于家。元祐六年五月十五日，以疾卒，春秋三十一。娶崔氏，都官外郎歧之女。一子曰公才，四女皆幼。卜以八年十月十七日，葬于万年县龙首乡长乐原先人之兆次。呜呼！君之才可知也矣。自为童稚，其趣操固已异于人。及居父丧，拯母疾，继遭大戚，而服勤礼制，孝行日著，事兄姊以敬顺有闻。专心学问，刻意自立，遂以少年取名第，而一时之贤士大夫交誉更荐，为时闻人，观其器识宏博，致亦远矣。惜乎！齿方及壮，才不逮施，位止一命而亡，可谓真不幸也。先之于君为外氏之族，盖尝闻其大略，其兄又以状来索铭，则义不可辞，遂为之铭，亦所以写予之哀焉。铭曰：

天固生之兮良玉其姿，复夺之年兮幽兰其萎。嗟之子兮命不偶，可奈何兮哀以辞。

封志安墓志

宋元祐六年（1091）。志长1.04米，宽0.75米。额篆书3行，满行3字，题"故河南郡封公墓志铭"。志文楷书27行，满行26字，题"故河南封公墓志铭并序"。段甡撰，李震书，封舣篆盖，麻真刊。早年出土于渭南市蒲城县，现藏蒲城县博物馆。《新中国出土墓志·陕西》（壹）著录。

志主封志安，字道宁，华州蒲城人，志称"公生于治平之乙巳，卒于元祐之辛未"，即生于治平二年（1065），卒于元祐六年（1091），卒时二十七岁。

封志安本人及其曾祖封远、祖父封彝、父亲封士清均无仕途经历。封志安娶冯氏，有二子，长子早亡，次子封舣任蒲城县主簿。元祐六年（1091）封志安卒，38年后，冯氏卒，其时宋金对峙，故志文记载时间为天会七年，即南宋建炎三年（1129）。之后，封舣将父母迁葬于浦城县吕宁乡安北原。

撰文者段甡、书者李震，未见正史记载。篆盖者为志主次子封舣。刻者麻真，其他墓志未见其名。

〔志文〕

故河南封公墓志铭并序

乡贡进士段甡撰

应乡贡进士李震书

男蒲城县主簿舣篆盖

天会七年己酉，华州蒲城县主簿封舣卜葬有日，为其父乃请铭于友人段甡。愿为铭以传不朽。甡始辞不许，再四恳切，竟不获已。与公既少同里闬，舍弟与公家又为秦晋之好。及询之父兄，颇得先君行止之详，遂为之铭焉。公讳志安，字道宁，世为华州蒲城人。曾祖远，祖彝，父士清，皆晦迹不仕。公自龆龀，迄于既冠，存心吉善，孝于亲，忠于友，里闬推重。族属有贫者，俱蒙赒济。阖门数十口，仰给于公，生计日增，用度不匮，皆公之力。公生于治平之乙巳，卒于元祐之辛未。感疾捐馆，一邑之人悼公早亡，无不挥涕。惜乎不获寿考，悲夫！公娶冯氏，公既卒，有遗息，方五月，冯氏曰："使我生男，虽死不移。"后既生，果弄璋焉，遂发共姜之誓。父母巧辞诱之，欲夺其志，俾之他适，曰："汝年才三八，岂守孀之时乎。"乃自言曰："足践二庭，非贞妇之志。"由是，孝事堂姑，愈敬于初。日诵佛经，手不释卷。其后，父母终不能易其节。子既长，乃曰："与其为市井，以富于财，不若使亲诗书，以富于义。"乃令隆师亲友，以就有道而正焉。抽钗脱钏，以供笔墨之资，略无难色。为敩者，遂于宣和间连获两荐。迨天道更始，金国方兴，爰被舆言，主是邑簿。人皆曰："实贤母教训之所致也。"虽古孟母之择邻，未易过此。享年六十一，后公三十八年，以疾终于主簿之公宇。男二人：长在襁褓而亡，次曰敩是也。女一人，适里人康彦。孙男三人：孟曰藻，习士业；季曰蕴，尚幼；仲曰英。及孙女一人，皆早亡。以是年二月二十三日，合葬于吕宁乡安北原先茔之侧。铭曰：

公既富于财，何不延于寿。祸福之理，乌呼而可究。惟公夫人，教子有方。正身洁己，远继共姜。哀哉长往，涕泗汤汤。刻之坚珉，愈久愈光。

麻真刊

刘玘妻水丘氏墓志

宋元祐七年（1092）。志长0.62米，宽0.61米。志文楷书30行，满行30字，题"宋故坊州司理参军刘府君夫人水丘氏墓志铭"。车好贤撰，王振书，刘淮篆盖。近年出土于西安市长安区郭杜镇。《宋代墓志辑释》著录。

志主水丘氏系刘玘之妻，卒于元祐七年（1092），卒时七十二岁，则其生年当在天禧五年（1021）。

水丘氏曾祖水丘隆曾为崇仪使、潮州刺史、梓州知州，赠骁卫上将军；祖父水丘涣然曾为右班殿直，赠右领军卫将军；父亲水丘无忌曾为国子博士、宪州通判。志称水丘隆为余杭人，曾仕吴越钱氏，归宋后迁居京兆长安。水丘氏嫁于刘玘，刘玘于治平三年（1066）卒于坊州之任，此志称"司理启手足于坊州官舍，无所归。夫人以其丧，还于京兆之长安"，夫妇二人墓志可互证。刘玘夫妇有三子，刘伯庄、刘伯雨、刘伯通，三人墓志均已出土。此志称水丘氏"卒于子雄州防御推官、知邠州永寿县之官舍"，出土《刘伯通妻梁珣墓志》称"雄州防御推官刘伯通妻梁氏"，两志可互相补证。

撰文者车好贤，署"颖昌府临颖县令、充京兆府府学教授"。书者王振，署"阶州将利县令"。篆盖者刘淮，署"右宣德郎、知京兆府奉天县签书兵马司公事"，曾为《韩应墓志》篆盖。

〔志文〕

宋故坊州司理参军刘府君夫人水丘氏墓志铭

颖［颍］昌府临颖县令充京兆府府学教授车好贤撰

阶州将利县令王振书

右宣德郎知京兆府奉天县签书兵马司公事刘淮篆盖

夫人水丘氏，以元祐七年春正月二十九日卒于子雄州防御推官、知邠州永寿县之官舍。是年夏四月二十一日，祔于京兆府万年县洪固乡神禾原司理之墓。夫人，崇仪使、潮州刺史、知梓州、赠骁卫上将军隆之曾孙，右班殿直、赠右领军卫将军涣然之孙，国子博士、通判宪州无忌之子。骁卫，余杭人，尝仕吴越钱氏，既以其国归于朝廷，遂徙于京兆之长安。夫人，幼闲女工，知声音，读书能言其义。亲有疾，既安而后能寝食，博士异之，择所配，遂归于司理。姑老矣，且逮事，其祖姑家贫，供养阙，以其奁中物具甘旨。它姑姊妹适，多膏粱族，岁时宁其家，相矜以车服。夫人无珠玑笄珥之饰，于其间，如未尝见闻者，宗族畏之。司理启手足于坊州官舍，无所归。夫人以其丧，还于京兆之长安，遂居焉，曰："是衣冠所在，吾子且长，可以训。"求田，曰："无饥可矣。"问舍，曰："无暴可矣。"母氏将夺其守，曰："死靡它矣。"遂不复逾阈，诵佛书，训诸子学，里间不敢望其门。三子皆有学有行，后进以为矜式，其季伯通登进士第，供养于官所常听事，后自牖间窥所平决，或事失其中。既问膳，必训饬，使尽平恕。刘氏之先，或旅殡于四方。夫人以勤俭治其家，数年遂克葬三世之丧。少多病，老且剧，尝诿人以终事，或曰"何以知之？"曰："吾年逾七十，吾顺矣，生可羡耶。"元祐辛未岁，旧疾动，叹曰："吾厄在壬申，今也病，命矣夫！"因自状其始终，戒子孙以忠孝。疾病，诸子皆至，或欲还京兆就医，夫人曰："死生命也，吾死有所矣，宁择地而后生乎？"将化，言语视听如不病者，犹书与诸妇洎其女诀，遂盥濯易衣，服卧未安，卒年七十有二。三子：曰伯庄、曰伯雨，皆累以乡书荐礼部；其季伯通也。女一人，适进士尚友谅。孙男二人：曰宪文，次幼。孙女六人。铭曰：

夫人在家，能尽事亲之道。父母择所配，而后嫁之，是可以知夫人为子之孝。既嫁能适其姑，而宜其家，是可以知夫人为妇之顺。诸子承训，有学有行，是可以知夫人为母之贤。贫而能乐，使里间不敢犯礼，克葬其三世之丧。明则人畏之，幽则鬼怀之，是又非妇人之所能者。生而无憾，死而得寿，有子有孙，将显大于后。嗟乎！夫人可以无慊于九泉矣。

王知常墓志

宋元祐七年（1092）。志长0.45米，宽0.44米。志文楷书14行，满行15字。王启强撰，安宜之书。早年出土于西安市长安区，现藏西安市长安区博物馆。《长安碑刻》、《新中国出土墓志·陕西》（叁）著录。

志主王知常，字致明，卒于元祐七年（1092），卒时二十六岁，则其生年当在治平四年（1067）。

王知常曾祖王访，赠工部尚书；祖父王扬庭为职方郎中；父亲王启强为华州下邽县令。另据本书所收《王扬庭妻梁氏墓志》记载，王扬庭与梁氏长子王启强为试校书郎，次子王胜强为太庙斋郎，三子王文强尚幼。此志撰文者王启强为王扬庭长子。《王扬庭妻梁氏墓志》载其葬地为"京兆府万年县洪固乡"，王知常卒后，于元符元年（1098）"葬于京兆府长安县义阳乡郭杜村高阳原"，两地均在今西安市长安区。

书者安宜之，未见正史记载。

〔志文〕

予次子名知常，友人字曰致明，生于京兆。知常之太王父讳访，皇赠工部尚书。王父讳扬庭，皇任职方郎中。皇妣赵氏夫人。知常孝谨力学，夙有成人之志，不幸早亡。实元祐壬申岁八月七日也，享年二十六。娶崔氏，刑部郎中辅之孙，县令嵊之女。崔氏以孝事舅，以礼事夫，妇道可谓备矣。元祐癸酉岁五月二十二日，亦以疾终，享年二十四。生一子二女，皆不育。予不得是子为后，重不幸也。有宋元符元年岁次戊寅十一月五日，葬于京兆府长安县义阳乡郭杜村高阳原赵氏夫人之茔。

　　父前华州下邽县令王启强记
　　河南安宜之书

张清墓志

宋元祐七年（1092）。砖石质，共3块，尺寸相同，均为正方形，边长0.33米，厚0.05米。志文楷书11行，满行6~8字。其中一砖仅有图像无文字。近年出土于渭南市韩城市昝村镇，现藏韩城市博物馆。

此系砖志，志文简短，系张政、张完为二父张清及其妻杨氏迁葬时所刻。志文中有"元祐七年二月十九日"和"政和三年癸巳八月十二日"两个时间，可知迁葬之具体时间。

〔志文〕

大宋元祐七年二月十九日，昝村社张清迁葬砖。匠安邑县杨玉。

孝子张政、张完葬父。二父讳张清，母亲杨氏。墓上有砖冢，在祖垅西南北行，从西弟［第］二墓，占壬穴。政和三年癸巳八月十二日。砖匠李□、王立。

武梦龄墓志

宋元祐七年（1092）。志盖尺寸相同，均为正方形，边长0.74米。盖文篆书3行，满行3字，题"宋故太原武公墓志铭"。志文楷书32行，满行36字，题"宋故太原武公墓志铭"。孟庶文撰，宋与权书并篆。1954年出土于宝鸡市渭滨区姜城堡，现藏西安碑林博物馆。《西安碑林全集》、《新中国出土墓志·陕西》（贰）、《宋代墓志辑释》著录。

志主武梦龄，字延年，卒于元祐七年（1092），卒时六十九岁，则其生年当在天圣二年（1024）。

武梦龄曾祖武廷俊未仕，祖父武仁恕为成忠郎、监凤翔府郿邑斜谷镇坑冶酒税，父亲武应之为宣教郎、福州司户参军。其家族世居大梁，于武仁恕一代迁居关中陈仓。武梦龄本人亦无仕途经历，故志文仅记载其以余粟赈救县民和与友人以吟咏山水为乐等事。志载武梦龄之弟武梦禾，字叔恬，累举进士而未中，但未有仕宦经历。武梦龄有陈氏、张氏、盖氏三位夫人，武奉世、武奉先二子。

武梦龄卒后，武奉先于政和八年（1118）将武梦龄及夫人陈氏、盖氏，叔父武梦禾及夫人李氏，兄长武奉世夫人王氏，及自己的先夫人胡氏、席氏等一并安葬于陈仓散关乡车村里武氏墓茔。

撰文者孟庶文，为志主武梦龄之侄婿，此志署"承直郎、知德顺军陇干县事、管勾学事、管勾劝农公事"。书者宋与权为陈仓进士。

〔志文〕

宋故太原武公墓志铭

承直郎知德顺军陇干县事管勾学事管勾劝农公事孟庶文撰
陈仓进士宋与权书并篆

公姓武氏，讳梦龄，字延年，世为大梁人。祖任官郿邑，后家于陈仓。曾祖讳廷俊，不仕。祖讳仁恕，成忠郎、监凤翔府郿邑斜谷镇坑冶酒税。父讳应之，宣教郎，任福州司户参军。公少孤，赋性刚介，作事有法，非特孝友于其家，又信于朋友，仁及闾里，故乡人鲜有不道其善者。公尝叹曰："父祖以仕官显于家，我既不能继其志，当敕身励行，求有以异于人者，安可碌碌然混同于流俗哉？"故因都下房族析烟，悉以祥符祖业让其族人，而独守陈仓薄产。务农数年，家至富有，遂起第宅于渭水之南，而屋宇雄壮，堂室具完，以至池亭园圃，无不悉备。于是，晦迹林下，不求闻达。每客至，则置酒以尽其欢。居常，则与弟侄、朋友以山水吟咏为乐。顾公之为人，虽不禄仕，亦可谓清朝高尚之士也，又何愧于父祖哉！熙宁、元丰间，民遇饥岁，往往冻馁于道路。公特出其余粟而赈救之，人感恩德，迄今不忘。外孙女野诗氏幼孤，无所归，公取而育之十余年，以妻富人胡中实。次妻张氏，有前夫陈公之子二人，曰偕、曰杰，公养之如己子，又使之成学。及张氏卒，二子既长，遂各与娶妻，分遗财贿，遣就他居。又令二子葬其母于陈公之茔。以此推之，非仁人君子，孰能若是？公三娶，首曰陈氏、次曰张氏、又其次曰盖氏。男二人：长曰奉世，次曰奉先。奉世长立，悉以家务委焉。奉世温克好士，亦能干父之蛊。奉先幼，使之从学，尝戒之曰："汝当力学奋身，祖业不可恃尔。"奉先笃志好学，潜心经史，虽未遂志于场屋，而名不失为醇儒。女四人：长适邑人赵迪，次适邑人王择，次适士人侯亿，次适士人马证。长男孙五人：曰昌祐、曰昌明、曰昌祚、曰昌时、曰昌言。幼男孙二人：曰昌宗、曰昌朝。孙女众多，不能备纪。公有弟讳梦禾，字叔恬，博学能文，累举进士，尤善诗笔，而贤士大夫皆务传颂，疏财重义，器识高远。尝据水竹间，葺池馆，筑花圃，择里中之贤者，相与追陪。不诣势位，而邑官多就见之。不亲豪富，而里人尤敬重之。可谓关中之豪杰矣！然惜乎时命不偶，未弟[第]而亡。公尝祝其二子曰："叔既亡矣，有子不立，异日，汝等当尽其襄事也。"公享年六十九，以元祐七年九月二十九日，寝疾卒于牖下。后二十年，奉先顿首再拜，请于兄曰："父母之丧，盖已久矣，尚未尽其大事，愿卜葬焉。"兄曰："善。"奉先遂择政和八年二月初八日，葬于散关乡车村里。茔辟四穴，公与其配陈氏、盖氏一也；奉先之叔父梦禾、叔母李氏一也；奉世之前妻王氏一也；奉先之前妻胡氏、席氏一也。噫！惟奉先之为人，可谓孝且悌矣。始谋葬也，见其兄之财用不足，遂将棺椁、衣衾、宅兆之所，皆备于己，不忍以毫发动其兄。及将葬也，虑非有志，犹不葬耳，故特遣介持里人郭彦所为行状祝于予。予，公之侄婿、叔恬之女夫也，义不敢辞，遂作志与铭焉。铭曰：

公本梁人兮，徙居陈仓。家既富有兮，允蹈五常。笃行孝友兮，于家有光。乡党称仁兮，逮今不忘。子为儒士兮，令名孔彰。厥孙诜诜兮，浸以明昌。人之衰盛兮，岂无所自。君能积善兮，□庆斯长。

吕英妻王氏墓志

宋元祐八年（1093）。盖长 0.82 米，宽 0.79 米。志近正方形，边长 0.83 米。盖文篆书 3 行，满行 3 字，题"宋永寿县太君王氏墓"。志文楷书 32 行，满行 32 字，题"宋故永寿县太君王氏墓志铭并序"。吕大防撰并书。2009 年出土于西安市蓝田县三里镇，现藏陕西省考古研究院。《陕西省考古研究院新入藏墓志》著录。

志主王氏系吕英之妻，大名成安人，卒于元祐八年（1093），卒时八十五岁，则其生年当在大中祥符二年（1009）。

王氏曾祖王迁为光禄卿；祖父王明，字如晦，官至礼部侍郎，淳化二年（991）卒。王明有子三人：王挺、王扶、王揆。史载，王挺、王扶并进士及第，王挺官至殿中侍御史，王扶官至工部员外郎。"景德中，录幼子揆为光禄寺主簿。大中祥符八年，又录其孙师颜为三班借职，揆至殿中丞。"①墓志可与正史互相补证。

王氏于天圣八年（1030）嫁于吕英，同年吕英进士及第，补为蓝田县主簿。皇祐二年（1050）吕英往杭州赴任时卒于途中，即此志所说"赴官钱塘，道病卒"。王氏墓志和吕英墓志记载吻合。吕英与王氏有三子三女，其子吕大圭、吕大章二人墓志已出土。吕英卒后，王氏抚育子女成人，元祐二年（1087）得封永寿县太君。

撰书者吕大防为吕英之侄，此志署"右光禄大夫、守尚书左仆射、兼门下侍郎、上柱国、汲郡开国公"。

---

① （元）脱脱等：《宋史》卷二七〇，第 9267 页。

〔志文〕

宋故永寿县太君王氏墓志铭并序

右光禄大夫守尚书左仆射兼门下侍郎上柱国汲郡开国公食邑六千三百户食实封贰阡户吕大防撰并书

太君姓王氏，大名成安人。曾祖考迁，赠光禄卿。妣唐氏，晋昌郡太君。祖考明，天福中举进士，掌药元福书记。以言规元福，元福不听，舍之去。上书求仕州县，累迁右补阙，为太祖皇帝所深知。王师征江岭，皆密与其谋。江南将用兵，除黄州刺史。既而大兵围金陵，逾年不下。唐将朱令赟者，自上江以舟师数万来援，将燔采石浮梁以下，众以为令赟之师至，则金陵之围解矣。乃于濑江葭菼中，多立樯干为疑舟，以缓其师。令赟果惧而不进，诸将因大破其军，生擒令赟于阵间。金陵平，官至礼部侍郎。太宗皇帝以刺史禄禄之。妣傅氏，南阳郡太君。考挨，累官殿中丞。妣郭氏，参知政事赟之女，封长安县君。太君幼孤，鞠于外氏。年二十二归吕氏，实我世父秘书省著作佐郎英之夫人。著作府君初以羁旅京师，登进士第，甚贫窭。太君不以为不足。后赴官钱塘，道病卒。诸孤尚幼，太君捐簪珥以治行，乃护丧柩而还。舟人初易太君之孪弱也，日益懈，令之不听。太君呼而戒之曰："舟我所当乘，尔辈舟所当役。苟不恪，且送之官。"乃听命。著作君尝为汝官，买田于郏而谋居之。太君以其孥归于郏，治田营居，日以增葺。叔侄之已仕者，皆分禄以给之。太君遇诸子甚肃，尝察其所从游。苟得其人矣，虽贫贱亲为视庖厨以待之，非其人，虽富贵不顾也。由此诸子皆有立，而长子大圭特以孝友之行闻于乡。既而被其叔父致仕之恩，遂从政于郡县，又以治行闻于官。元祐二年，诏封永寿县太君，赐凤冠霞帔以宠之。八年正月二十三日，以疾卒于寝，寿八十五。太君勤俭明察，御下极严。善治家，左右莫能欺者。事姑以孝，视娣姒以仁。年虽耄耋，而聪明不衰。性喜整洁，而晚节不倦。将终前数月，悉属家人以后事，如知其期者。男三人：大圭，右宣德郎；大章，早夭；大雅，陈州南顿县主簿。女三人：长适绛州司户宋元颖，次秦昱、宋纮，皆士人子。孙男四人，仲山、信山，方从学，余幼；女三人，长适汝州进士薛庄，次在室。曾孙男一人，尚幼。以其年十一月十日，祔葬于京兆蓝田太尉原之先茔，著作君之墓。大防幼学于著作君，太君视之犹子也。太君既老于郏，大防方备位政事府，乃请于朝曰："世母齿耋，不任舆马之劳，从子远仕。敢以岁例乞大圭为颍昌从事，以便迎养。"既受命，而太君殁，可哀也已！铭曰：

礼部之显，起于成安。定越平吴，皆与其权。破令赟兵，其绩最伟。有功不扬，厥咎在史。抑抑太君，实其遗孙。大耋之年，犹席其勋。出于显家，归我世父。夫曰才偶，子曰令母。大邑启封，锡以冠裾。周原之丘，千载是图。

刘奕墓志

宋元祐八年（1093）。盖长0.77米，宽0.75米，厚0.08米。志长0.77米，宽0.76米，厚0.13米。盖文篆书2行，满行2字，题"刘韩望墓"。志文楷书27行，满行27字，题"宋故彭城刘君墓志铭并序"。刘钜撰，安师文书并题盖，武宗道、姚文镌。近年出土于西安市户县。《西安碑林博物馆新藏墓志续编》《宋代墓志辑释》著录。

志主刘奕，字韩望，卒于元祐八年（1093），卒时五十四岁，则其生年当在康定元年（1040）。

刘奕父亲刘绛墓志已出土，两志关于刘氏家族世系的记载基本吻合。刘奕家族虽然"皆历显仕，世世以才德闻"，但刘奕本人并未入仕，故志题仅载其郡望称"彭城刘君"，志文对于其生平事迹的叙述亦比较简略。刘奕卒葬鄠县珍藏乡货泉里刘氏祖茔，其妻张氏墓志亦于此地出土。

刘绛、刘奕父子墓志均提及刘氏、钱氏家族的多重姻亲关系，两家四代通婚，王原茵《北宋鄠县彭城刘氏家族墓志考释》已述及。[①]

撰文者刘钜，署"左承议郎、新差通判鄜州军州兼管内劝农事、云骑尉"，刘钜、刘奕两家为世交。书者安师文，曾任左朝议大夫、泾州知州等，《宋史》有零星记载，此志署"左承议郎、前管勾熙河兰岷路都总管经略安抚司机宜文字、武骑尉"，可补史载之阙。刻者姚文，还刻有绍圣三年（1096）《李宗师墓志》、绍圣四年（1097）《游师雄墓志》等。

---

① 参见王原茵《北宋鄠县彭城刘氏家族墓志考释》，《碑林集刊》第20辑，西安：三秦出版社，2015，第64页。

〔志文〕

宋故彭城刘君墓志铭并序

左承议郎新差通判鄜州军州兼管内劝农事云骑尉借绯刘钜撰文

左承议郎前管勾熙河兰岷路都总管经略安抚司机宜文字武骑尉安师文书并题盖

君讳奕,字韩望。曾祖讳晟,职方员外郎,累赠光禄少卿。祖讳讷,殿中侍御史。父讳绛,以大理寺丞致仕。妣张氏,英国文定公之孙。君四世祖家河南,至殿中君始为京兆之鄠人。君家由曾高皆历显仕,世世以才德闻。殿中君与先子游,以其宗盟相见,往来用家人礼。钜时尚童稚,尝拜寺丞君、太夫人于堂上,故太夫人视吾家兄弟犹侄也。吾家自先妣而下悉皆叙拜,当时论世契之厚而始终无间者,莫如君家也。寺丞君致政归第,开宾阁,日与乡人把酒笑歌。寺丞君即世,时在道路,君奔赴号哭,几至毁灭。然终能继守先业,愈久而愈不废,是可嘉也。君为人魁岸轩豁,望之凛然,恂恂能以礼自持,故人不敢易,而君亦未常骄人也。赋性乐易,尤喜宾客,赒人急难,如己有之。鄠陂之南,竹木尤盛,农田皆水耕,宛如在江湖间,君家别业之所居也。君能肯构亭榭池沼,焕然一新,方引召宾朋飞觞行乐。未及此而君已去世矣。实元祐八年四月二十日,以疾终于家,享年五十四。君才不为世用,故见于治生者常有余。身不为官守,而形于理家者常自足。用是家资门馆与夫宴宾致赏之地,常甲于吾乡。然君能以约自守,不为利疚,故虽享富足而能保其家者也。寺丞君再娶钱氏,中书令文僖公之女,人以贵族为难,事君左右侍养,卒能成其志。君娶张氏,著作佐郎讳仲熊之女,有妇德,克主中馈。男三人:曰戬、曰戡、曰载。戬、载先亡,戡端悫孝谨,能嗣其业。女二人:曰慧,适司理参军钱恢,先君而亡。次柔,复配钱君。其孤以其年七月丁酉卜葬于珍藏乡货泉里先茔之次。日月有期,钱君状君行实来求铭。钜既世通家,知君最为详,义不可辞,遂为之铭。铭曰:

君之先,多显仕。御史后,势中否。孰交游,自先子。逮于君,历三世。能勤家，乐善施。敛所存，贻厥嗣。考诸铭，其无愧。

武宗道、姚文镌

罗直温墓志

宋元祐八年（1093）。志长1.61米，宽0.76米。额楷书3行，满行3字，题"宋故敦武郎罗公墓铭"。志文楷书35行，满行46字，题"宋故敦武郎知辰州会溪城公事罗公墓志铭"。邵伯温撰并书，郭仲纯题盖。1996年出土于西安市户县大王镇，现藏西安市鄠邑区文物管理委员会。《户县碑刻》、《新中国出土墓志·陕西》（叁）著录。

志主罗直温，字择之，卒于元祐八年（1093），卒时七十一岁，则其生年当在天圣元年（1023）。

志称罗直温为唐末五代著名文学家罗隐之后。罗隐，字昭谏，余杭人。诗名于天下，尤长于咏史，然多所讥讽，以故不中第，大为唐宰相郑畋、李蔚所知。唐僖宗广明年间，节度使钱镠辟为从事，年八十余，终于钱塘。[1]《旧五代史》卷二四有传，《旧唐书》《新唐书》《宋史》等均有相关记载。不过墓志仅称罗隐为远祖，具体世系没有详述，有待其他新出资料印证。罗直温曾祖罗道拙为银青光禄大夫、行邓州司马兼侍御史，赠左卫率府率；祖父罗元俌为内殿崇班、阁门祇候、提点两浙路刑狱公事，赠左金吾卫大将军；父亲罗天锡为左藏库使，知夔州，赠荣州防御使。

罗直温于嘉祐七年（1062）补为三班借职，之后历任监华州华阴县酒税、监虢州酒税盐场、秦州定西寨兵马监押、渭州耀武镇兵马监押、管句京城内旧城里左厢公事、熙州兵马都监、知辰州会溪城公事，志文称其"九迁至敦武郎"，故志题"宋故敦武郎"。志载罗直温有六子：罗仪、罗保、

---

[1] 参见（宋）薛居正等《旧五代史》卷二四，第326~328页。

罗份、罗僖、罗何、罗伦。靖康元年（1127），罗份等将父亲罗直温和母亲王氏安葬于京兆府鄠县珍藏乡王殊村。

撰书者邵伯温，邵雍之子，字子文，洛阳人，曾任潞州长子县尉、提点成都路刑狱、利路转运副使、提举太平观等，绍兴四年（1134）卒。①《宋史》卷四三三有传；此志署"朝散大夫、权提点成都府路刑狱公事"。题盖者郭仲纯为志主侄孙婿，署"武翼郎、耀州兵马都监兼在城巡检"，未见正史记载。刻者姚彦，其他墓志亦见其名。

〔志文〕

宋故敦武郎知辰州会溪城公事罗公墓志铭
朝散大夫权提点成都府路刑狱公事赐紫金鱼袋邵伯温撰并书
侄孙婿武翼郎耀州兵马都监兼在城巡检郭仲纯题盖

孝悌之风衰也久矣。自汉已来，始设孝悌科，幸天下有其人。然班班于史册者，几何人哉！今于罗氏子有名份者见之矣。其父清贫守法，卒于官。份与诸弟皆在童稚，既不能葬其父，又无以赡其母，于是一家流离散徙，份就养于叔父。母不得已，携诸孤归宗。宗人夺其志，而其母饮恨再适。份从叔父武德公仕官四方，武德公教之如己子。份孝悌之性，本其天赋，痛自奋励逾二十年，无父母资而自缉生计。念其父旅葬异乡，而诸弟萍寄他所，每恨未克如愿。逮政和初，始娶妻焉。于是鬻其妻奁中物，买薄田于有扈之南，饘粥粗给。闻其母再丧夫，贫窭益不堪。于是呜咽流涕，重跰数千里，自卫州共城县迎侍其母，提携诸弟，空囊以归有扈，实政和四祀也。逮十余年，靖康改元，诸弟皆有室家。其母捐馆，份哀毁骨立，又走阌乡，扶其父之柩以归。诿族弟伟状其父之行事，因泣血谓予曰："先子平生以文章著名，久不得志，而俯就右选。官职不显于时，事业不垂于世。今将与先妣合祔而葬焉，愿公为之铭。使吾母虽屈于生，犹可伸于死；吾父虽屈于人间，

---

① 参见（元）脱脱等《宋史》卷四三三，第 12851～12853 页。

犹可伸于地下。"予闻其言，览其事，且叹份之孝悌无愧于古，益重罗氏宗派世不乏人也。公讳直温，字择之。谨按：

罗氏，金陵故家，历古已来，人物相望。在昔江东有文称于世讳隐者，即公之远祖。其曾祖讳道拙，故任银青光禄大夫、行邓州司马兼侍御史，赠左卫率府率。曾祖妣李氏，赠仁寿县太君。祖元俌，故任内殿崇班、阁门祗候、提点两浙路刑狱公事，赠左金吾卫大将军。祖妣梁氏，赠安定郡太君。父天锡，故任左藏库使、知夔州，赠荣州防御使。妣梁氏，赠太硕人。公，荣州之长子也。自总角好学，不为儿童戏，嶷嶷有立志。涉猎书史，为时辈推重。尝四预乡荐，而两为陕魁，皆不利于春官。遂杜门穷经，以礼义之学表率诸弟。嘉祐七年，因荣州公遇明堂大礼，奏补三班借职。尝谓人曰："余自幼读书，久践场屋，岂期勉就一官？今失素业，亦命矣。"夫自兹入仕，九迁至敦武郎。初任监华州华阴县酒税，次任监虢州酒税盐场，次任秦州定西寨兵马监押，次任渭州耀武镇兵马监押，次任管句京城内旧城里左厢公事，次任熙州兵马都监，次任知辰州会溪城公事。凡更七任，所至绰有令誉，咸以能称。于是自宣徽郭公逵、枢密孙公固而下，名公巨卿交章论荐者，不啻数十人。其在熙州日，营缉番市，创盖房廊仅三千余间，人不告劳，官不病费。朝廷嘉之，赐以金带束帛。河北梁村口大河之决，朝廷委都水使者吴安持措画，雅知公才，首辟公检踏河道官兼修河司勾当公事，果立奇绩，宣赐银合茶药等，一时伟之。公秉性严毅，刚正有守。好学不倦，虽在官守而手不释卷。临政不苟，简而每以廉恪见称。故入仕三十余年，公私无纤芥过失。居乡以孝友闻，内外长幼咸畏惮其正直焉。元祐八年七月初十日，寝疾终于会溪之官舍，享年七十有一。身后合得一子官，而诸孤幼稚，分散他方，逮其长立，而已该厘革，使公抱恨九泉，宜其乃子欲求伸于地下也。公四娶，皆有封邑。六男子：曰仅，后公一年而亡；曰保；曰份；曰僖；曰何；曰伦。六女子：长适修武郎董弁，次二女早亡，次适进士裴倚，次亦早亡，次适迪功郎张道。皆今寿安县君王氏所出也。孙男三人，孙女二人，并幼云。寿安享年七十有九。份等卜以靖康元年十月二十九日，葬公于京兆府鄠县珍藏乡王殊村之新兆，寿安县君王氏实为之祔焉。予既述其份之孝悌之意，而又序公行事之详，且长言而为之铭，庶写予之所以哀君者。铭曰：

江东先生其流长，银青有衍腾其芳。金吾积庆爱有继，荣州延耀传无疆。遗波余泽久不已，子孙流派何汪洋。我公自幼耽经史，壮年鼓箧游科场。乡书四捧虽负志，陕郊两魁诚轩昂。屈身筦库已淹抑，护戎城寨徒回翔。会溪骥足方能展，大河奇策真难忘。白驹一朝忽过隙，名卿当日空交章。知公忠诚贯白日，仰公气节凌秋霜。是宜子孙孝且悌，使公身后名益彰。丹旌悠悠趋北冈，王殊之原珍藏乡。空令后世莫清觞，想其遗烈望余光。

长安姚彦镌

孙昭谏妻范氏墓志

宋元祐八年（1093）。志盖均为正方形，盖边长 0.52 米，志边长 0.54 米。盖文楷书 3 行，满行 3 字，题"宋长安县君范氏墓铭"。志文楷书 29 行，满行 29 字，题"宋故长安县君范氏墓志铭"。王振撰并书，李公裕题盖，安延年、姚革刻。1987 年出土于今西安市户县南乡，现藏西安市鄠邑区文物管理委员会。《户县碑刻》、《新中国出土墓志·陕西》（叁）著录。

志主范氏系孙昭谏之妻，卒于元祐八年（1093），卒时四十七岁，则其生年当在庆历七年（1047）。

范氏曾祖范进赠率府率，祖父范贵赠左屯卫将军。其父范恪，《宋史》载："范恪字许国，开封人。初名全，少隶军籍于许州，选入捧日军，又选为殿前指挥使，历行门、龙旗直、散员押班。康定元年，元昊数寇边。试武伎，擢内殿崇班、庆州北路都巡检使。"之后以功迁内殿承制、供备库副使、宫苑副使、环庆路兵马都监等，其"骁勇善射，临难敢前，故数有战功，自龙、神卫四厢都指挥使累迁至侍卫亲军马步军副都指挥使，历坊州刺史、解州防御、宣州观察使、保信军节度观察留后，以疾出为永兴军路副都总管，数月卒，赠昭化军节度使"。① 此志称范恪为"侍卫亲军马军副都指挥使、保信军节度观察留后，赠昭武军节度使，累赠太尉，功载国史"，与《宋史》记载吻合，其中"累赠太尉"当为其卒后追赠。

志称范氏"年十七，归皇城公"，当在嘉祐八年（1063）。结合《孙昭谏墓志》记载，嘉祐七年（1062）孙昭谏"以右班殿直戍庆州虐泥堡"，元

---

① （元）脱脱等：《宋史》卷三二三，第 10465~10467 页。

祐七年（1092）"以皇城副使知环州"，绍圣五年（1098）"迁皇城使"。孙昭谏、范氏子嗣情况，夫妇二人墓志基本吻合。

建中靖国元年（1101），安葬孙昭谏时，以范氏祔葬，即志称"葬于京兆府鄠县界太平乡孙思村颜家庄，从先茔之次"。

撰书者王振，题盖者李公裕，刻者安延年、姚革，亦见于《孙昭谏墓志》。

〔志文〕

宋故长安县君范氏墓志铭

承议郎新差知凤翔府扶风县事兼兵马都监赐绯鱼袋王振撰并书

朝奉大夫行尚书考功员外郎赐绯鱼袋李公裕题盖

有宋故皇城使惠州刺史孙公讳昭谏，负奇才，号良将，天子倚以捍绝塞为长城者数十年。元祐中守武都，振时任将利县令，最受知于公，首诸吏被荐，后得改京官。自公始将利休邑，每以职事入郡，见公剸决精敏，阖境怀其仁，服其明，称其廉。退就燕私，门庭清修。诸子皆俊迈，业武好文。家事无巨细，皆有法度。尝探其源，若由内出者，意必有贤夫人为助，然未知为谁氏女也。粤十余年，振居长安，皇城公第四子靖驰书见属曰："先人平生忠义许国，不幸位不称德以殁。今将卜以建中靖国元年十一月初四日，葬于京兆府鄠县界太平乡孙思村颜家庄，从先茔之次，既得文士志其墓矣。先妣之丧，亦将举以祔焉。子盍为我铭之。"振既伤皇城公不竟其才，奄弃盛世；又念夫人淑德有素，尤不幸先公八年而卒，是当叙其实，以告诸后世者也，义可辞耶？夫人姓范氏，其先东都人。曾祖进，赠率府率。祖贵，赠左屯卫将军。父恪，侍卫亲军马军副都指挥使、保信军节度观察留后，赠昭武军节度使，累赠太尉，功载国史。夫人年十七，归皇城公。生贵族，为贵族妇，未尝以贵骄人。自防以礼，从夫以顺，孝舅姑，仁宗族，均而不妒，勤俭处家，以成妇道。虽《诗》称硕人，未容擅美也。顷以夫恩封长安县君。皇城公先守环州日，夫人以疾终于官舍，享年四十有七，实元祐八年癸酉十月初九日也。夫德行富贵，贤夫令子，人有其一，已为世荣。夫人之生，既兼有之矣。呜呼！其所不足者，寿也。子男八人：竭、端、竚、蚤死；翃，将军；靖，三班奉职；竦，右班殿直；竑、议，未仕。咸有父风，将大其家。女六人：长适皇城使王况，次适右侍禁种师闵，次适左藏库副使张斌，次适左班殿直张沔，余在室。孙男四人：泙、沄、涣、演。女五人，皆在室。铭曰：

猗嗟夫人，率府之孙。父持使节，竹帛书勋。生自阀阅，来归侯门。侯门既归，内事有伦。桓桓孙公，为时虎臣。同心戮力，令德显闻。舅姑称孝，宗族称仁。小星之惠，鸤鸠之均。祭祀是供，法度是循。维和维敬，克俭克勤。天胡为昪之德，而啬其寿，所享者四十有七春。卜兆云吉，将祔幽坟。呜呼！陵谷迁而不泯，有赖斯文。

安延年、姚革刊

刘全淑墓志

宋元祐八年（1093）。志长0.43米，宽0.60米。额横刻篆书1行4字，题"刘全淑墓"。志文行楷18行，满行18字。刘师颜撰，孟永刊。2006年出土于西安市周至县东风村郭家堡，现藏周至县文物管理所。

志主刘全淑，卒于元祐八年（1093），卒时十四岁，则其生年当在元丰三年（1080）。

刘全淑家族为中山刘氏，系名门望族，为"皇朝简穆皇后之党，氾水关令、赠太尉审奇之远孙"，"简穆皇后"即宋太祖赵匡胤祖母。刘审奇曾任武牢关使，随赵匡胤征战，卒于军中。志文仅称刘全淑为刘审奇之远孙，并未述其世系。《宋史·刘文裕传》载刘审奇有子三人，长子刘文远，次子刘文裕，又云："（刘文裕）弟文昺至供奉官、阁门祗候，文质至内园使、连州刺史。"[①] 刘文质当为刘文裕堂弟。刘文质之子刘沪，字子俊。《刘全淑墓志》载其祖父为刘湛，当与刘沪同辈。刘全淑父亲刘师严得授左侍禁之职。志云刘全淑"已许嫁殿直郑杞"，惜未嫁即染病而卒。

刻者孟永，其他墓志暂未见其名。

〔志文〕

处子全淑，中山刘氏，乃皇朝简穆皇后之党，氾水关令、赠太尉审奇之远孙，左侍禁师严之子。世占数于保塞，因葬其祖礼宾湛于盩厔，遂为岐人

---

① （元）脱脱等：《宋史》卷四六三，第13547页。

也。生而端慧，长而恭孝。初，其父以元祐八年举家从官，聿至岐下。偶风霜遘疢，药石弗瘳，奄弃深闺，俄归长夜，时年十四岁。秋八月初六日，卒于公第也。母太原王氏，气复而言曰："吾有斯子也，已许嫁殿直郑杞。卜以来年之吉就成，将使事于姑嫜，然未远于兄弟，不幸短命，死则如勿生。"明年，其母亦从而亡。呜呼哀哉！以绍圣二年乙亥岁正月，因其母中靖戒途，同归盩厔别业。双驰飞旐，引曳曳之愁云；远动悲风，拂萧萧之野树。爰就良日，附于近冈。师颜于子从父也，遂勒铭于石云。

彼如之何，灼灼其华。是仪是则，简穆之家。箕帚所奉，厥礼未加。亟就窀穸，寿胡不遐。可怜阿母亦尘埃，杳杳相将归夜台。夜台茫昧长不开，空凭片石写余哀。

孟永刊

李夫人墓志

宋元祐九年（1094）。志长0.37米，宽0.44米。志文楷书10行，满行13字。近年出土于宝鸡市凤翔县，现藏岐山县博物馆。

志主李氏系景兴宗之妻，卒于元祐九年（1094），卒时二十一岁，则其生年当在熙宁七年（1074）。志称李氏为中书令秦王从俨六世孙，对其世系并无详述，无从考证。李氏"以夫升朝，追赠封邑"，即封仙源县君，其卒后，于政和元年（1111）葬于凤翔府天兴县邵亭乡冰井社。《旧唐书》载："凤翔府，隋扶风郡……至德二年，肃宗自顺化郡幸扶风郡，置天兴县，改雍县为凤翔县，并治郭下……至德二年，分雍县置天兴县。宝应元年，废雍县，并入天兴。"① 宋代天兴县沿用唐制。

〔志文〕

宋故仙源县君李夫人，即中书令秦王从俨六世孙也。世为岐之盩厔人。父球，潜德不仕，母郭氏。夫人年十九归通直郎景兴宗，生男一人、女一人，皆卒。元祐九年七月二十六日以疾终，享年二十一，以夫升朝，追赠封邑。政和元年七月十二日，葬夫人于凤翔府天兴县邵亭乡冰井社，祔□德安县太君黄夫人之茔。

---

① （后晋）刘煦等：《旧唐书》卷三八，第1402~1403页。

吕大忠妻樊氏墓志

宋绍圣二年（1095）。盖近正方形，边长0.68米。志长0.71米，宽0.70米。盖文篆书4行，满行3字，题"有宋故仁寿县君樊氏墓志铭"。志文楷书24行，满行23字，题"宋吕夫人仁寿县君樊氏墓志铭并序"。阎令撰，张舜民书，游师雄篆盖，姚文刻。2009年出土于西安市蓝田县三里镇，现藏陕西省考古研究院。《陕西省考古研究院新入藏墓志》著录。

志主樊氏系吕大忠之妻，卒于绍圣二年（1095），卒年五十九岁，则其生年当在景祐四年（1037）。

樊氏为果州南充人，其曾祖樊守温为屯田郎中，祖父樊象赠光禄卿，父亲樊铎曾任秘书丞，其家族自樊铎一代迁居华州。据《吕大忠妻姚氏墓志》改葬题记"吕公为宝文阁直学士，葬其继室樊氏，因易夫人棺椁衣衾同祔先茔"可知，樊氏为吕大忠继室，得封"仁寿县君"。吕大忠、樊氏共三子，仅吕锡山长成，任承务郎之职。

撰文者阎令，此志署"朝奉大夫、权京西路计度转运副使、兼劝农使、上护军、赐绯鱼袋"，志文又称"宝文阁直学士、知秦州吕公将葬其夫人，请铭于令。公前守秦五年而徙渭，令为茶马官"。《宋史·兵志》"马政"载："绍圣初，提举买马陆师闵奏复行之，令蕃汉商人愿以马结券进卖者，先从诸场验印，各具其直给券，送太仆寺偿之。其说以为券马既盛行，则纲马可罢。行之三年，枢密院言券马死不及厘，而纲马之死十倍。乃赐师闵金帛，加集贤修撰，以赏其功。时议既不以券马为是，主管买马阎令亦言其枉费。"① 此"主管买马阎令"当即撰文者,志文可补史之阙。

书者张舜民,字芸叟,邠州人。治平二年(1065)进士,曾任襄乐令、环庆路掌机密文字、监邕州盐米仓、监郴州酒税、监察御史、提点秦凤刑狱、秘书少监、陕西转运使、集贤殿修撰等,② 著有《画墁集》八卷。

篆盖者游师雄,《宋史》卷三三二有传,其墓志亦已出土。刻者姚文之名亦见于其他墓志。

〔志文〕

宋吕夫人仁寿县君樊氏墓志铭并序

朝奉大夫权京西路计度转运副使兼劝农使上护军赐绯鱼袋借紫阎令撰文

朝散郎直秘阁新差知潭州军州兼管内劝农事兼荆湖南路安抚充兵马钤辖飞骑尉赐紫金鱼袋张舜民书

朝奉郎直龙图阁权知陕州军府兼提举商虢州兵马巡检公事飞骑尉借紫游师雄篆盖

宝文阁直学士、知秦州吕公将葬其夫人,请铭于令。公前守秦五年而徙渭,令为茶马官,先公而至,后公而代,实知公家范与夫人之懿,故不获辞。夫人樊氏,果州南充人。曾祖守温,赠屯田郎中。祖象,赠光禄卿。考铎,秘书丞。秘书始居于华。母袁,蚤卒,夫人未笄,哀毁如成人。事继母王,莫或知其非嫡也。秘书遴择所配,晚乃归公。公仕州县时,贤士大夫已盈其门。夫人日治肴馔无倦色。逮事舅莘国公,奉养惟谨。族众食贫,夫人先之以勤俭,敦睦亲疏爱服焉。吕氏世学礼,宾祭婚丧莫不仿古。平居贵贱,长幼必恭。夫人身率而行之,闺门肃义如学校官府云。公季弟亡,夫人

---

① (元)脱脱等:《宋史》卷一九八,第4951页。
② 参见(元)脱脱等《宋史》卷三四七,第11005~11006页。

鞠其二子如己生。至男仕女嫁，乃喜曰："吾愿毕矣。"天资孝敬，其治家虽细，务必有法。自奉简约，无所嗜好。独喜观书，又学止心养气之术。绍圣二年夏，闻其娣秦国李夫人之讣。夫人与之年相若，且少同苦甘，悲涕不自胜，因邑邑成疾，以八月辛未卒，年五十九。留殡于秦。后一年，公自渭进职，再守秦。以十一月戊子，葬京兆府蓝田县太尉原之先茔。子三人：道山、汴奴，皆夭；锡山，承务郎。维古之盛时，女子学乎姆师，故妇妇、母母而习俗美。至先王之泽熄，列女始记于史家，何其寡也。如夫人端一不贰，拔乎流俗，可不谓难乎？铭曰：

樊仲之孙，吕侯之配。相侯乂家，以及其外。士则有学，允迪忠孝。夫人少成，不自姆教。维敬维一，乃克令终。勒铭幽石，以诏无穷。

姚文镌字

刘宗墓志

宋绍圣三年（1096）。志盖均正方形。盖边长0.54米，志边长0.53米。盖文篆书3行，满行3字，题"宋故中山刘君墓志铭"。志文楷书31行，满行30字，题"宋故刘君墓志铭并序"。王登撰并书，李德诚篆盖。2003年出土于渭南市富平县华朱乡，现藏富平县文庙。

志主刘宗，字源父，卒于绍圣三年（1096），卒时七十六岁，则其生年当在天禧五年（1021）。

刘宗曾祖刘议、父亲刘会均未仕，其家族于五代时期由太原迁居富平。刘宗亦未入仕为官，故志文仅略记其事亲睦里、督耕务本之事。刘宗夫人杨氏，卒于建中靖国元年（1101），卒时八十二岁，则其生年当在天禧四年（1020）。杨氏卒之次年，即崇宁元年（1102），葬于耀州感德军富平县永闰乡长泽里东原。墓志关于刘宗、杨氏子嗣情况记载较为详细，但暂未见所涉诸人墓志出土。

撰书者王登，篆盖者李德诚，未见正史记载。

〔志文〕

宋故刘君墓志铭并序

乡贡进士王登撰并书

通直郎致仕赐绯鱼袋李德诚篆盖

孟子曰："养生者不足以当大事，惟送死可以当大事。"诚哉是言也。中山刘沨忽尔见告曰："吾家虽世非簪组阀阅，其先考妣为善积庆，盖有日矣。乃者与诸昆季卜其宅兆,将葬于郊,愿求百余字,以纪其大概,埋之地下,足矣。"余欣然诺之,曰:"夫生事爱敬,死事哀戚,生民之本尽矣,死生之义备矣,孝子之事亲终矣。诸子既能如是,则皆知其慎终送死之道者也,岂不为之大事耶?"余虽不敏,得其行状,安敢辞之。君讳宗,字源父。曾祖讳议,父讳会,皆不仕。高祖本太原人也,因五代之乱徙居怀德,遂为富平人。君天资温厚,立性谨严。自幼读书,聪明敏达,言动举止,殊不类常流。及其长也,为本邑吏,好善正直,以勤廉处身,以恭敬接物。凡邑有刑禁职当,鞫勘讯问,笔一落纸,言一出口,未尝不以哀矜宽恕为心,其贪取财货之意无有也。以至亲族乡党有贫乏不能自养者,君尝出己财以拯济之。其贫不能营葬者,君亦助财使葬之。君事亲尽孝,终始不违于礼;治家有法,内外皆适其宜。及至晚年,为吏长归休,督耕务本,营缉田产,完新室屋,衣食仅丰。又教子弟以读书为儒,欲求仕进。将有意于起家,以俟余日之光大。不幸志未克遂,享年七十六,以绍圣三年丙子岁秋七月二十有二日以疾卒于家。娶于杨氏,主职妇事,承奉舅姑,闺门之内,动合规仪。其淑德懿行,著闻闾里。享年八十二,以建中靖国元年辛巳岁季冬十二月十有八日而亡。男五人:曰沔、曰淇、曰涓、曰漳、曰溧,皆以齿次。惟沔与涓继绍父业,皆终为本邑吏长。淇与漳惜乎蚤卒。溧有干蛊克家之誉。女五人:长适盖氏,次适米氏,次适李氏,次适成氏,次适王氏。盖、米二氏皆先君而亡。孙男一十一人:曰卿才、铎、黄中、格、球、时中、焕、均、刚中、执中、方中。卿才、时中、刚中,皆勤学励业,习应进士举。卿才,沔之子也。铎、格,淇之子也。黄中、时中、刚中、执中、方中,涓之子也。球、焕、均,溧之子也。卿才、黄中、球,皆先君而亡。孙女三人:长适孙氏,次二女未笄而亡。曾孙男二人:长曰昭禹,卿才之子也;次曰昌朝,铎之子也。昭禹端□才雅,亦习应进士举。执中、方中、昌朝尚幼。曾孙女二人,未免于乳。以崇宁壬午岁十月壬子朔十有六日丁卯,葬于耀州感德军富平县永闰乡长泽里东原,以杨氏祔焉,礼也。其铭曰:

哀哉斯人,三尺之坟。埋铭千古,永著清芬。积善有光,庆流必长。茔域从吉,子孙其昌。

刘伯庄妻陈婉墓志

宋绍圣四年（1097）。志长0.76米，宽0.52米。额篆书1行6字，题"宋陈氏墓志铭"。志文行楷24行，满行28字，题"宋颍川陈氏墓志铭"。刘伯庄撰，雷行篆额，王持书，安永年刊。近年出土于西安市长安区郭杜镇。《宋代墓志辑释》著录。

志主陈婉系刘伯庄之妻，字淑之，卒于绍圣四年（1097），卒时四十二岁，则其生年当在嘉祐元年（1056）。

陈婉曾祖陈恕曾为参知政事，祖父陈执中官至同中书门下平章事，《宋史》有传。[①] 其父亲陈世昌则未见正史记载。陈氏嫁于刘伯庄当在熙宁三年（1070）前后，其时刘伯庄尚无功名，故志称"樊川刘伯庄"。绍圣四年（1097），陈婉卒于长安县天禄坊，其时刘伯庄方举进士，之后调任康定军鄜城县主簿。刘伯庄与陈婉有一子三女，陈婉墓志云："生一男曰顾行。三女，曰仲柔、曰叔静，一幼"，《刘伯庄墓志》云："男一人彦祖，应进士举。女三人：长曰仲柔，许嫁进士尚猷；次曰叔静；次曰康奴，尚幼。孙男一人，幼。""顾行"当为刘彦祖幼年之名。

此志由刘伯庄撰文。书者王持、篆盖者雷行，未见正史记载。

〔志文〕

宋颍川陈氏墓志铭

---

① 参见（元）脱脱等《宋史》卷二六七，第9198~9199页；卷二八五，第9601~9603页。

夫樊南刘伯庄撰

冯翊雷行篆额

清源王持书

刘氏有贤妇曰陈婉，字淑之，参知政事赠太师尚书令兼中书令魏国公恕之曾孙，尚书比部员外郎赠屯田郎中执古之孙，殿中丞世昌之女。陈氏世居钟陵，魏公贵始徙开封。陈十有五岁归于樊川刘伯庄，生一男曰顾行。三女，曰仲柔、曰叔静，一幼。绍圣四年三月十九日，以疾卒于长安天禄坊之里第，享年四十有二。时伯庄举进士，在都下集英赐第才十日，闻陈疾革，遽归，已不及见。遂以其年五月初七日，葬于京兆府万年县神禾原，祔古之兆，礼也。予尝观前世女子之美，能事舅姑、睦亲族、奉夫谨、处己洁者，有出于先王之泽未泯，而女教之修使然也。后世闺门之行，望古而不愧者，非出于天性之良，孰能若是哉。陈懿柔静慧，得之自然，事其姑以孝，睦其族以义。予尝虑有不及者，必以义理相勉。至于伏腊之须，米盐之细，治之皆有序，而不以累予，故予获助为多。甘贫窭，薄嗜好，出见女曹饰金珠，曳罗绣，未识有美色。呜呼！生死常也。独可悲者，予拙于生事，少思以儒学奋于时，四上而四黜，与之同困穷者有年矣。晚得一官，而遽失之，不获偕老，何天穷予甚也。夫人之忧患，非寓于言，则不足以写其悲伤郁结之情，故予志其墓，又哀之诗四章。予未能忘情者也，且异夫不及情者焉。其辞曰：

昔结褵，年始笄，归予二十七期兮，有无甘苦尝同之。事姑孝，承夫顺，懿柔静慧得之性，呜呼寿考胡不竟。我来自东，鸾归鉴空，入门无复旧音容，儿女泣相从。玉案当前，潏川在东，佳城郁郁冈阜隆，草树动悲风。

安永年刊

游师雄墓志

宋绍圣四年（1097）。志正方形，边长1.22米。志文楷书68行，满行67字，题"宋故朝奉郎直龙图阁权知陕州军府兼管内劝农事兼提举商虢等州兵马巡检公事飞骑尉赐绯鱼袋借紫游公墓志铭"。张舜民撰，邵籲书，章粲篆盖，姚文、安延年等刊。出土时间、地点不详，现藏西安碑林博物馆。《金石萃编》《关中金石记》《西安碑林全集》著录。

志主游师雄（1038~1097），字景叔，京兆武功人，《宋史》有传，[①] 墓志可与史书互相补证。

《宋史》载："游师雄字景叔，京兆武功人。学于张载，第进士。为仪州司户参军，迁德顺军判官。"据墓志记载，游师雄曾祖游永清、祖父游裕均未仕，父亲游光济为大理寺丞，赠朝请郎，志文内容补充了游氏世系。关于游师雄早年求学经历，志文称"公为儿时，不妄戏笑，闻弦诵声则悦而慕之。授以书，如夙习。握笔为诗，语已清拔。年十五，入京兆学，益自刻励，蚤暮不少休，同舍生始多少之，已而考行试艺，屡居上列，人畏敬，无敢抗其锋。横渠张载以学名家，公日从之游，益得其奥。由是名振一时，豪俊皆慕与之交，宿望旧德争相引重"。治平元年（1064），游师雄乡举进士第一，中其科，得授仪州司户参军。之后，因受到韩琦赏识，于蔡挺幕下任泾原路权管勾机宜文字。熙宁四年（1071）任德顺军判官。墓志对于游氏早年求学经历和科举情况、早期仕途履历的记载较《宋史》更为详细。关于其之后仕途之记载，志文亦多详于《宋史》，故《金石萃编》称："游师

---

① （元）脱脱等：《宋史》卷三三二，第10688~10690页。

雄，《东都事略》《宋史》皆有传，全采此志，有损无增，《事略》采之最简。"①

撰者张舜民，字芸叟，邠州人，《宋史》卷三四七有传。此志为其知潭州时所撰。书者邵龥，"《书史会要》称其字仲恭，丹阳人，官至直龙图、知苏州"，此志署"朝散大夫直龙图阁、权知秦州军州兼管内劝农事、兼权发遣秦凤路经略安抚使、兼马步军都总管公事骑都尉"，当在其任知苏州之前。② 篆盖者章楶，字质夫，建州浦城人，累官江淮发运使，《宋史》卷三二八有传，此志署"端明殿学士、中散大夫、充泾原路经略安抚使、马步军都总管、兼知渭州军州事管内劝农使"。刻者安民、安敏、姚文、安延年等，均为当时知名刻工，其他墓志亦可见其名。

〔志文〕

宋故朝奉郎直龙图阁权知陕州军府兼管内劝农事兼提举商虢等州兵马巡检公事飞骑尉赐绯鱼袋借紫游公墓志铭

朝请郎直秘阁知潭州军州兼管内劝农事兼荆湖南路安抚充本路兵马钤辖骁骑尉赐紫金鱼袋张舜民撰

朝散大夫直龙图阁权知秦州军州兼管内劝农事兼权发遣秦凤路经略安抚使兼马步军都总管公事骑都尉赐紫金鱼袋邵龥书

端明殿学士中散大夫充泾原路经略安抚使马步军都总管兼知渭州军州事管内劝农使上柱国赐紫金鱼袋章楶篆盖

公讳师雄，字景叔，姓游氏，世居京兆之武功。曾祖永清、祖裕，皆潜德不仕。考光济始为大理寺丞，赠朝请郎。公为儿时，不妄戏笑，闻弦诵声则悦而慕之。授以书，如夙习。握笔为诗，语已清拔。年十五，入京兆学，益自刻励，蚤暮不少休，同舍生始多少之，已而考行试艺，屡居上列，人畏

---

① （清）王昶辑《金石萃编》卷一四一，第 4 册，第 2599 页。
② （清）王昶辑《金石萃编》卷一四一，第 4 册，第 2598~2599 页。

敬，无敢抗其锋。横渠张载以学名家，公日从之游，益得其奥。由是名振一时，豪俊皆慕与之交，宿望旧德争相引重。治平元年，乡举进士第一，遂中其科，授仪州司户参军。郡委公以学校，公徒而新之，士皆就业，其后登科者继踵。丞相范公为转运使，闻而荐之。于是使者识与不识争荐其能。忠献魏公在长安，遣公督刍粮筑熙宁寨。及使相视弃爨，会胡庐河、定西三川之地复中利病。魏公爱其才，蔡挺师泾原，以公权管勾机宜文字。熙宁四年，迁德顺军判官。时初议役法，常平司以公相度秦凤路，公条画甚多。其后朝廷下陕西役法，悉用其说。韩康公为宣抚，委公同提举常平刘琯往鄜延，与主帅措议战守之策。初琯欲自延州入安定黑水堡，过绥平寨地逼贼境。公疑其有伏，请由它道。已而谍者至，言西夏尝伏精骑数千于黑水傍伺其过。掩之，将诘以机事。琯惊曰："向非公，堕于虏矣。"赵卨师延安，以公权管勾机宜文字。夏人将扰边，时鄜延之兵与战具悉为保安、啰兀二将所分据，自延州龙安以北诸寨无屯备，卨患之。公为谋，发义勇以守，且聚石于城上以待寇。夏人闻其有备，乃引兵入麟州，袭荒堆、三泉而归。韩康公尝遣公按视啰兀城、抚宁和市。公言啰兀无井泉，抚宁在平川，皆不可守。康公然之。未几，抚宁果陷贼中，啰兀终弃而不用。丁母艰，服除，充鄜延路经略司勾当公事，复从赵卨之辟也。熙宁七年，河溢，坏永宁关宁和桥，商贾道绝，河东之粟不入于鄜延。有诏治桥甚急，议者谓石岸险，用力多非期，以岁年不可就。公往经度，两月而成，人皆服其神速。时旱甚，尚委公以行诸垒振贷。公使弓箭手、汉蕃户磨铠运石、浚沟完壁，计口而授粮，人无殍亡，边备因之以固。八年，王师征安南，赵卨为宣抚招讨副使，首辟公舍于同文馆。卨方迫奏禀，不暇省文檄，皆倚公以辨。王韶为枢密副使，谓卨曰："幕中得士，良可贺也。"军将行，闻父忧，有旨给告百日复赴军，公丐以终丧。凡三被诏，恳辞，乃免。卨之行与主帅郭逵议不协。公忧其无功，悉以书勉之，其后皆如所料。服除，升颍州团练推官。秦帅吕大防辟充管勾机宜文字。朝廷命徐禧计议边事。禧持议不同，大防遣公往条白，禧悦其言，留之数日，边议始合。禧叹曰："诸幕府如游君，复何虑？"

元丰四年，王师问罪夏人，转运副使李察辟公句当公事。军驻灵武，馈饷之计，公力为多，升忠武军节度推官，充泾原路经制司勾当公事。未几，以疾辞归。赵离帅庆阳，再辟公管勾机宜文字。环庆当用兵之后，扶伤补弊，师壮民安，皆公之赞画。离移延安，范丞相代之，留辟，事无巨细，一以付之。元祐元年，改宣德郎，除宗正寺主簿。朝廷以夏人久为边患，思有以怀来，欲以四寨归之。未决，执政以公习知西边事，召问之。公曰："四寨，先帝所克，所以形势夏人者也。上当守而勿失，奈何轻以畀人，且割地以纾边患，不唯示中国之弱，将启蛮夷无厌之求。四寨既予，泸、南、荆、粤如有请者，亦将予之乎？非特此也，若燕人遣一介之使，奉只赤之书，求关南十县之地者，又将予之乎？六诸侯割地以饵秦，当时犹以为耻，安有以天下之疆盛而弃地以悦夷狄者哉？"因进《分疆语录》二卷。而主议大臣不听，卒弃四寨，夏人夷其地而不有，侮侵加前。二年春，迁军器监丞。夏四月，吐蕃寇边，其酋长鬼章青宜结素号桀黠。熙宁中，陷河洲、踏白城，杀主将景思立者也。元祐以来，例行姑息，因乘间胁属羌结夏贼为乱，谋分据熙河。朝廷患之，择可使者与边臣措置，佥以公行。公奏以谓奉使绝塞，兵谋军势间不容发，俟中覆，则失于机会。欲如古者大夫出疆之事。上允其请，许以便宜从事。公既至，谍知西夏聚兵于天都山，前锋已屯通远境上。吐蕃之兵欲攻河州，鬼章又欲以别部出熙州。公将先发以制之，告于熙帅刘舜卿。舜卿曰："彼众我寡，奈何？"公曰："在谋不在众，斗智不斗力。此机一失，后将噬脐。倘不济焉，愿为首戮。"议三夕而后从之，乃分兵为两道。姚兕将而左，破六逋宗城，斩首一千五百级，攻讲朱城，断黄河飞桥，青唐十万之众不得渡。种谊将而右，破洮州，禽鬼章及大首领九人，斩首一千七百级。余众奔溃，溺死者数千人。洮水为之不流，遗铠仗刍粮数万。于是奏捷曰："臣闻憺天威震皇武，所以讨不庭也。今西夏授策而弗谢，辄阴援吐蕃鬼章，结衅构奸，欲为边患。臣与宋师合谋，将义兵行天诛。赖陛下圣神，陷陈克敌，斩获以万计。生擒元恶，系送北阙下。愿戮尸藁街，蛮夷邸间，以示万里。"书奏，百僚班贺，遣使告裕陵。朝廷欲厚赏公，而言者谓邀功生事，必开边隙，甚则欲坐以擅兴，遂薄其赏，止迁奉议郎，赐绯。

先是，青唐酋长来告主帅曰："董氊死，阿里骨秘不发丧，诈以为嗣，当立请封于朝廷。已而复杀董氊妻心牟氏，囚温溪心部族首领，国人怨之。若中国以兵问罪于境上，当煞阿里骨以献愿立董氊之后，以安国人。"主帅未纳。公方使而闻之，喜曰："此天赞我也。"以利害上于朝，且曰："若遣赵醇忠于青唐城依府州，折氏世受封爵，则西方可保百年无变矣。"会鬼章就禽，其事遂寝。出为陕西转运判官。行郡邑则首兴庠序，过田里则亲劝农桑，新驿传四十余区，轮奂之美，甲于天下。自周秦已来，古迹之埋没者皆表之，以示往来。凿故关山道为坦途，便熙秦之飞挽。长安之北，泾阳、栎阳沃壤千里而水不浸灌。公教民浚沟洫，引泾渭之流，于是溉田数千顷。自陕以西水利之兴者，复万余顷，民赖其惠。熙河地不种粟，粟由它道往者，常高其直而后售，而马亦病于无草。公以粟与农具给汉蕃□民，而教以耕种之法，不数年，所收富于内地。又课边人种木，所在森蔚，其后公私材用皆取足焉。五年，移秦凤等路提点刑狱公事，迁承议郎，加武骑尉。完郡县之狱，且授以唐张说《狱箴》，使置之坐右，朝夕省观，尽心于听讯。买书以给学者，开大散关路，利巴蜀之行人。自朝廷弃四寨之后，熙河与夏人分疆，至是未决，命公往视之，具利害以闻。由是，形势之地皆为我有。六年，夏贼寇泾原，复入熙河，杀掠甚众。公上疏曰："元丰以托土为先，故进筑之议略。元祐以和戎为务，故进筑之议核。今兰州距贼境一里，而通远军不及百里，又非有重山复岭为之限障，犬羊之势得以潜窥而轻废，边民不安其居者屡矣。宜自兰州定远城东抵通远军定西城与通渭寨之间建汝遮、纳迷、结珠龙三栅，及置护耕七堡，所以固藩篱，使寇至而不可犯，此边防无穷之利也。"疏入不报。公又论士民之亲死而不葬，寓骨于佛舍，岁久暴露，于风教有伤，宜立法以禁之。其贫而死于道路者，愿委郡县给闲田以聚葬，如《周官》墓大夫之法。又言州郡奏疑狱，下其案于刑部、大理寺，往往历岁时而不降，淹狱缓刑，宜有以督之。又上役法廿条。朝廷多行其说。七年，召拜祠部员外郎，言天下祠庙多颓弊。春秋荐享牲瘠酒漓，非所以敬鬼神、严祭祀也。愿申戒州县。改工部员外郎。鄜延阙帅，上欲用公，御延和殿谕宰执。上三问不答，既而对以资浅，姑再使以待之。乃除公集贤校理，权陕西转运副使。同列欲变民租为钱，意在收羡余以献。公面折之曰："五路宿兵以待饷，反令输钱。钱可食乎？借若帑藏盈积而仓廪空虚，边陲有警师徒雾集，君能任其责耶？"同列无以应。内州两税支移于边者，民常以为病。公为奏曰："在昔边土不耕，仰粟于内，故设支移之法。今沿边之粟既多余之，军食自足，宜令内州税户随斗升计地里输脚乘钱，以免支移之劳。既可以休民力，又可以佐边用，公私便之。"九年，迁朝奉郎，加云骑尉，以疾丐郡。有旨免按行以自养。犹上章坚请，乃召赴阙。上谓辅臣曰："有自西方来者，言游师雄已安，旦夕当至矣。"辅臣初皆不知。及将陛见，班当第四，御笔升班第一，既赐对。上顾谓曰："知卿所苦已安，殊可喜也。"公方谢，上又曰："洮州之役，可谓奇功，恨赏太薄耳！"公对曰："平黠羌，执丑虏，皆上禀睿算，臣何力之有焉。叨被宠光，实已过其分矣。但当时将士奋命力斗，而其劳未录，此为可惜。"因陈其本末。又奏元祐中尝议筑汝遮等寨。上皆然之。复面谕公，将付以边阃。公辞以疾，乃除卫尉少卿。上数问公边防利害，公即具庆历以来边臣措置之臧否，庙堂谋议之失得，及今捍御之切务，凡一十六事上进，曰《绍圣安边策》。绍圣二年，恳求外补。以公知邠州。未几，改守河中府。时河中久旱，公入境，天即大雨，民皆欢谣。又自中条山下立渠堰，引苍陵谷水注之城中，人赖其利。三年春，迁直龙图阁、权知秦州，兼权发遣秦凤路经略安抚使，兼马步军都总管，加飞骑尉。方及境，被旨摄帅熙河。时夏贼寇延州塞门寨，诸路皆屯将兵于境上，以防不虞。久而衰罢。公至则命解严彻备，以休士卒。已而虏亦不犯，人皆服其持重。西鄙自破洮州之后，如于阗、大食、拂林、邈黎等国，贡奉般次，道常不绝。朝廷惮于供费，抑留于熙河，限二岁一进。公奏曰："夷狄慕义，万里而至，此太平之盛事，汉唐欲之而不得者。今抑之使不即朝于阙下，恐非所以来远人也。"朝廷从之，于是异国之使接踵于中都焉。夏五月，朝廷遣使与熙河、泾原、秦凤之帅合谋以制夏国。使者锐于成功，意在讨击。公以谓宜且进，筑城垒以为藩卫，席卷之师，未可轻举，因上疏。论列不报，而使者日持攻取之说以迫公。公度不可共事，乃三上章求引避。六月，被命还秦。再求内郡，移公知陕州。其后使者悟攻取之难，卒用修筑之议，如建汝、遮寨、金城关，皆公已陈之策也。四年，自陕及雍大旱，公日夕斋戒祷雨。已而霡霂，境内独丰，民无流徙，而旁郡饥殍相枕于沟渎。陕当西道之冲，兵民繁夥，使传旁午为守者惮之。公抚治有经，应接多暇，不见其劳扰。居无事，时常亲至学舍，执经讲问以劝诸生。七月六日，以疾卒于治，享年六十。公初寝疾，有星殒于州宅思邵堂下，光焰炯赫，不数日而终。人咸异之。公娶张氏，承务郎程之女，封仁寿县君。贤淑有妇道，先公六年卒。子八人：靖，前河南府左军巡判官、管勾书写、秦凤路机宜文字；竑、巍、竚、竦，皆举进士；端、翊、邰奴，早夭。女一人，适前蔡州遂平县尉李圭。孙男四人，孙女一人，尚幼。以其年十月丁酉葬于京兆府武功县西原凤凰冈之先茔，以仁寿夫人祔焉。公有文集十卷、奏议二十卷藏于家。公幼丧母东阳县太君习氏，茕然悲啼，人不忍视。及事继母江陵县太君杨氏，尤以孝行著于里中。尝侍疾，衣不解带者累月。既执丧，毁瘠过制。朝请君殁于延安，公被发徒跣，躬负其衬［榇］而归，行路为之伤恻。友爱其弟师韩甚笃，尝遇明堂推恩，不奏其子，而以师韩为请。朝廷虽不从而人皆义之。不喜聚货财、广田宅、为子孙计，独以赒给亲旧为心，族人生无以赡、死无以葬者，皆公是赖。故卒之日，家无余资。从官二十余年，率常在边塞，其蕃汉情伪，将佐才否，以至熟羌生界住坐、山川险易、种落族姓，靡不周知。拊循劳问，下逮孩幼，故远蕃之人莫不怀附。及摄镇洮，羌人欢呼，争迎于境上。比其去，汉蕃士卒泣诉于走马承受曰："为我闻朝廷，使公且留此。"所至民尤爱戴。其殁也，陕民号恸如丧其所亲，而蒲人之哭奠者相属于路。羌酋边卒、旧将故吏，多绘公像而事之者。其后于阗之使入贡，必过公之墓而祭之。其得人心如此。公恢廓敦大，不事边幅，□然莫窥其涯。遇人接物，未尝忤其意。至于论当世事，则毅然正色，辞劲而不挠，虽人主前亦不阿合。左右方恐惧，而公言益亹亹，临危难不顾其身。呜呼！才猷器识，度量风概，瑰奇卓绝如是，而不得尽所蕴焉，可不为惜哉！铭曰：

　　游本姬姓，吉兴于郑。元魏靖侯，儒风聿修。悠悠千祀，典刑孰继。嶷生陕州，文武之器。文则华矣，其武伊何。矢谋于军，书劳实多。在昔熙宁，鬼章方命。先帝不诛，以待嗣圣。嗣圣继明，公初请缨。指踪将士，机发雷霆。既破洮州，仍执丑虏。告庆庙陵，百寮蹈舞。穷发鬼区，奢我皇武。桓桓奇功，焜耀海寓。乘轺关陇，剖竹蒲齿。省曹卿寺，出入拖绅。忠以利国，仁以爱民。其所施设，同风古人。憬彼夏羌，屡豁西境。公提将符，岳立山挺。忽从一邦，志不获骋。乃令犬羊，尚保要颈。大勋不遂，非公独然。廉颇去赵，乐毅离燕。惟有令名，炯如星悬。刻铭幽宫，万世哀焉。

京兆安民、安敏、姚文、安延年模刻

吕大忠墓志

宋元符三年（1100）。志长0.44米，宽0.45米。志文楷书15行，满行15字，题"宋故追复宝文阁直学士朝散大夫致仕吕公之墓"。2009年出土于西安市蓝田县三里镇，现藏陕西省考古研究院。《陕西省考古研究院新入藏墓志》著录。

志主吕大忠，字进伯，卒于元符三年（1100），卒时七十六岁，则其生年当在天圣三年（1025）。

吕大忠生平事迹和仕途履历，《宋史》本传比较详细，曾任华阴尉、晋城令、代州知州、石州知州、陕州知州、秦州知州等职，以宝文阁待制致仕。[①]《吕大忠墓志》较为简短，关于其仕宦经历仅提及"年二十有九，以皇祐五年中进士第。甫至七十，即累章告老，后三年始得请。绍圣四年，以宝文阁待制致仕，自左冯翊归长安里第"。吕大忠因与王安石代表的新党政见相左而遭贬谪。

〔志文〕

宋故追复宝文阁直学士朝散大夫致仕吕公之墓

公讳大忠，字进伯，其先出于汲郡，后为长安人。年二十有九，以皇祐五年中进士第。甫至七十，即累章告老，后三年始得请。绍圣四年，以宝文阁待制致仕，自左冯翊归长安里第。元符三年四月十二日，寝疾而没，享年

---

① 参见（元）脱脱等《宋史》卷三四〇，第10844~10846页。

七十有六。是年七月八日，嗣子锡山奉公之丧，归葬于蓝田白鹿乡太尉原之先茔。以埋文隧，碑不可亟得，托其故莫［幕］府武功苏晛纪其大略，以藏诸幽。呜呼我公！其持己也约，其待物也诚，其立朝也直，其视民也惠，终始一节，无间然矣。若夫施设用舍，则系所遇如何尔，论撰之详，以俟作者云。

刘伯庄墓志

宋元符三年（1100）。志正方形，边长0.58米。志文楷书28行，满行28字，题"宋故康定军鄜城县主簿刘先生墓铭并序"。李嵩撰，种果书并篆盖，安延年刊。近年出土于西安市长安区郭杜镇。《宋代墓志辑释》著录。

志主刘伯庄，字子夷，长安人，卒于元符三年（1100），卒时五十四岁，则其生年当在庆历七年（1047）。

志文关于刘伯庄家族世系记载："左班殿直讳延祚者，其曾祖也。大理寺丞讳棠者，其祖也。坊州司理参军讳玘者，其父也。"其父亲刘玘墓志云："曾祖建中，不仕。祖祚，任左班殿直。父棠，任大理寺丞。"关于刘伯庄曾祖的记载，"刘延祚""刘祚"略有不同，可能因避讳而改名。志称刘伯庄"五预乡书，乃登进士第，调康定军鄜城县主簿"，据《刘伯庄妻陈婉墓志》可知，刘伯庄进士及第时间约在绍圣四年（1097）。除康定军鄜城县主簿外，刘伯庄当无其他任职。刘伯庄娶陈氏，志云"殿中丞世昌之女，淑德蔼著，先先生而亡"，夫妇二人墓志可互证。

撰文者李嵩，署"朝散大夫、新差知坊州军州兼管内劝农事、上柱国、赐紫金鱼袋"；书者种果，署"朝奉郎、新差通判相州军州兼管内劝农事、飞骑尉、赐绯鱼袋"，二者未见正史记载。

〔志文〕

宋故康定军鄜城县主簿刘先生墓铭并序

朝散大夫新差知坊州军州兼管内劝农事上柱国赐紫金鱼袋李嵩撰

朝奉郎新差通判相州军州兼管内劝农事飞骑尉赐绯鱼袋种果书并篆盖

有宋贤儒曰长安刘先生，讳伯庄，字子衷。自少力学。研究六经，以求圣贤义理之归；博览群史，以通古今治乱之迹。尤精于《春秋》之学，期欲施之有政，以显后世。其修身行己，率皆慎重不妄，故能循蹈规矩，未尝逾闲。少失所怙，偏亲在堂，先生奉事敬严，甘旨必具。接昆弟亲旧至和，虽仆妾得其欢心。其家累世仕宦，南北旅衬［榇］多寄四方，先生举曾祖而下八丧□葬于长安。其闲暇则多聚古书，日与宾朋讲论，遇兴则放怀泉石，作为歌诗以自娱乐。其安命忘忧，绰有古人之风，故其学行为乡闾所矜式，长少皆乐从之。即之愈久，而益温听其言者，虽久而忘倦。五预乡书，乃登进士第，调康定军廊城县主簿。方西鄙用兵，朝廷发京西之粟数百万以实边，自洛至军，车毂相连。先生受纳有方，民不留滞，而公廪给足。岁旱，被檄视谷之多寡以宽民赋，先生多为蠲除，而民荷其惠。饥民困于道路，死亡甚众，先生率僚属聚财以赒给，而人赖其生。僚属有所未见，则密为之告，当涂有所访问，则称其长而舍其短。其莅官常以无补，于公为虑，不汲汲于名利，故人皆服其长者。其德性温淳，襟量恢廓，与人交淡而无适，莫泛爱众而不失色于人。故其没也，闻者莫不伤叹。左班殿直讳延祚者，其曾祖也。大理寺丞讳棠者，其祖也。坊州司理参军讳玘者，其父也。娶陈氏，殿中丞世昌之女，淑德蔼著，先先生而亡。男一人彦祖，应进士举。女三人：长曰仲柔，许嫁进士尚猷；次曰叔静；次曰康奴，尚幼。孙男一人，幼。以元符三年七月十七日，卒于康定军廊城县官舍，享年五十有四。卜以是年十月十有六日，葬于京兆府万年县神禾原父茔之次。其藏之家者有《无忧子文集》《春秋说》数十卷。铭曰：

其德伊何，如金如玉。其度伊何，如川如谷。乐道忘忧，知足不辱。事亲敬严，居家辑睦。政务宽仁，民怀爱育。寿宜永也，止逮中年。位宜尊也，才及寸禄。闻讣之来，远近悲恻。形则有穷，名传不息。

安延年刊

孙昭谏墓志

宋元符三年（1100）。盖长 0.87 米，宽 0.86 米。志长 0.84 米，宽 0.82 米。盖文楷书 4 行，满行 3 字，题"大宋故惠州刺史孙公墓志铭"。志文楷书 39 行，满行 37 字，题"宋故皇城使持节惠州诸军事惠州刺史监凤翔府终南上清太平宫护军孙公墓志铭"。王箴撰，王振书，李公裕题盖，安民、安延年、姚革刻。1987 年出土于今西安市户县南乡，现藏西安市鄠邑区文物管理委员会。《户县碑刻》、《新中国出土墓志·陕西》（叁）著录。

志主孙昭谏，字子忠，卒于元符三年（1100），卒时六十五岁，则其生年当在景祐三年（1036）。

孙昭谏曾祖孙秀未仕，祖父孙遇赠率府率，父亲孙用赠左屯卫上将军。孙昭谏于庆历七年（1047）以父荫补为三班借职。嘉祐年间曾为监环州防城库，以右班殿直戍庆州虐泥堡。之后迁西头供奉官、东头供奉官、内殿承制、西京左藏库副使、文思副使等，元祐年间以皇城副使知环州。元符元年（1098），差管勾终南上清太平宫。志题中的"惠州诸军事惠州刺史"在志文中并未出现，可能是孙昭谏卒后赠官。

孙昭谏卒后，于建中靖国元年（1101）葬于京兆府鄠县界太平乡孙思村颜家庄，以夫人范氏祔葬。《孙昭谏妻范氏墓志》亦已出土。

撰文者王箴，署"朝奉郎、监凤翔府斜谷造船场、飞骑尉"。书者王振，署"承议郎、新差知凤翔府扶风县事兼兵马都监"；据孙昭谏妻范氏墓志可知，其曾任将利知县。题盖者李公裕，署"朝奉大夫、行尚书考功员外郎"，未见正史记载。

〔志文〕

宋故皇城使持节惠州诸军事惠州刺史监凤翔府终南上清太平宫护军孙公墓志铭

朝奉郎监凤翔府斜谷造船场飞骑尉赐绯鱼袋王箴撰

承议郎新差知凤翔府扶风县事兼兵马都监赐绯鱼袋王振书

朝奉大夫行尚书考功员外郎赐绯鱼袋李公裕题盖

皇城使孙公，以建中靖国元年十一月辛酉，葬于京兆府鄠县界太平乡孙思村颜家庄之先茔。是年，公子预来请铭以志公墓，序曰：孙氏，故河朔祁州鼓城县人也。曾祖秀，不仕。祖遇，赠率府率。父用，赠左屯卫上将军。公讳昭谏，字子忠。自为儿童时，状貌巍然，慷慨有大志，人固已奇之矣。既冠，为人详审沉静，疏眉目，美须髯，凛凛然有不可犯之色，其际之，则温裕如也。庆历七年，以父荫补三班借职。嘉祐元年，始从先公监环庆路兵马。时以属羌叛命，公先众人请行，总百弩，奋击不顾，贼兵乘风而靡，有司录功为最。嘉祐二年，监环州防城库。七年，以右班殿直戍庆州虐泥堡。治平三年，以左班殿直权环州肃远寨兵马监押，累迁至西头供奉官。熙宁三年，总兵牵制，公乃深竟巢穴，破荡梁戍蒐寨，斩首数百级，获器甲羊马不赀。及救应庆州大顺城，破萌逋誃、香西、永蒐、名蒐等寨，斩虏亦计千数。又解东谷之围，破故市川之族，勾收环州惊疑之众，皆公首为先锋，开道以济。以酬奖迁东头供奉官，积将佐迁至内殿承制。元丰五年，从经制李宪收复兰会贼兵，又以酬奖迁西京左藏库副使。七年，筑兰州，又迁文思副使，遂移知陇州、阶州、岢岚军，所至咸有美绩，民颂不忘。元祐七年，以皇城副使知环州。州一日犬羊啸聚，众逾十数万，攻围累日，公力勉诸将，开门延敌，以疑敌人，卒不敢犯。公处重围中，晏然自若，奏乐宴饮，命诸将分守要害，密纵奇兵，邀击其归，断其首尾。迫于洪德寨之隅，贼军为汉所挤，多杀伤数千人，牛马填委，沟壑几满，贼母与数十骑遁去。朝廷闻而嘉之，赐白金茶药以奖谕焉。民既德公之惠，遂为画像，祠之。八年，迁如京使。绍圣元年，移知河州。二年，改东作坊使。四年，复移环州，进筑安疆城，迁宫苑使。以五年接纳李讹啰等归汉，又筑横山寨、通塞堡，迁皇城使，凡赏赉以百数。元符元年得请，遂就差管勾终南上清太平宫，时年六十三。呜呼！他人有一于此，皆自以为当世奇才。如公则未始以轻重为计也。于时，当世名卿荐公者，凡四十余人，是皆可考而不诬，然则余其敢欺后世哉？惜乎！不使公蒙国重寄，俾得尽其所蕴，而为后人之所深惜也。公以晚节，遂厌兵伍，自以志虑衰耗，终不能以筋力为人赢缩。既得请于冷散之地，遂买田于终南山，拂袖以归。乃卜宗族所未葬者，总二十七丧，归安宅兆，一以己俸办之。悉以祖宗所分田施诸兄弟、亲戚间，不为赢余，令粗足充事而已。于是令家共具设酒食，请族人故旧宾客，与相娱乐，优游数岁，以疾终于家，享年六十五。娶范氏，封长安县君。子男八人：长曰竭，次端，次竚，早卒；次翊，军将；次靖，三班奉职；次竦，右班殿直；次竑、次巚，未仕。女六人：长适皇城使王况，次适左班殿直种师闵，次适左藏库副使张斌，次适左班殿直张沔，余在室。孙男四人：长曰泙，次沄、次涣、次演，皆未仕。孙女五人，并在室。皆率公教无违者。呜呼！公之遗风余烈，播在当世，至后人有思公而不得见者，将何所取信哉！是故不可以无铭也。铭曰：

　　于穆神宗，在宋之隆。奋节金革，有来孙公。桓桓爪牙，其谁之同。帝眷西顾，往守于环。黠虏跳梁，敢侮于边。君命以师，出扫千里。鸟骇兽奔，归无余骑。惟君之绩，帝谓汝良。天胡不相，不竟其长。惟此归老，晦迹自保。逍遥于家，克终寿考。松柏芊芊，在渭之涯。何嗟及矣，有铭昭之。

安民、安延年、姚革刻

韩公才暨妻郭氏墓志

宋建中靖国元年（1101）。志长0.46米，宽0.47米。志文楷书5行，满行13~14字。志中部1行6字，题"昌黎韩公才墓"。1955年出土于西安市灞桥区高楼村，现藏西安碑林博物馆。

志主韩公才系韩应之孙、韩介卿之子。据《韩应墓志》记载，韩应有韩周卿、韩端卿、韩介卿三子，韩公亮、韩公度、韩公孺、韩公才四孙。《韩介卿墓志》墓志称其仅有一子，即此志主韩公才。韩公才卒于建中靖国元年（1101）二月十五日，夫人郭氏同年十二月四日卒，崇宁元年合葬于韩氏祖茔。

〔志文〕

昌黎韩公才墓

宋故登州防御推官韩介卿之子，建中靖国元年二月十五日身亡。
妻郭氏建中靖国元年十二月四日卒，崇宁元年正月二十九日合祔。

吕锡山女文娘墓志

宋崇宁元年（1102）。志近正方形，边长 0.27 米。志文楷书 10 行，满行 9 字，无题。2009 年出土于西安市蓝田县三里镇，现藏陕西省考古研究院。《陕西省考古研究院新入藏墓志》著录。

志主吕文娘系吕大忠之孙、吕锡山之长女，生于建中靖国元年（1101），卒于崇宁元年（1102）。其卒后殡于蓝田县崇因褒训禅院，崇宁二年祔葬吕大忠墓侧。

〔志文〕

汲郡吕锡山长女文娘，建中靖国元年七月十四日辰时生于长安。明年九月二十四日亥时，得风疾而化。性极惠，其母侯甚怜之。后五日，归殡于蓝田县崇因褒训禅院。又一年，以十二月四日，迁祔祖宝文公之墓侧。

潘龟符妻阴氏墓志

宋崇宁元年（1102）。志正方形，边长0.57米。志文楷书31行，满行31字，题"宋故右班殿直潘府君夫人阴氏墓志铭"。仇懋撰，仇宪书，巩敦书篆盖，安仲康刊。早年出土于渭南市华州区孝悌乡，现藏西安碑林博物馆。《西安碑林全集》著录。

志主阴氏系潘龟符之妻，卒于崇宁元年（1102），卒时六十五岁，则其生年当在宝元元年（1038）。《潘龟符墓志》已出土。

潘龟符于庆历八年（1048）先娶严氏，皇祐五年（1053）严氏卒，继娶阴氏。志云"夫人姓阴氏，世为华州人，年十有七归潘氏"，可知阴氏嫁于潘龟符是在至和元年（1054）。潘龟符与阴氏有三子：长子潘纯为右班殿直；次子潘纮为乡贡进士；三子潘经，业武举。崇宁四年（1105），潘龟符卒后安葬时，以阴氏祔葬，即此志云"秋八月二十日，葬于郑县孝悌乡故县原先茔之次"。

撰文者仇懋，署"将仕郎、同州司户参军"，与志主之子潘纮为友人。书者仇宪，还书有《潘龟符墓志》《王延年墓志》。篆盖者巩敦书、刻者安仲康，亦见于《潘龟符墓志》。

〔志文〕

宋故右班殿直潘府君夫人阴氏墓志铭
将仕郎同州司户参军仇懋撰
南阳仇宪书

山阳巩敦书篆盖

崇宁四年夏五月,右班殿直古郑潘君讳龟符卒,其子以讣抵其友冯翊仇懋曰:"纮不孝,失所怙,将举襄事,且迁先妣之柩祔焉,敢以铭累子。"余谢不敏,不敢铭夫人。居亡几,复以其姊之夫简州文学张元规所状母夫人之行事来请曰:"期日迫矣,铭吾母者莫如子。"宜其母□惟殿直君,规尝从先大夫游,而纮复与余友善,讲闻夫人之懿德美行实久,于是掇拾其梗概而铨次之,仍系其铭于末云。夫人姓阴氏,世为华州人,年十有七归潘氏。天资和厚而复警敏,方居室时,凡女功之事所当为者,无不臻其妙。事父母以孝闻,及嫁为妇,移所以事父母者以事其舅姑,又能广其钦爱以及于舅姑之党,故宗族咸称之。初,殿直君尝娶,有一女子,方在襁褓。夫人至则手自拊育,以尽母爱。及后己有所出,曾不少易。至女长且行,虽家人不觉其有异。雅性勤俭而乐施。予属中有匮乏者,辄赒给之。及终之日,衣无余袭,常谓:"妒而骄吝,妇人之常,吾所不取也。"闲召诸妇,戒以孝慈惠和为事。而诸妇骨服其化,有能继夫人以孝称者,乡闾咨美之。夫人善治家事,以正顺相其夫,以行艺饰其子。奉上接下,一以诚意。闺门之内,雍穆整治,人相告语,以为楷法。殿直君以行义名于时,为学士大夫之所慕尚。每篚其家,夫人必自供膳羞,俾尽其欢,率以为常,而色词无倦。夫人自归潘氏,余四十年间,非父母之疾,未尝言归。人或怪,问,答曰:"我昔为阴氏女,今乃潘氏妇,父母之恩何可忘?□以义断之耳。"人以为得事之宜。逮丧舅姑,哀摧过礼,奉侍灵几,寝伏其侧,终制不解。其后春秋祭祀,必身先妇妾,以共祼鬯。礼意恳到,若事生存。呜呼,其贤哉!崇宁元年十一月二十一日,以疾终于家,享年六十五。时余以事至华,祖夫人之殡者,衣冠甚众,而余亦与焉。往往能道夫人之平昔如此,叹息出涕,为不诬矣。三男:纯,右班殿直、监环州防城甲仗库;纮,乡贡进士;经,业武举。三女:长适张元规;次适蔺氏;次适吕氏。四孙男:执中、存中、大中、刚中,皆从儒学。三孙女,并在室。秋八月二十日,葬于郑县孝悌乡故县原先茔之次。铭曰:

猗嗟夫人，赋资仁厚。处为淑女，归为孝妇。夫曰令妻，子曰贤母。间里交称，如出一口。禄养未丰，财逾下寿。子孙诜诜，文武则有。不在其身，克昌厥后。铭以昭之，式传于久。

武威安仲康刊

吕锡山妻侯氏墓志

宋崇宁三年（1104）。盖长0.61米，宽0.60米。志长0.72米，宽0.70米。盖文篆书3行，满行3字，题"宋吕氏妇侯夫人墓铭"。志文楷书29行，满行30字，题"宋侯夫人墓志铭"。吕锡山撰，王康朝书，侯蒙篆盖，李寿昌刻。2009年出土于西安市蓝田县三里镇，现藏陕西省考古研究院。《陕西省考古研究院新入藏墓志》著录。

志主侯氏系吕锡山之妻，卒于崇宁三年（1104），卒时二十二岁，则其生年当在元丰六年（1083）。

侯氏先祖为高密人，其祖父侯中立曾任朝奉大夫，父亲侯孝杰为朝散郎，其家自侯中立时迁居京兆。志云侯氏父亲与吕锡山父亲为朋友，侯氏十六岁时嫁给吕锡山，即元符元年（1098）。志文中的"叔母种夫人"，即吕大钧妻种氏，其墓志亦已出土。吕锡山与侯氏有一子一女，其女吕文娘墓志亦已出土。

书者王康朝，字公起，署"通仕郎、耀州云阳县令"，未见正史记载。篆盖者侯蒙，字元功，高密人，初调宝鸡尉、知柏乡县，曾任襄邑知县等，后帝命知东平府，未赴而卒，赠开府仪同三司，谥"文穆"，《宋史》卷三五一有传。刻者李寿昌，《吕大雅墓志》亦出自其手。

〔志文〕

宋侯夫人墓志铭

承奉郎吕锡山撰

通仕郎耀州云阳县令王康朝书
奉议郎守殿中侍御史侯蒙篆盖

予少时闻侯公与先公厚善，尝侍侧，望其风貌峻整，使人敛衽知畏，听其论议，至及天下事，是是非非，挺然不阿。已而得公之为人，刚毅正直，以节自高，不肯俯仰徇世。好信于乡，重于士大夫。其后，予数奉公燕间。公爱予，许妻以女。公讳孝杰，官止朝散郎，其先高密人。自公之父朝奉大夫讳中立仕关右，筮宅京兆，徙家焉。公没，夫人尚幼，母崇德县君田氏守义。平居玩书史，夫人有疑，辄就咨，遂能晓其大指。公之元配有子四人，崇德顾复均壹，夫人阴有助焉。年十有六，归于予。时先公致其事于家，既馈，委以壶政。夫人处画知大体不烦。先公晚年多疾，夫人夙夜伺起居，状惟谨。先公弃养，夫人于祭，亲馔饪，羞豆铏，必洁以严。尝曰："妇人所先者，祭耳。又况君家以为重乎？"人以是多之。夫人天资警悟，识量远，言动一循于礼，虽婢使不见喜愠。待人以诚，人有善，乐为之誉；闻其过，绝口不道。予长安大族也，夫人事上以敬，抚下以慈，皆得其情。自奉约服饰，取给则止。事有忤于理者，他人方色改气，拂膺夫人，初若不经意，事帖然卒契于理，人莫测其所施设。予归自外，夫人必问其所与。知从贤者游，则悦，曰："是所望于君者也。"又以先公所以戒予者相勉，使予知所守，夫人力也。崇宁甲申四月癸丑，以疾卒于予之正室，享年二十有二。内外族党莫不欷歔出涕。叔母种夫人哭之哀，谓予曰："汝居约，妇能安之，其贤可得乎？"始夫人疾，其兄益日视焉。夫人虑羸然不自支，重贻其忧，犹持形立气，给以少间。疾稍亟，或劝禳之者。夫人曰："生死，赋之天耳，是可禳耶？"将死，前一日，顾乳母在傍，如有所言，久而未发。乳母莫窹。夫人以儿属曰："善为我护之。"神识不乱如此。呜呼痛哉！卜以七月甲申，葬于蓝田太尉原之先茔。生子二人：男曰清孙，始生五阅月矣；女曰文娘，早夭。予观夫人之德之行虽繁，予文不足以究，特取其著者书之。使其得长年尽见所为，其书也乌有既乎？铭曰：

天之报施，犹形表景。善必福所以劝，恶必祸所以儆。如夫人者，德纯行懿，而寿不永。予非敢必于天，庶几万一之应，虑为善者怠，为恶者竞。镌其石，以书予之哀。呜呼！夫人骨可朽，而名不泯。

李寿昌刊

刘奕妻张氏墓志

宋崇宁三年（1104）。志正方形，边长0.62米。志文楷书28行，满行29字，题"宋故张夫人墓志铭并序"。王康朝撰并书，钱景略篆盖，安敏、安延年刻。近年出土于西安市西郊，现藏西安碑林博物馆。《西安碑林博物馆新藏墓志续编》《宋代墓志辑释》著录。

志主张氏系刘奕妻，卒于崇宁三年（1104），卒时六十六岁，则其生年当在宝元二年（1039）。

张氏出身名门，《刘奕墓志》仅载张氏的父亲张仲熊为著作佐郎，此志于其家世叙述较为详细。张氏高祖张齐贤，《宋史》卷二六五有传，大中祥符二年（1009）《王汉妻张氏墓志》已述及；曾祖张宗礼，曾为大理寺丞，赠吏部尚书；祖父张子元为殿中丞；父亲张仲熊以文采闻名于时，任著作佐郎。嘉祐四年（1059）张氏二十一岁时嫁于刘奕，生三子二女。关于其长子之名，《刘奕墓志》作"戭"，《刘奕妻张氏墓志》作"桑"，待考。

撰书者王康朝，蓝田吕氏家族多方墓志均有其名，前《吕锡山妻侯氏墓志》署"通仕郎、耀州云阳县令"，与此志相同。其与此志志主女婿钱恢（字子真）为友人。篆盖者钱景略，署"朝奉大夫、通判澶州军州兼管内劝农事、护军"，当与钱景儒、钱景谌等同辈。刻者安敏、安延年父子，其他出土墓志亦有其名。

〔志文〕

宋故张夫人墓志铭并序

通仕郎耀州云阳县令王康朝撰并书
朝奉大夫通判澶州军州兼管内劝农事护军钱景略篆盖

余友钱子真，侨居有扈，一日过余，出其妻母张夫人行状，求余为铭。夫人之夫家曰刘氏，世为扈人，非余亲且旧也，不亦可以辞乎。已而，得夫人为名相□□南人，与余为同郡，熟其家世，而又夫人有懿行，故乐为书之。惟丞相英国公，谥文定，讳齐贤，于夫人为高祖，其先曹南人，丞相徙焉。曾祖宗礼，赠吏部尚书。祖子元，殿中丞。父仲熊，著作佐郎。著作君文学籍籍有誉，周急重诺，得名于时。夫人年十八无怙恃，诸季幼家事不理，已自能处画有法。居丧，斋戒诵佛书，宗族称其孝。夫人有姑，先适大理寺丞刘君绛，雅知其贤，俾其子奕委雁以聘焉。夫人归，二十一岁。事舅姑惟谨，寺丞母仙源君尤悦爱之。寺丞继室钱氏，丞相中书令文僖公之女。人颇谓贵族为难事，夫人颜色未尝忤，且佐佑其夫，得展意孝道，母子间卒无一语。后頩闻政，丰不逾度，俭能中礼，鲜华甘暖，不以自奉。左右之人，不问戚疏，施与均一。刘氏饶于财，靡有角尖之耗私父母家。或怪而问者，则曰："世多以是取讥，吾尚忍为此，上累先人哉？"教诸子以恭俭修身为务，有过失辄不食，继以泣，弗加谴责，子孙感其慈训，亦莫敢犯也。人有疾病，亲为扶持，粥药皆经心手，其至诚恻怛，盖出于天性。尤喜人节义自守，凡有善必称之，内外亲族见者莫不肃然加敬，此又妇人之所难也。崇宁三年九月二十二日以疾终于家，春秋六十有六。其夫隐居不仕，先夫人十二年卒。子男三人：曰戣、曰戩、曰载。戣、载皆蚤亡。戩孝而谨愿，能保其家者也。女二人：长适宜德郎钱恢，即子真也。次亦继归子真。孙男四人：炤、炜、烨、焕。女三人，长适三班借职钱忧，余在室。其子戩，卜以是年十二月初三日，合葬于京兆府鄠县珍藏乡货泉里先君之兆，礼也。余与子真游旧矣，审其为可信士，状夫人之行为不诬，则与之铭曰：

文定之勋，载于典册。爰有女孙，亦绍厥德。作配金刀，聿修妇职。孝慈惠和，可效可则。胡不百年，天予之啬。南山之阴，下有松柏。魂兮归来，以安斯宅。

安敏、男延年刻

潘龟符墓志

宋崇宁四年（1105）。志正方形，边长0.62米。志文楷书41行，满行41字，题"宋故右班殿直前监凤翔府盩厔县清平镇酒税潘府君墓志铭"。李浩撰，仇宪书，巩敦书篆盖，安仲康刊。早年出土于渭南市华州区孝悌乡，现藏西安碑林博物馆。《西安碑林全集》著录。

志主潘龟符，字宝臣，卒于崇宁四年（1105），卒时七十二岁，则其生年当在景祐元年（1034）。

潘龟符曾祖潘福、祖父潘载荣、父亲潘全均未仕，其家本为河东人，后迁居关中华州。志文于潘龟符仕途有简单记载，对于其精通乡饮酒礼、赈济灾民之事则较为详细。志载，吕徽仲出守华州，兴办县学，以潘龟符司其仪礼，颇得时誉。志云"太尉种公用师西鄙"，当指治平年间种谔带兵征伐西夏之事。潘龟符奋然请行，得以军功补三班差使，之后任茶司从事、调凤翔府清平镇监酒税等。潘龟符先后娶严氏、阴氏二夫人，两人墓志均已出土，可与此志互证。

撰文者李浩，署"朝请郎、管勾西京嵩山崇福宫、飞骑尉"。书者仇宪，宣和元年（1119）《王延年墓志》署"敕赐上舍出身"。

〔志文〕

宋故右班殿直前监凤翔府盩厔县清平镇酒税潘府君墓志铭
朝请郎管句西京嵩山崇福宫飞骑尉赐绯鱼袋李浩撰
南阳仇宪书

山阳巩敦书篆盖

君讳龟符，字宝臣，其先河东人，后徙居关中，今为华之郑人。曾祖讳福，祖讳载荣，父讳仝，皆不仕。君幼稚不妄语笑，性至孝，既长，习文艺，意欲起家，尤刻苦自励，乃自负笈寻师，东游太学。居期年，术业遂精，因诵说暇，语其□曰："唐阳城为国子司业，一日引诸生告之曰：'学者所以学，为忠与孝也。'诸生有久未省亲者乎？"明日，还养者二十辈。某已逾年，违甘旨之奉，逐名利于千里之外，大非子职孝心，人皆有焉，何待司业之令。翌日，长告□归，同舍感君言还养者十许数矣。及归乡，傍徨庭闱，昏定晨省，左右就养，未尝有违。是岁诏下，以乡贡之□君呈文中格，高预乡荐。暨春，试礼官，复报罢。吕公徽仲方出守华州，下车首以学校为务，尝叹曰："古乡饮酒，先王所以仁。乡党治郡，当举行之。"乃访有方之士，掌其仪制，君独预选。然古礼□备，宾者接人以义，故坐于西北，介以辅宾，以象天地之义气。主人接人以仁，故坐于东南，僎以辅主人，以象天地之仁气。至夫俎豆之数，长幼之序，隆杀之恩，酬酢之节，其旨微妙，其文繁缛，皆寓其孝悌之意。君乃一一刺经为礼。吕公入学始，行乡饮酒，揖逊升隆，无不中节。自朝及晏，雍雍如也。比罢，吕公于众中独揖，君劳之曰："今日郡人得识先王之礼，皆掌仪之赐也。"君为学外，颇精五行休咎之述，尝自谓曰："吾晚年当有微禄，弟恐得之，非平昔之志。"一日，其父召立于庭曰："余老矣，为亲而仕，文武何择焉？"是时，太尉种公用师西鄙，乡里豪俊以为此志士立功之秋也，盍往从之。君翻然改曰："男子生而以桑弧蓬矢射天地四方，示有事于四方也，昔人亦以为从军古云乐。"乃奋然请行。后以军功补三班差使，然非其所好，故累年不调。寻丁父忧，哀毁尽礼，服劳几筵，寝卧其侧，无一日少异。忧除，都大提举茶事仇公引为茶司从事。虽名位殊绝，然以儒者待之，闲尝从容谈论。其子弟力学能文，乃与之为朋俦。故能终三年淹也。复丁母忧，毁瘠尤甚。服除，久之，乃调凤翔府清平镇监酒税。前官和籴酒米，误以粳为糯，为吏者告君曰："宜速禀上司，变易其米，不然酝造，弗堪课程。"决不办，君曰："人谁无误，我欲免不办之责。发人误失之过，吾不忍为也。"会关中岁在丙子大旱，十有一月不雨。越明年丁丑夏，君方到任，民尚艰食，道途饿莩，不可数计。君欲以米榷行振济。申上司，报未及下，发仓廪得米五百余斛，赴籴者肩摩足累。吏告君曰："报未下，宜少侯［候］之。"君叱曰：汝辈庸愚！但知守细故，岂识大体？吾切欲拯人于危急之际，设使一身被罪，利多害寡，何惮□□□□报□□□□秋还粜，以偿旧数，无少损焉。民被拯救之恩，官获易米之便，一举而两得矣。监司闻而奇之，交彰荐引□□□□殊无仕宦□以未合引年遽与疾□□□□里闬，自守泊如也。性素梗直，重气节，好交结豪杰。其在太学也，所与游处者，皆一时有名之士，其后终为名卿巨公者数人□□枢密□□子醇未显用日，落魄不羁，蹉跌□□西游关中旅舍，困甚，众人未之知也。君一见之，延致门下，□□□□及行，亦以赆别。或问其故，君曰："吾阅人多矣，未有似此磊落者也。它时必居显职。"不数年，果以收复熙河功致位枢府。王公尝往来华下，必伫行轩，由款邀同途者数矣，意欲报君。君坚辞不往，实无所希望也。君处家以孝谨闻，家尝产芝一十二茎，进士严炜纪之以诗曰："瑞图虽谓天心应，生意自因家道和。颜色既同门地洁，根茎乃为子孙多。"然自幼业文，间开游学，亦以一上□充国宾矣，其志不遂。晚年乃寓迹武弁。今上龙飞，例覃恩需，官终于右班殿直。殆非平昔之志，岂非命夫。崇宁四年五月十五日，以疾终于家，享年七十有二。先娶严氏，再娶阴氏，皆先君而亡。男三人：长曰纯，右班殿直、监环州防城甲仗库；次曰纮，业进士，一预乡荐；次曰经，习武举。女三人：长适简州文学张元规；次适蔺氏；次适吕氏。孙男四人：执中、存中、大中、刚中，皆习进士业。孙女三人，并未适人。诸孤卜以是年八月二十日，葬于郑县孝悌乡故县原之先茔，持其行状使来请铭。浩与之既亲且旧，义不得辞，乃为铭曰：

嗟嗟潘君，志勤业精。孝笃于□，学几有成。其学维何，贡士充庭。其孝维何，灵芝秀茎。进而复踬，晚得一名。粗慰亲意，志或未行。葬□新垄，以勒兹铭。

武威安仲康镌

吕景山女吕嫣墓志

宋大观元年（1107）。志正方形，边长 0.50 米。志文楷书 23 行，满行 22 字，题"宋汲郡吕氏第四女倩容墓志铭并序"。王康朝书，姚彦刻。2009 年出土于西安市蓝田县三里镇，现藏陕西省考古研究院。《陕西省考古研究院新入藏墓志》著录。

志主吕嫣系吕蕡之曾孙女、吕景山第四女，生于元祐元年（1086），卒于大观元年（1107），卒时二十二岁。

志云吕嫣"许嫁章郇公之曾孙寿孙"，章郇公即章得象，字希言，咸平五年（1002）进士，庆历年间拜镇安军节度使、同平章事。封郇国公，判河南府，守司空致仕，卒赠太尉兼侍中，谥曰"文宪""文简"。① 吕嫣许配章寿孙后，未及完婚而病卒，故志云"病既革，趣之成礼。婿行次华阴，而已逝矣"。

据墓志记载，吕景山还有吕郑冀、吕小四二子。

书者王康朝、刻者姚彦，其他墓志亦见其名。

〔志文〕

宋汲郡吕氏第四女倩容墓志铭并序

著雍困敦之岁十一月丁巳冬至，汲郡吕氏用其先人之礼，率族人修荐事于三世之庙，而显妣秦国夫人之室第四女嫣祔焉。执觯奉俎，既致之以履霜

---

① 参见（元）脱脱等《宋史》卷三一一，第 10204 页。

之思；止宾设位，又申之以舐犊之爱。礼成，为之不乐者终日。已而始卜得是岁十二月丙申之吉，归葬于京兆府蓝田县太尉原之先茔。于是父宣义郎景山泣而铭之。嫣，字倩容，皆予所命也，其行第四。母李氏，崇德县君。乳母耿氏。元祐元年九月十日，生于丞相府。年二十二岁，病足弱之疾，卒于长安昇平坊之第，前此一岁二月二十有三日也。其为人明慧，异于常童，凡女工、儒释、音乐之事，无不洞晓。孝友婉娩，尽得家人之欢心。而汲公、秦国尤钟爱焉。暨汲公之南，亦从至大庾岭下。不幸遭离大故，返葬关中，往复万里，艰难百为，嫣实与焉。汲公治命，面予冠帔。建中靖国元年，始拜恩赉，惟加笄之日，一尝服之。许嫁章郇公之曾孙寿孙者。病既革，趣之成礼。婿行次华阴，而已逝矣。属纩前一日，予诲以死生浮幻之理，合掌听受。遗言大抵惧贻父母伤悲之情，复语自宽而已。呜呼，可哀也已！铭曰：

慧何丰，寿何啬。从王母，即幽宅。

其墓南直汲公之新兆，其东则殇兄郑冀、弟小四合住祔焉。冀、小四，嫡子也。因识于左方云。

大观二年十二月二十一日云阳县令太原王康朝书

姚彦刊

吕大雅墓志

宋大观三年（1109）。盖正方形，边长0.71米。志长0.70米，宽0.71米。盖文篆书3行，满行3字，题"宋承务郎致仕吕君墓"。志文楷书32行，满行31字，题"宋承务郎致仕吕君墓志铭"。张闳中撰，句德之书，吕至山篆盖，李寿永、李寿昌刻。此盖系用蓝田吕氏所藏"大唐故定州刺史上柱国张君墓志之铭"盖石改刻而成。2009年出土于西安市蓝田县三里镇，现藏陕西省考古研究院。《陕西省考古研究院新入藏墓志》著录。

志主吕大雅，字正之，卒于大观三年（1109）正月庚子，卒时六十六岁，则其生年当在庆历四年（1044）。

吕大雅系吕英第三子，元祐初年其从兄吕大防任丞相之职，奏请以吕大雅补假承务郎，之后调任陈州南顿县主簿。《吕英妻王氏墓志》《吕大雅妻贾氏墓志》亦载吕大雅官职为陈州南顿县主簿。此志称"秩未满，丁母夫人忧。徒行千里，奉柩归葬"，即指元祐八年（1093）吕英妻王氏卒后归葬之事。服阕，调邓州顺阳县尉之职，建中靖国元年（1101）以承务郎致仕。吕大雅先娶贾氏，贾氏卒于元丰五年（1082），后继娶罗氏。其长子吕仲山为文林郎、华州蒲城县丞；次子吕省山过嗣从兄吕大临，为文林郎、行定边军判官。

撰文者张闳中，署"朝奉大夫、充环庆路经略安抚使司勾当公事、武骑尉"，《伊洛渊源录》"程氏门人无记述文字者"载："张闳中，不详其名字，有答书，见《文集》"。[①] 书者句德之，署"朝请郎、通判永兴军府管句学事兼管内劝农事、骁骑尉、赐绯鱼袋"，未见正史记载。篆盖者吕至山

---

① （宋）朱熹：《伊洛渊源录》卷一四，《景印文渊阁四库全书》第448册，台北：台湾商务印书馆，1982。

为吕大观幼子、吕大雅之侄。刻者李寿永、李寿昌，其他出土墓志亦见其名。

〔志文〕

宋承务郎致仕吕君墓志铭
朝奉大夫充环庆路经略安抚使司勾当公事武骑尉张闳中撰
朝请郎通判永兴军府管句学事兼管内劝农事骁骑尉赐绯鱼袋句德之书
承议郎充环庆路经略安抚都总管司管勾机宜文字吕至山篆盖

惟吕氏世居汲郡，五代间同一祖。其后派而为三，起家俱至大官，士族衣冠之盛，世莫与比，当时号"三院吕氏"。周广顺中，为一时名臣者讳咸休，给事中、左散骑常侍、迁户部侍郎，所谓广顺侍郎院也。咸休生鹄，太子中允、赠太傅。鹄生通，太常博士，赠太师。通生二子，长曰英，著作佐郎，赠朝散大夫；次曰贲，尚书比部郎中，赠太师，追封莘国公。莘公羁旅入关，以笃行称长者，居京兆府蓝田县，为其县人。大夫公官于汝，后居郏城，子孙因家焉。莘公诸子仕益显贵，追先公之志，卜葬于县之白鹿乡太尉原。自其祖太师始，故家郏城者必反葬，从先茔也。君讳大雅，字正之，大夫公之季子。母王，安定县太君。君少孤，能自立。安定性严，君事之尽孝，能得其欢心。元祐初，从兄丞相大防，遇明堂大礼，奏补假承务郎，调陈州南顿县主簿。秩未满，丁母夫人忧。徒行千里，奉柩归葬。居丧哀毁，气仅相属。庐于墓侧不忍去，负土以封，不知寒暑。人为之感动。居则爇香诵佛书，语未尝及他事也。去丧，君殊无出仕意，族人强之，乃起。再调邓州顺阳县尉。君笑曰："是不可以已乎？"遂请老。建中靖国元年春，以承务郎致仕。兄朝散郎大圭，以君勇于求退，故相继谢事。至是与君优游里社，朝夕相从，怡怡如也。士大夫咸仰其高风焉。大观己丑正月庚子，以疾卒于寝，享年六十有六。将死之夕，与家人酌酒叙别如平日。俄顷，翛然而逝。盖晚年益悟性理，其所养人有不及知者。君天资静默，悃愊无华，初持一心，未尝变节。拯人之急，惟恐不逮；闻人之过，绝口不道。始丞相欲官之，而非君素志。其母勉之曰："吾老矣，愿见汝得仕。"由是不敢辞。君试吏虽未久，而更事若老于游宦者。奉公不苟，以尽事上之义，人以是益贤之。娶贾氏，先君卒。继室罗氏。子十一人。长仲山，文林郎、华州蒲城县丞；次省山，文林郎、行定边军判官。以省山为从兄大临之后，余皆早亡。女二人：长归进士李公辅，次归进士张纳言。孙男三人：允修、简修、礼修，皆幼。其孤扶护西归，卜明年庚寅二月丙申，举以葬焉。宣德郎、知醴泉县事王康朝状其行。将葬，遣使来谒铭。闳中实受室于吕氏，顷年从君游，且久知君为详。义不得辞，乃为铭曰：

谓君必退，则亦已仕。谓君必进，既仕而止。仕也慰母之心，止也求吾之志。优哉游哉，终焉以遂。势利之涂，其辙孔异。闻君之风，亦可少愧。

李寿永、寿昌刻

吕锡山妻齐氏墓志

宋大观三年（1109）。盖长0.60米，宽0.61米。志0.54米，宽0.55米。盖文楷书2行，满行2字，题"齐夫人墓"。志文楷书25行，满行25字，题"宋故齐夫人墓志铭"。吕锡山撰并书，李寿永刻。2009年出土于西安市蓝田县三里镇，现藏陕西省考古研究院。《陕西省考古研究院新入藏墓志》著录。

志主齐氏系吕锡山之妻，生于元丰七年（1084），卒于大观三年（1109），卒时二十六岁。

志云齐氏"始家祁州蒲阴县，后徙居常山，今为真定府人"，其父齐仲雍曾为朝请郎。吕锡山先娶侯氏，据侯氏墓志载，其卒于崇宁三年（1104）。崇宁四年，吕锡山继娶齐氏，即本志云"夫人生于元丰之甲子，至崇宁乙酉始归于予"。

此志由吕锡山撰文，据此志知吕锡山曾为承事郎、监安肃军酒税务。

〔志文〕

宋故齐夫人墓志铭
承事郎前监安肃军酒税务吕锡山撰并书

建安赵安常以术游四方，士大夫愿识者众。大观丁亥，予为安肃军之酒官，遇焉。观其定贵贱，决死生，若指诸掌。虽其人在侧，言之无隐。一日，予以休咎问之，徐答曰："功名未可期。岁在丑，恐不利于君妻。"予初未之信。大观己丑春三月戊午，夫人果以乳死。呜呼！岂数已定而不可逃耶？将会逢其适耶？冬十月，予受代，举夫人之丧。卜以明年春二月丙申，返葬于京兆府蓝田县太尉原先茔之次。夫人齐氏，始家祁州蒲阴县，后徙居常山，今为真定府人。父朝请郎仲雍，母永安县君陈氏。夫人幼失母，能自修饬。既长，每春秋与祭，念母之不及见，涕不能止，家人见而伤之。性沉静，凡出一言，必反覆思之，曰："得无差乎。"以是持其身甚谨。至于女之所工，不待教而妙绝过人。时朝请公为郡，孜孜于政，不暇顾私。闺门事无巨细，多委夫人画焉。平居专诵道家书，颇得其指，有糠秕世故意。夫人生于元丰之甲子，至崇宁乙酉始归于予。相从三年如一日，尝勉予以学。又曰："士之出处当自重，无苟合以徼进。"予佩其言，且喜夫人之识高，它日必为贤妇。孰谓天夺之遽耶？夫人方娠也，数谓予曰："君其力嗣家声，弟以不得偕老为恨耳。"穷其所因，复不答。古所谓魄兆，夫人其是乎？生女二人，皆夭。铭曰：

予观夫人兮，四德纯备。如兰之熏兮，如玉之粹。宜归大家兮，以贵以荣。事不可期兮，作予之配。自怜羁迹兮，大海一萍。得官穷塞兮，谁同臭味。相待如宾兮，古人之流。屈指何时兮，匆匆三岁。不与其寿兮，识者之嗟。愁云晦日兮，天为雨涕。宝奁尘掩兮，脂泽犹存。音容易远兮，难求寤寐。生死殊路兮，缠痛绵绵。刻石幽宫兮，予辞无愧。

李寿永刊

赵谌墓志

宋大观四年（1110）。尺寸不详。志文行楷42行，满行50字，题"囗故内园使囗囗囗路兵囗囗监兼知南平军兼管内劝农事兼沿边都巡检使轻车都尉赵君墓志铭"。许几撰，李昌孺书，王振题盖，李寿永、李寿明刻。出土时间、地点不详，现藏西安博物院。

志主赵谌，字公亮，卒于大观四年（1110），卒时六十五岁，则其生年当在庆历六年（1046）。

赵谌曾祖赵兴未仕，祖父赵青为左侍禁、赠率府副率，父亲赵元为供备库副使、赠左卫大将军。赵谌因于熙宁初年得到泾原路统帅蔡挺赏识，得授殿侍，充泾原路总管司指使。熙宁六年（1073），任镇戎军三川寨赤崖堡巡检。之后曾得授京西第六副将、东南第九将、鄜延路将领、鄜延第八将、梓夔路兵马都监、知南平军事等。赵谌一生长期在宋夏边境驻守，曾跟随姚麟辟攻六逋宗城、斩获首领阿樱罗，辅助卢秉处理边境贸易，协助孙路修筑兴平、白豹二城等，志称其"出入疆场，营建城堡，躬为指画"，实非虚言。

赵谌卒后，葬于京兆府万年县龙首乡芙蓉原。

撰文者许几，字先之，信州贵溪人，曾任高安主簿、乐平主簿、提举西京常平、南陵知县、开封府推官、郓州知州、太原知府等；[①] 此志署"通奉大夫、试尚书户部侍郎、权开封尹"。书者李昌孺，署"朝奉郎、权发遣同管勾成都府利州陕西等路茶事兼提举买马监牧公事"，其他宋代石刻亦见其

---

① 参见（元）脱脱等《宋史》卷三五三，第11149~11150页。

名。题盖者王振，署"朝请郎、通判鄜州军州管勾学事兼管内劝农事同管勾招置弓箭手、飞骑尉"。刻者李寿永，其他墓志亦见其名；李寿明当为其兄弟。

〔志文〕

□故内园使□□□路兵□□监兼知南平军兼管内劝农事兼沿边都巡检使轻车都尉赵君墓志铭

通奉大夫试尚书户部侍郎权开封尹许几撰

朝奉郎权发遣同管勾成都府利州陕西等路茶事兼提举买马监牧公事李昌孺书

朝请郎通判鄜州军州管勾学事兼管内劝农事同管勾招置弓箭手飞骑尉赐绯鱼袋王振题盖

大观四年四月十九日，内园使前知南平军事赵君以疾卒于长安之私第，享年六十有五。弟谔暨诸孤卜以是年六月二十七日，将葬于京兆府万年县龙首乡芙蓉苑〔原〕之先茔，前期状君之行来求铭其墓。予昔提举京西南路常平日，见君穰下，爱其才能，尝荐于朝。今予以户部侍郎权尹开封，京师距长安千里之远，襄事甫迩，不容辞命，遂叙而铭之。君讳谙，字公亮，其先京师人也。宦游关辅，今为长安人。曾祖兴，不仕。祖青，左侍禁，赠率府副率。父元，供备库副使，赠左卫大将军。母孙氏，赠安化郡太君。左卫五子，君处长。熙宁初，蔡公挺帅泾原，知君才武保明，解发赴阙，对御呈试应格，授殿侍。天子以射中鹄，特升三班差使，充泾原路总管司指使。熙宁六年，差元镇戎军三川寨赤崖堡巡检。年劳，转借职未崖堡，部属之民常越生界采木以贸粮食。时方与西夏讲和，约束甚严，虑生事，会岁旱艰食，民无聊赖。君不忍坐视，因弛其禁，民全活者众矣。堡距生界密迩，其种落酋长尚跳梁。君时与接谈，喻以祸福，因樽俎间习射校以胜负，自是气沮而畏服。后从姚公麟辟攻六逋宗城。君先登破城，俘杀甚众，斩获首领阿樱罗，被赏迁秩。元丰元年，移三川寨界怀远城驻劄弓箭手。巡检卢公秉倅领回易事，实公帑者，其息数倍。卢公非以幹利，任君特观其所守，而果以廉白称，乃为姚公咒辟讨乞弟。至后卢盐［监］梅花岭，部将马玉往江门护粮，夷人伏兵邀截粮道。姚公命君以骑兵往迎马玉。君至岭巅，斩获夷人数十级，粮道得济。然泸蛮恃崄，长于标弩，王师常患之。诸将共谋于帅前，君独谓非战牌不可御。帅然之，遂遣君起富顺监营造。君受命而前至江，未及登舟，君单骑截流渡江抵富顺监。经一昼夜，牌毕集，大军获进。夷人以犬吠为斥候。至底蓬褢，闻犬吠，君遂勒兵不进，密与同事前部将左藏马玉、供备郭千议曰："吾进兵使夷人预知，渡水过溪，非吾军之利。不若以骑兵分两趋驰去，继以步兵为援，取胜必矣。"后夷人悉渡水，果为骑兵所杀，一战大破之，皆君之谋也。刘公昌祚帅泾原，闻君善射，召君于阅武堂，会诸将射。君发无不中，诸将叹服，刘公称善，曰："名果不虚得。"由是见知。自绥宁监押移任治平邻寨。有官吏不法者，帅司委君体访。君密遣人谕其意，力为保蔽，上下获免。及任泸南走马承受，每巡按，属部官吏有勤绩无由上达者，君明具事状以闻。监司从而甄升者非一。后蒙密院差充京西第六副将。绍圣三年，就差充东南第九将。孙公路熟知君精练军政，因辟环庆路将领。时修筑兴平、白豹两城，君尽瘁督役，夙夜匪解。帅司奏功，遂蒙赏典。元符二年，就移鄜延路将领。秩满还朝，复差充鄜延第八将，驻兵于蒲。是时将事久弊，役使不均，士卒每岁戍守极边，将不加恤，因滋怨讟，致逃亡者众。君下车条陈利病，请于帅府，凡将兵移番乞置籍，于帅司总定姓名，因士卒实耗之数为殿，最则边将自加抚恤矣。帅司从之，自兹逃亡者鲜。一日，诸军给散，斛粟红腐，诸军麤颇相语。君乃挥众力，白守者以新陈相半反给，众议乃止。由是弊事□举，纪律章明。范公纯粹尝叹曰："真老将也。"崇宁初，君以梓夔路兵马都监守符南平，民事、军政咸尽明恕，庭无留讼，野无旷□。君及瓜期，父老辈诣监司乞敷奏请留。再任南平，聚军马之众，每岁止，以本监钱充籴。常患仓储不给，君欲以封桩钱借支，遂与同僚参议，而拘文者不从。君直以公意自断，宁以此获罪而去，何愧于心。是岁，储积夥盛，省监司数千万缗。部封之内隆化县界，君尝相视地形，引江水溉稻田二千余顷，具事奏于朝，复下本军保明其令，佐已序进两官矣。君特以济国利民之事乃守土者之职尔，遂不复自明其功。大观改元，夷人慕化，内属纳土，辐员广数千里。君闻于朝，朝廷委守臣接纳，仍令监司经制，修筑无何主者，惮支费，遂捃以非辜。君志不解，出入疆场，营建城堡，躬为指画，冲冒烟瘴，因而感疾。继有旨就劾，案成而上，君罢归长安待罪。及寺台审定，卒无毫发累，遂还君故物。奈何君之疾竟致不起，悲夫！予尝谓人之才智，贵乎有用于世，观君筮仕至终身，官守未及代期，而辟命交至，则其才智可谓有用于世者。是故无终岁家食，每过里舍犹逆旅然。凡四十年间，勤劳王事，游乎违顺之境，终然无咎。间有嫁其非者，君至诚，以忠义自持，卒不能加害。非既明且哲，以保其身者欤？君自左卫公捐馆，承顺孀母，克尽子职，抚诸弟妹，皆得欢心。婚聘丧祭，俭而用礼，维官卑俸薄，君处之裕如也。厥后生齿繁衍，君竭力增治，而□□□□□腊有居，仅蔽风雨，内外奉养，不骄不侈。闺门之内，雍雍穆穆，人无间言。则君之业履，要之于名□可以无愧矣。君之设施宜□显，□□乎人之所与，天或违之，固有不可以理诘者焉。君娶葛氏，赠蓬莱县君，先君而卒。继娶刘氏，封仁和县君。六男：宗师、宗闵、宗愈、宗□、□□，皆业进士；宗孟，荫蔽三班奉职。三女：长适进士安辅之，早卒；次适右班殿直刘吉；一人尚幼。孙男□、孙女三。葬之日，以□□□君□□祔焉。铭曰：

矫矫赵□，□□祖□。□试□庭，职隶戎府。鼓勇攻坚，沉谋决敌。御众慈惠，治军严翼。恪谨□□，宣化□□。□□□属，土宇畎章。志与时会，肤功茂对。孝德内纯，忠节全粹。孰负藏舟，风悲素秋。归安幽宅，君子之休。介尔子孙，用锡繁祉。秩秩庆源，流光不已。

李寿永、寿明刻

柴炳墓志

宋大观四年（1110）。盖佚，仅存志石。志正方形，边长 0.56 米。志文楷书 26 行，满行 26 字，题"宋故将仕郎平阳柴公墓志铭"。王璹撰，张介夫书并题盖。1967 年出土于渭南市蒲城县龙阳镇，现为私人收藏。《新中国出土墓志·陕西》（壹）著录。

志主柴炳，字仲明，卒于大观四年（1110），卒时四十六岁，则其生年当在治平二年（1065）。

柴炳曾祖柴玉未仕，祖父柴文赠右中散大夫，父亲柴鼎臣为朝请大夫，知房州军州事。柴炳于建中靖国元年（1101）以荫补太庙斋郎，之后曾任兴元府城固县尉、洋州司法参军、兴元府褒城县主簿、兴元府司理参军、定边军司理参军等职。

柴炳有曹氏、茹氏二位夫人，柴炳卒后，于宣和二年（1120）与夫人曹氏合葬于蒲城县善化乡孝仁里。茹氏卒于宣和四年（1122），其墓志亦已出土。

撰文者王璹，署"从事郎、监商州阜民钱监"；书并题盖者张介夫，署"朝散郎"，二者未见正史记载。

〔志文〕

宋故将仕郎平阳柴公墓志铭
从事郎监商州阜民钱监王璹撰
朝散郎致仕赐绯鱼袋张介夫书并题盖
公讳炳，字仲明，世为华州蒲城县人。曾祖玉，晦德不仕。祖文，赠右中散大夫。父鼎臣，朝请大夫，知房州军州事。母纪氏，曰仁和仇氏，曰金华纪氏。有四子，公乃其次。明敏好学，磊落尚义，处己端方，出言有序。初与诸昆季皆肄进士业，既冠，以大夫公游宦南北，诸弟随侍。至于洒扫松楸，干办生事，一委于公，公之才力果能副焉。自尔岁入增美，每因省觐，悉将所获赴于亲庭，无毫发私辄费用，俾贪鄙辈闻风知愧。建中靖国元年，以父世荫补太庙斋郎，调兴元府城固县尉，换将仕郎。公惟务公，勤以自守，乃精选少壮，依时按阅，威信著闻，盗贼远遁，境内肃然，时号称职。居半岁，丁大夫公忧。服除，调洋州司法参军，权兴元府褒城县主簿。宪使俞公知其才干，以本府剧部，狱讼繁夥，吏惰不职，奏举对移，充司理参军。下车未几，狱讼清简，遂绝冤滥。先是大辟李用案成，欲定法次，公试详之，乃缘欧侄误杀其姨。具闻。长吏初不然之，公再三恳请，乃从。卒获贷命，实公之力也。时以钱交子折给俸料，当复不行，易钱支用。会计使黄公与太守魏公有隙，因缘捃摭奏劾，公亦坐谴。后台章言其无辜，获旨改正，再调定边军司理参军。未赴任，以疾终于家，大观四年十一月二十五日也，享年四十六。初娶曹氏，先以疾卒。再娶茹氏。男三人：振，早卒；扬、抡，皆肄儒业。女一人，未笄。以宣和二年七月十一日，与曹氏合葬于本县善化乡孝仁里先茔之次。公之次子扬状公之事迹，公之次侄拟以书属铭于予。予与公又昔有一日之雅，理当为之铭。铭曰：

不屈而刚，不圆而方。磊落抱义，器且难量。养志就利，亦士之常。承颜而仕，孝行增光。尉之威信，令人不忘。理云种德，门弟其昌。卜兹宅兆，终焉允臧。

贾公墓志

宋政和元年（1111）。志长0.64米，宽0.43米。额隶书1行9字，题"宋故武威贾公墓志铭"。志文楷书24行，满行28字，题"宋故武威贾公墓志铭"。周经撰。出土时间、地点不详，现藏商洛市商州区博物馆。

志主贾□成，卒于政和元年（1111），卒时六十七岁，则其生年当在庆历五年（1045）。墓志泐蚀严重，不可卒读。

撰文者周经，署"乡贡进士"，未见正史记载。

〔志文〕

宋故武威贾公墓志铭

□□乡贡进士周经撰

孙男令友☐

公讳□成，父讳宁，祖讳真，其先京兆府栎阳县□□人□之□□□□□□马氏之女，□□□阳郭氏之女。祖□舅□在☐既□疾复□京兆别业，故旧抱疾返栎阳，终于祖□□浮□□□□□公之父□日感叹云。母郭氏灵柩在商，父之□□□可□□□□□□父□扶护来商，复殡于母氏之侧□之父□□□云兴☐信□□□□十四，临终无疾恙，忽□化云。公自幼□力□□□□□父□□□父先娶仁氏，乃公之嫡母。禀性唯慈，善☐二□娶李氏□□二女一男。公尽兄道无少间，别厚☐嫁之事毕□□□□久则李氏所□之男营图稍□□将□止□□□□□一举□□□之。公方壮年，锐于立事，善于谋生。忽□□□所☐享年六十七，于政和元年二月十日以疾终于家。公先娶丁氏□□□生三女一男。□□习进士业，两预本州乡贡。长女适郡人赵□。次适郡人刘济。丁氏卒于元符元年六月二十□享年四十六。再娶郭氏，生一女，适康氏。男□，先娶李氏，次王氏□□□□□氏，生二女一男。长孙女亡。先适舅氏子张术，次适胡安道。男□□□□张氏□幼克家，卒于大观四年八月三日，享年三十六。男□□□氏，生二子曰令恭令德，皆幼读书。公之□父讳元□莹之侧。□人之子忠与刘□其□祔于伯父穴之侧□□□□亡□□宜□□□□□之侧，自公六祖及公子□□□□世□□□以宣和二年四月五日葬于商□上□□□之西山。乃为铭曰：

□九□□□茂，□□流兮源深长。□宅兆兮安且康，□□和兮□□□。无定□□□□□，□□□兮兮复商。刊□珍兮纪时日，□□□□□□□。

张延遘夫人雷氏墓志

宋政和元年（1111）。志长 0.59 米，宽 0.45 米。额楷书 1 行 7 字，题"宋故雷夫人墓记"。志文楷书 28 行，满行 35 字，题"宋故雷氏夫人墓记"。雷早撰，张择书。出土时间、地点、现藏地不详。《洛阳新获墓志百品》著录。

志主雷氏为张延遘之妻，京兆人，卒于北宋政和元年（1111），卒时六十一岁，则其生年当在北宋皇祐三年（1051）。宣和元年（1119）十月十二日，祔葬于丈夫张延遘之墓，《张延遘墓志》亦已出土。

雷氏五世祖雷德骧、曾祖雷孝先，《宋史》均有相关记载。近年出土之《雷有邻墓志》《雷有终墓志》《雷孝孙墓志》等对于梳理雷氏家族世系和相关成员生平事迹颇有文献价值。此雷氏墓志"祖周济……考祐，终内殿承制。妣司马氏，温国公兄之子"等记载，为了解北宋中后期雷氏家族情况提供了重要的资料。

撰文者雷早、书者张择，未见史籍记载。

〔志文〕

宋故雷氏夫人墓记
贡士雷早撰
贡士张择书

夫人姓雷氏，其先冯翊人。五世祖德骧，在祖宗朝以谏诤闻于时，迨今目为直臣。厥后子孙蕃衍，徙居京兆，今为京兆人。曾祖孝先，以文登显第，官至员郎，朝廷寄以边防事，特换内园使，终西上阁门使，复赠吏部尚书。祖周济，有文世，其家首预鹗书，方试春官，未竟［竟］而暴卒，时论惜之。考祐，终内殿承制。妣司马氏，温国公兄之子也。温国公贤而爱之，遴选嘉配，乃归承制公，是生夫人。及笄，而司马氏曰："吾家素择婿，吾女安可轻付，当得贤者，以为终身托。"遂归清河张氏延邁以妻焉。既而阖族相贺曰："果得贤婿矣。"张氏亦相庆曰："吾家得贤妇也。"夫人归张氏，事舅姑二十年，以孝谨闻，待族属以辑睦闻，伉俪和鸣，以成家道。舅姑既没，专阃内之事，岁时祭祀，宾客膳羞，男女昏嫁，伏腊备豫，皆有规法。又能饬己清洁，不事华饰，不务宴游。教子以诗书诵读之事，教女以组绣丝枲之事，男女不相授受，内外肃然，乡人所以为闺门之法也。政和元年二月二十九日，以疾终于家，享年六十有一。生子六人，四男，曰昌叔、永叔、正叔、和叔，咸以学问称于乡。二女，长嫁士人安千之，次嫁承节郎王忱。昏嫁方毕，期享安逸，而正叔及二女相继化去。夫人悒悒不自聊，竟以此终。后六年，昌叔亦不幸。又三年，夫亦捐馆。今任门户、力丧葬、承祭祀者，独永叔、和叔而已。谨饬修睦，克绍其家，夫人可以无憾于泉下也。孙五人，一男四女。嗣子卜以宣和元年十月十二日乙酉，举夫人之丧葬于万年县洪固乡仵村之新茔，合祔于夫之穴，礼也。噫！夫人在家事父母，得其孝也；既嫁事劳姑，得其钦也。事夫得其顺，育子得其慈，饬身以谨，驭下以严。闺门之德，有过于是乎？葬宜有铭，以示来世。铭曰：

有丰其源，有庆其门。所积既厚，宜钟后昆。其德金玉，其行兰荪。铭以告之，久而斯存。

阎噩墓志

宋政和二年（1112）。尺寸不详。志文楷书21行，满行22字，题"宋故将仕郎阎君墓志铭并序"。崔百乘撰，蒲沇书，李处讷题盖。出土时间、地点不详，现藏西安博物院。

志主阎噩，字时仲，卒于政和二年（1112），卒时三十七岁，则其生年当在熙宁九年（1076）。

阎噩曾祖阎璘赠工部侍郎，祖父阎询为给事中、赠检校司空，父亲阎籍为承议郎。元丰年间，阎噩年仅五岁，以荫补郊社斋郎，与文献"限年十五以上、二十以下"[①]的记载差别较大，可见年龄限制在荫补斋郎实际执行中并不严格。元符二年（1099）铨试合格后授剑州普城尉，大观年间调任河中府龙门尉。

撰文者崔百乘，署"宣德郎"。书者蒲沇，署"承事郎、守大晟府、协律郎"。题盖者李处讷，李周之子，宋哲宗时任左宣德郎、知户县事，绍圣三年（1096）《李邦直墓志》署"奉议郎、知京兆府鄠县事兼兵马都监"。

〔志文〕

宋故将仕郎阎君墓志铭并序
宣德郎崔百乘撰
承事郎守大晟府协律郎蒲沇书

---

① （宋）欧阳修、（宋）宋祁：《新唐书》卷四五，第1174页。

朝奉大夫通判原州军州管勾学事李处讷题盖

君讳噩，字时仲，其先凤翔府天兴人。曾祖璘，隐德弗仕，皇赠工部侍郎。祖询，皇任给事中，累赠检校司空，在仁宗朝以贤良拔萃中第，荐历华显，为时名臣。父籍，皇任承议郎。君即其长子也。五岁，以给事公致政补郊社斋郎。天资明敏，器识闳远，循理乐善，闻于一乡。元符二年，铨试应格，调剑州普城尉。丁承议公及继母忧，不赴，号慕毁瘠，杜门累年，唯鞠养季弟以承其家，至大观二年始赴。调河中府龙门尉，邑滨大河，寇常窃发。君至，捕警严肃，民悉妥安。政和元年，用考满移令，不幸感疾。二年五月十六日卒于京师，享年三十有七。先娶乐安任氏，再娶江夏黄氏，今夫人陇西李氏，皆望族。然诸孤童稚，未克襄事。夫人亟遣君弟扶护西归，卜以是年八月十八日，葬于京兆府长安县义阳乡给事之茔，先二夫人祔焉。男一人，女一人。夫人以百乘有姻戚中外之好，知君最旧，因以谒铭，义不可拒。为之铭曰：

猗欤夫君，勋德之裔。挺生名家，克孝克悌。方期强仕，志不获伸。今其云亡，庆贻后人。

吕大钧妻种氏墓志

宋政和二年（1112）。盖长0.54米，宽0.56米。志长0.55米，宽0.58米。盖文篆书3行，满行3字，题"宋乐寿县太君种氏墓"。志文楷书31行，满行31字，题"宋故乐寿县太君种夫人墓志铭"。苏昞撰，王忿书，程颖篆盖，李寿永刻。2009年出土于西安市蓝田县三里镇，现藏陕西省考古研究院。《陕西省考古研究院新入藏墓志》著录。

志主种氏系吕大钧之妻，卒于政和二年（1112），卒时七十三岁，则其生年当在康定元年（1040），之后葬于蓝田县太尉原吕氏祖茔。

吕大钧先娶马氏（《马氏墓志》已出土），马氏卒后继娶种氏。种氏父亲种古，据《宋史》记载："古字大质，少慕从祖放为人，不事科举。当任官，辞以与弟，时称'小隐君'。世衡卒，录古为天兴尉，累转西京左藏库副使、泾原路都监、知原州。羌人犯塞，古御之。斩级数百。筑城镇戎之北，以据要害。神宗召对，迁通事舍人，官其三弟。与弟诊破环州折姜会，斩首二千级，迁西上阁门副使。……历环庆、永兴军路钤辖。坐讼范纯仁不当，夺一官，知宁州，徙镇戎军。……又徙鄜、隰二州，卒，年七十。"[1]此志称种古"立朝有勋绩，终东上阁门使"，可补史之阙。

志载吕大钧子孙情况，其子吕义山为前夫人马氏所生，种氏当未生子。吕大钧有孙二人：吕德修为将仕郎、吕辅修为从事郎。曾孙三人：吕安仁、吕求仁、吕居仁。

撰文者苏昞，字季明，武功人，曾为吕大忠之幕府，其夫人与志主种氏

---

[1] （元）脱脱等：《宋史》卷三三五，第10744～10745页。

系姐妹。史载其"始学于张载，而事二程卒业。元祐末，吕大忠荐之，起布衣为太常博士。坐元符上书入邪籍，编管饶州，卒"。① 书者王愍，开封人，《柯山集》卷五〇《李夫人墓志铭》云："故大理寺丞王君讳愍之夫人。李氏，真定人也，司空赠尚书令韩国公谥文正讳昉之曾孙。"王愍曾任大理寺丞、夔州通判等职，志署"通直郎、前充提辖、措置陕西川路坑冶铸钱司检踏官"，与本志可互相补证。② 篆盖者程颖，广平人，未见正史记载。

〔志文〕

宋故乐寿县太君种夫人墓志铭

武功苏晌撰

琅邪王愍书

广平程颖篆盖

《诗》云："妻子好合，如鼓瑟琴。"非谓昵其私，厚于爱，嬉嬉佚乐以为悦也。政欲阳倡阴和，夫义妇顺。夙夜儆戒，志于相成。解而更张，至于调理，然后以为美也。吾友叔子，乡里之分则所事也，在师门则所畏也。于夫人，则晌也之妻与夫人实兄弟也。固尝亲见其为人，以是得观淑德之与君子偕，而家道肃雍。好合之义，考之古人无愧矣。叔子姓吕氏，讳大钧，字和叔。进士中第，至宣义郎。晚节以三代绝学自任，望圣人德业，欲一朝而至焉。故同门诔其志行，号诚德君子。夫人姓种氏，世名家。父讳古，早以隐德称，尚气义，立朝有勋绩，终东上阁门使。夫人生而不群，阁门公尝叹曰："乃不为男儿，以大我家耶？"既归吕氏，逮事莘国公，妇职以孝谨称于娣姒。娣姒相爱，晚益和厚。故丞相汲公尝称曰"吾家贤妇"，以为闺门矜式。元祐间，首奏冠帔，又封乐寿县太君。初，叔子从子张子之学，以

---

① （元）脱脱等：《宋史》卷四二八，第12733页。
② （宋）张耒：《柯山集》卷五〇《李夫人墓志铭》，《景印文渊阁四库全书》第1115册，台北：台湾商务印书馆，1982。

谓道德性命之微，则存乎致知。若推之行事，诚之著，义之实，莫盛于礼。故凡丧祭冠昏，至于乡饮、相见之仪，莫不推明讲习，可以想见古风。自是关中士大夫，班班师放，实叔子倡之。而夫人同好，不怼不违，由内以及外，其助为多。叔子捐馆，其葬其祭，一本于礼，如叔子所以居莘国公之丧。其子承意遵教，不敢怠。以至从学仕官，莫不举先人为帅［师］，以成就其贤。不幸先夫人而没，自是夫人积忧伤，寝疾久之。以政和二年六月辛丑卒，享年七十三。子义山，前夫人马氏出也，夫□□育之道，无不尽过于所自生，终身不见其间焉。既寡，阖门公欲夺其志，夫人誓死靡它，以门户自任，更三十年，人莫得而议。虽诸父党，不敢以诸女处。老益庄重，内外姻戚，见者无堕容。人或谏之，曰："吾安于此，不劳也。"性沉审，敏于处事。治家勤俭，称其有无，莫不樽节适中。生平严于法度，不尚绮丽声乐，身能之而不御，谓非妇道之先；燕游虽盛而不好，谓终吝之道也。其于媵御，抚之有恩意。谆谆教戒，不大声色，故人人乐尽力。义山，宣德郎。孙德修，将仕郎；辅修，从事郎，卒。女适宣德郎范益，一在室。曾孙安仁、求仁、居仁。今其没也，德修实主其丧。以是年九月壬申，祔葬于蓝田之先茔。铭曰：

名父之子，得气之刚。嫔于德门，其人更良。相待如宾，肃肃闺房。族党尊爱，望其色庄。夫子振古，先进于礼。三代之遗，讲修济济。关辅不□，繄自吾启。风出家人，实惟根柢。夫子既没，持之益严。公叔文子，母仪是瞻。昊天不吊，哲淑殄歼。我铭□□，雨涕霑霑。

李寿永镌

刘伯通妻梁珣墓志

宋政和五年（1115）。志正方形，边长0.44米。志文楷书16行，满行16字，题"宋故梁夫人墓铭"。陈毂撰并书。近年出土于西安市长安区郭杜镇。《宋代墓志辑释》著录。

志主梁珣系刘伯通之妻，卒于政和五年（1115），卒时五十六岁，则其生年当在嘉祐五年（1060）。梁珣曾祖梁昇未仕，祖父梁审言为处州录事参军，父亲梁清民为蜀州新津县主簿。志称"雄州防御推官刘伯通妻"，可与《刘玘妻水丘氏墓志》中刘伯通为"雄州防御推官、知邠州永寿县"的记载相印证。

撰书者陈毂，署"通直郎"，未见相关记载。

〔志文〕

宋故梁夫人墓铭

通直郎陈毂撰并书

雄州防御推官刘伯通妻梁氏，讳珣，曾祖昇，隐德不仕。祖审言，处州录事参军。父清民，蜀州新津县主簿。梁氏世居江淮，因家关右，遂占籍京兆之城南。夫人禀性端厚，幼孝于父母。及嫁，事姑无倦，承夫且顺。推官蚤死，孀居二十年，处贫无难色。杜门诵佛书，虽亲戚见者有数，里闬称之。感疾终堂于长安龙首里，享年五十有六，实政和五年五月二十八日也。死无子，有女一人，嫁俊士句令仪。卜以是年六月二十二日，葬于万年县洪固乡神禾原，祔推官之墓。铭曰：

守义而生，固穷而死。形虽有归，祭则无子。

吕大圭墓志

宋政和六年（1116）。盖正方，边长0.74米。志0.73米，宽0.78米。盖文篆书4行，满行3字，题"宋故朝散郎致仕吕君墓志铭"。志文楷书37行，满行38字，题"宋故朝散郎致仕吕君墓志铭并序"。岑穰撰，王毖书，邵伯温篆盖。2009年出土于西安市蓝田县三里镇，现藏陕西省考古研究院。《陕西省考古研究院新入藏墓志》著录。

志主吕大圭，字君玉，卒于政和六年（1116），卒时八十六岁，则其生年当在天圣九年（1031）。

吕大圭祖父吕通卒葬蓝田，其家族遂定居蓝田。吕大圭父亲吕英曾为著作佐郎、中大夫，志称"中大夫官于汝，既卒，先生与母王夫人乐其土风，止汝之郏城"，之后葬于蓝田吕氏祖茔。

《吕蕡墓志》载"（吕蕡）向在定国幕府，尝权州事，而会今上即位，例得奏荐亲属，公有季子未仕，乃以子婿乔岳应令。至是，复置其子，而以兄之子大圭奏任恩例"，此志称"仲父蕡，汲公之考也，熙宁中以虞部郎中致仕。任先生（吕大圭）太庙斋郎"，两志记载吻合。之后，吕大圭曾任嘉州洪雅主簿、华州渭南尉，知襄州南漳县、颍州沈丘县事，后改签书忠武军节度判官厅公事，迁承议郎等，崇宁二年（1103）以朝奉郎致仕，又得恩授朝散郎。吕大圭致仕之后，创办学舍，教化乡民，著有《草堂集》五十卷。

撰文者岑穰，北宋元祐九年（1094）进士，生平未详，此志署"朝奉大夫、提点彭州冲真观"。书者王毖，还曾书《吕大钧妻种氏墓志》。篆盖者邵伯温，字子文，洛阳人，康节处士邵雍之子。《宋史》本传云："雍名重一时，如司马光、韩维、吕公著、程颐兄弟皆交其门。伯温入闻父教，出则事司马光等，而光等亦屈名位辈行，与伯温为再世交，故所闻日博，而尤熟当世之务。……赵鼎少从伯温游，及当相，乞行追录，始赠秘阁修撰。尝表伯温之墓曰：'以学行起元祐，以名节居绍圣，以言废于崇宁。'世以此三语尽伯温出处云。著书有《河南集》《闻见录》《皇极系述》《辨诬》《辨惑》《皇极经世序》《观物内外篇解》近百卷。"① 此志署"朝散郎、专切管勾永兴军耀州三白渠公事、赐绯鱼袋"，与《宋史》吻合。

〔志文〕

宋故朝散郎致仕吕君墓志铭并序

朝奉大夫提点彭州冲真观岑穰撰

通直郎前充提辖措置陕西川路坑冶铸钱司检踏官王瑟书

朝散郎专切管勾永兴军耀州三白渠公事赐绯鱼袋邵伯温篆盖

许汝间有儒先生曰大圭，吕姓，君玉其字。自少嗜学，逮壮益励，老而不怠，以勤于六艺，盖无不讲习，而礼学尤深。既考明其制度宜适，以庆以吊以节文，冠昏丧祭，行之于家。而其君臣、父子、夫妇、朋友，所以立己接物之大要，则佩服而勉趋之，曰："吾读书非徒然也，蹈规矩，遵绳墨，久而安焉，不以为难。"燕私不见惰容，恭静而和，与人情笃味深，不失其正。必诚必信，无虚诺戁言。老益谆谆，训迪后进，周流于忠孝道义之域。请老退居十有余年，筑堂苟完，处而乐之。饮食起居，自养有方。恬淡宁谧，心逸而神怡。有田近在宅之四周，命家人躬耕给食。入虽不□，而用之中节，常若有余。客至，辄具酒肴，挽不听去，与之论说前世得失成败，评裁人物，欣慕其忠良贤德，而贬斥其不肖邪佞。意见词色，如身履其间。年八十余，犹细字抄古书，阅诵不少厌。聪明悍坚，志气浩如也。乡人服其诚而化其德，往往相勉，不为非义。虽遂荡哗谑细故，亦畏先生知之。其没

---

① （元）脱脱等：《宋史》卷四三三，第 12851~12854 页。

也，惊悼相吊，奔走会哭。里巷至为之罢市，野人辍耕来赴者甚众。呜呼！可谓刚正纯一，至诚格物之君子矣。穰，绍圣、元符间官于许，与先生为同僚。先生年实父我，乃待我以友，相与好甚，故得其人为详。先生病革，犹顾家人曰："为我寄声岑彦休。"然则非穰，其谁为铭？吕氏自太公望避纣于汲，子孙或著或微，卒不去其土。故汲之新乡，吕姓为多。先生之曾祖讳鹄，故任太子中允。祖讳通，故任太常博士。皆以汲公大防贵，赠太傅、太师。考讳英，故任著作佐郎，累赠中大夫。自太师始葬于京兆之蓝田，子孙因为长安蓝田人。中大夫官于汝，既卒，先生与母王夫人乐其土风，止汝之郏城。初试艺，屡为乡贡首选，不中第。仲父蕡，汲公之考也，熙宁中以虞部郎中致仕。任先生太庙斋郎，仕为嘉州洪雅主簿、华州渭南尉，知襄州南漳、颍州沈丘县事。用举者改宣德郎，签书忠武军节度判官厅公事。磨勘拟通直郎，避祖讳，乞守前官。今上登极，覃恩转奉议郎，赐服五品。寻乞折资监蔡州商税务。迁承议郎。崇宁二年，以朝奉郎致仕。八宝恩授朝散郎。政和六年七月二十日，终于家，享年八十有六。始娶张氏，追封安居县君。继室王氏，封安仁县君。男信山，迪功郎。女适士人何適祖。孙简修。卜以七年十月十九日归葬蓝田之白鹿乡太尉原世墓之次。先生居官勤力悉意，孜孜于事。为邑又有以教化其民，率其乡人行乡饮酒礼，示以古义。完学舍，使群处肄业，躬为讲说，立之课程。故所至，人知务学，其风一变。颖〔颍〕昌事庄敏韩公，他吏属慑威屏气，莫敢出一语。先生独有所可否，惟是之从，韩公每改容听纳之。汲公当国，先生未尝干以私务，补益其所不至。既而汲公窜谪，先生年七十矣。间关千里，即贬所见焉。王夫人卒庐墓左终丧，累然不胜哀。育甥侄女之孤者，视若己子，均其衾具，择良士归之。礼义所宜为之，率先众人。喜赋诗，平易不迫，能尽其意。晚尤好《易》，条列四象，别以为图。文章质直典严，如其为人。有《草堂集》五十卷。铭曰：

福之在人，惟寿为难。寿而无闻，如不寿然。初或厉操，晚乃怠臞。有始无终，亦奚用为〔焉〕？异哉先生，志高行笃。老益嗜学，宵光自烛。天亦畀之，康宁之休。聪明悍坚，俾克自修。如沈麟士，火下细书。如颜洪都，守道晏如。与少者言，孝弟忠信。与农里言，恪勤善顺。惟其身之，俗故训之。不为□□，功利自滋。年垂九十，何咤其逝。失所表仪，邦人是畏。玉山之傍，泉深土完。归从□□，万世之安。

傅铎墓志

宋政和八年（1118）。志长0.54米，宽0.43米。志文楷书24行，满行30字。魏良辅撰，魏良臣书。近年出土，时间、地点不详，现藏蒲城县博物馆。

志主傅铎，字振文，卒于政和八年（1118），卒时八十七岁，则其生年当在明道元年（1032）。

傅铎一家世为同州人，其父亲一代由白水迁居蒲城。傅铎及其曾祖傅琛、祖父傅守俊、父亲傅元政均无仕宦经历，故志文较为简略。志载傅铎有段氏、谢氏两位夫人，一子傅仪及四女。傅铎卒后，葬于蒲城县贤相乡通智里傅氏祖茔，以夫人段氏祔葬。

撰文者魏良辅为太学生，书者魏良臣署"奉议郎、新差延安府士曹"，两人均为傅铎表侄。

〔志文〕

宋故傅公墓铭

太学生魏良辅撰

奉议郎新差延安府士曹魏良臣书

葬有铭，所以昭示祖先之美于后世者也。盖无美而铭之，古人谓之诬；有美而不知，古人谓之不明；知而不传，古人谓之不仁。如是，则祖先有美，乌可不铭，使世诚得以商榷哉。清河傅公捐馆，将归幽宅。其孤仪前期来请铭，爱其所自，我先祖实公之舅，我先考实公之表弟，良辅又为公之表侄。以是来请，义何可辞，敢以其始终□守之□几昭示公之美于后世，亦古人用心已。公讳铎，字振文，世家同州之白水，以母氏欲归宁之便，遂居蒲城。公为人和柔坦易，勤谨俭约，知足□守□所慈康，琴以自适，性好饮酒，虽醉不乱。每岁春时，率我先考□塞携□□□□之有花者往焉。对花把酒，欢呼歌笑，不知名利为何物也。又辟居第之□□一阁，以待亲朋之来。至其来也，揖逊周至，见于将迎，顾眄之间，来愈数而意益勤。岂若市井辈当有事干请于人，则卑词腼颜，恨不得以父祖呼之；事已则相忘，无异平生不识面目，甚者掩长说短，恣升沉于牙颊间。视公之接物，殊不少愧，其去禽兽奚远哉！公年高而筋力不衰，出入起居如少壮者。一日，召家属环立坐侧而告之，欲得□栉且易新衣。问其故，则曰："少顷去矣。"既而复坐，端然无倾欹以殁，享年八十七，实政和八年八月十八日也。呜呼！以公之为人如此，其寿如此，康强如此，殁也如此，天之予善其称乎？曾祖琮、祖守俊、父元政，皆不仕。公始娶段氏，今谢氏则继室也。男一人曰仪，克绍家事，有父风烈。女四人：长适王广，早亡；次适李彦；次适刘锡，早亡；次适李谷，早亡。孙女二人，皆幼。用其年十月初七日，葬公于贤相乡通智里先茔之次，段氏祔焉。铭曰：

天予善人，寿而康强。昭示厥后，以此铭章。

刊者王□□

王延年墓志

宋宣和元年（1119）。志盖尺寸相同，长0.79米，宽0.78米。盖文篆书3行，满行3字，题"宋故承直郎王公墓铭"。志文楷书34行，满行33字，题"宋故承直郎王公墓铭"。雷次功撰，仇宪书，王直恭篆盖，陈仲文刊。1985年出土于渭南市大荔县东七乡，现藏大荔县文物局。《大荔碑刻》、《新中国出土墓志·陕西》（叁）著录。

志主王延年，字子永，卒于宣和元年（1119），卒时七十三岁，则其生年当在庆历七年（1047）。

王延年曾祖王龟从为同州观察推官，祖父王文蔚为秘书丞、赠兵部侍郎，父亲王億为朝散郎。《宋史》有"以虞部郎中王龟从兼陈王府记室参军"的记载，[1] 王延年家族正是在其曾祖王龟从一代由太原迁居关中的。

王延年以父荫补太庙斋郎，之后任凤州司户参军、环庆路安业等五寨主簿，后调阆州西水令、移利州录事参军。丁母忧后，调开州万岁令，移太宁监判官、秦州观察判官、赵州观察判官、同州司刑曹事官等。王延年有杨氏、燕氏二夫人，长子王涣为将仕郎、连州阳山县主簿，王泽、王浃二子其时皆幼。

王延年卒后，葬于大荔县大德乡招贤里王氏祖茔，以夫人杨氏、燕氏祔葬。

撰文者雷次功，与志主王延年为仕宦之交，署"朝奉郎、新差充兴元府司录事"。书者仇宪，潘龟符及其妻阴氏墓志亦由其书写。篆盖者王直恭，署"通直郎"。刻者陈仲文，未见相关记载。

---

[1] （元）脱脱等：《宋史》卷二八一，第9518页。

〔志文〕

宋故承直郎王公墓铭

朝奉郎新差充兴元府司录事雷次功撰

敕赐上舍出身仇宪书

通直郎王直恭篆盖

宣和元年春，余调官归自京师，子永置酒相劳，剧饮欢甚，因感慨泣下，顾谓余曰："桑榆晚景，西崦已逼，乐事难得，兹会不厌其频也"。间数日，余备鸡黍会公，而公感疾不至。翌朝谒公，问起居状，公疾已革，不能执手一决别，而遽以不起闻。悲夫！葬有期，请余铭其墓。余虽不敏，义不当辞。公讳延年，子永，其字也，姓王氏，系出太原。曾祖龟从，任同州观察推官，终于任，因家焉，今为冯翊人。祖文蔚，有才藻，登进士第。以诗名于时。丁晋公孙何、梁灏辈相与赓唱，作语警拔，高出其右，皆所叹服。官至秘书丞，累赠兵部侍郎。父億，朝散郎致仕。公以朝散恩补太庙斋郎，调凤州司户参军。待制俞公充帅环庆，辟为安业等五寨簿。以朝散公年高，艰于迎侍，弃官就养。授承奉郎致仕。逾年，丁朝散忧。服除，将遂隐居以求志。郡守监司惜其□列，荐于朝。再调阆州西水令，移利州录参。丁所生母高夫人忧。终制，调开州万岁令，移太宁监判官、秦州观察判官。以疾寻医。再调赵州观察判官、同州司刑曹事官，制行加授文林郎，该供军赏，典循承直郎。公幼志于学，有俊声，时流推服，期以必取名第。公性夷粹无竞，不为声利所迁。既已得禄，人或勉之，公曰："正当行吾所学耳，何必区区章句间，以较一日之胜负耶？"在仕路不妄吐一辞，以求知老于选部。人皆叹其沈郁，公处之泰然，用是当官莅职，能以爱惠及民。其在秦州也，岁遇风雹灾，清水县所管被伤尤甚。帅司檄公检视，公具以实闻，尽蠲其税。漕属怒甚。公曰："吾固审知其如是，忍俾农民无诉，以觊当涂之知。明日见责，不过失一二荐章。不者，第有劾罢耳。"竟不为屈。其在赵州也，河水浸赞皇诸邑民田，州请公往按。公至，则如秦州之视雹灾。明年，河复为患，州委它官以往，果迎漕司意，检不以实。县数千人列状请于州，丐公视。公拿小舟，遍历所诉地，以实闻，被抑者获申。异时，公以事过诸邑，邑民颂叹，相与言曰："吾属免流离者，公之德也。"其于作令，宽恕不刻，事亦办治，而所至咸有爱誉。在西水，有甘露降杜茅园中，州图其瑞于朝，篆赐奖谕，邑人纪德于石。公处心和易，不忤于物，虽家人未尝见喜愠之色。居官廉洁，计俸禄以度日。宦游五十年，箧无余资。归休里中，杜门不出，丈室萧然。左右书史，手不释卷。喜为歌诗，闲吟咏自适，超然有得。顾世事无足以累者。引年于格，当得朝郎。章上经岁，命未下，公意亦不介也。三月二十七日，卒于正寝，享年七十三。卜以是年九月十八日，葬于大德乡招贤里先茔之次，二夫人杨氏、燕氏祔焉。男三人：涣，前任将仕郎、连州阳山县主簿；泽、浃，皆选士在学。女二人：长适雷师望，早卒；次适赵元纮，夫亡归室。孙男二人：棠、榕。孙女三人。重孙女一人。其铭曰：

万辙皇皇走声利，公兮揽辔趋仁义。爱惠临民行吾志，仕则颉颃中无愧。焜耀一时富与贵，德之腾实宁有既。面华背许，佳城郁郁。呜呼，是为子永之室。

陈仲文刊

张延遘墓志

宋宣和元年（1119）。志长0.59米，宽0.45米。额楷书1行7字，题"宋故张庆之墓记"。志文楷书28行，满行35字，题"宋故清河张公庆之墓记"。雷早撰，张择书，李知本刻。出土时间、地点、现藏地不详。《洛阳新获墓志百品》著录。

志主张延遘，字庆之，京兆长安人，卒于宣和元年（1119），卒时七十岁，则其生年当在皇祐二年（1050）。

张延遘远祖张炳，曾为尚书度支员外郎，赠光禄少卿；曾祖张利用，曾为内殿承制、阁门祗候、河东路提点刑狱；祖父张世安，曾为东头供奉官，赠太子右卫率府率；父亲张宗古，曾为内殿承制、河中府同州都巡检。张延遘则当无仕宦经历。志文称张延遘"娶雷氏，内殿承制祜之女"，其墓志亦已出土，雷氏五世祖雷德骧，《宋史》有传。

撰文者雷早、书者张择，未见史籍记载。

〔志文〕

宋故清河张公庆之墓记

贡士雷早撰

贡士张择书

宣和元年八月十三日，清河张庆之以疾终于家，其孤卜以是年十月十二日乙酉，葬于万年县洪固乡竹村之新茔，求予铭其墓。予于公亲且旧也，知公之德稔矣，义可得而辞乎？公讳延遘，庆之其字也，京兆长安人。其先世实居开封，在建隆初，以文行称于时。太祖知其名，召见锡官。终尚书度支员外郎、赠光禄少卿讳炳者，公之远祖也。内殿承制、阁门祗候、河东路提点刑狱讳利用者，公之曾祖也。东头供奉官、赠太子右卫率府率讳世安者，公之祖也。在康定间，以元昊叛命，后诏天下豪俊晓兵策者将禄之，是时首以良画应诏授官，将大用而终于内殿承制、河中府同州都巡检讳宗古者，公之考也。公即承制之长子。自幼慷慨，挺然有成人之志。元丰初，承制公官于蒲，属疾欲致政，延禄当及公，公执之曰："幸疾蚤愈，当期功名以取穹显，奈何顾一子禄，欲自弃耶？"承制公贤其言而从之，未几，竟卒于蒲。公徒跣护丧，哀动道路，既归而葬，仰事嬬母，俯育群幼，聚族逾五十口，而公独任家事，用度丰约，悉有条次，上下均足，毫发无所私。母李氏，因视亲奉天，感疾遂卒。公闻讣之日，带星奔驰，哀毁殆尽。既终丧制，诸季间有欲异产者，公泣告之曰："吾家别业不厚，第[弟]恐一旦离析，不能给瞻，若假我数年，增埤稍丰，不亦可乎？"训诲弗从，不得已而析之，然良田膏资，悉先诸弟，宗族义之。公有姊从李氏，贫无所依，乃迎之家，供赡无怠。及其夫之卒也，又从而敛葬之。始终周至，有如此者。公禀性刚直，不好阿徇，亦不为崖异行。其奉己约，待人周，以诚自居，故与之交游者，久而益亲。教子有方，治生有法，乡里后进，喜为训导，俾之就善，故多为人之景慕焉。公之晚年也，二子成立，文行有称，可为门户托，乃退居南山别墅，幅巾杖屦，啸傲林泉。南邻北里，父老之贤者，相与往来，黄鸡白酒，以娱岁月。呜呼，所得亦多矣。顷年尤见清修，不喜荤茹，及得疾临终，泰然不挠，经措后事，一一中法，其达死生之分者欤。捐馆之日，乡曲无远近、无贤愚，举叹惜之。享年七十。娶雷氏，内殿承制祐之女。有子六人。四男：曰昌叔，蚤预抢荐；曰永叔、正叔、和叔，咸富儒业。二女，长适进士安千之，次适永节郎王忱。昌叔、正叔及二女皆先公而卒。孙五人：一男尚幼；四女，长适乡人员邦智，余在室。铭曰：

所守有义，所施有才。惜不见用，自晦草莱。奚其为政，孝友为上。称于宗族，信于乡党。门户有托，浩然林泉。优游逸豫，以终天年。郁郁佳城，山高水清。既安既固，以保后生。

李知本刊

周谔墓志

宋宣和二年（1120）。志长0.66米，宽0.63米。额楷书1行6字，题"宋周秉义墓铭"。志文楷书30行，满行25字，题"宋秉义郎周公墓志铭"。梅安道撰，马作楫书并篆额，李知柔、李知本、姚彦刊。近年出土于西安市长安区郭杜镇。《宋代墓志辑释》著录。

志主周谔，字正孺，卒于宣和二年（1120），卒时三十八岁，则其生年当在元丰六年（1083）。

周谔曾祖周寔为兵部侍郎，赠开府仪同三司，守太尉；祖父周宗古为司农少卿，赠金紫光禄大夫；父亲周朋锡为宣议郎，赠中大夫。周谔家族本为蜀人，之后迁居关中。崇宁元年（1102），周谔娶濮王赵仲御之女。赵仲御为宋朝宗室，《宋史》载赵仲御为赵宗晟之子，哲宗朝起知宗正，历任镇宁、保宁、昭信、武安节度使，封汝南郡王、华原郡王。政和年间，以检校少傅、泰宁军节度使、开府仪同三司嗣封。"帝每见必加优礼，称为嗣王。宣和四年五月薨，年七十一，赠太傅，追封郇王，谥康孝"。[①] 周谔以赵仲御女婿身份补授三班奉职，曾任秦州天水县酒税监、京兆府临泾镇酒税监、商州洛南县铸钱监等。

周谔卒后，周溥、周灏、周洼、周湘、周深五子皆幼，其兄周谲于宣和六年（1124）将母亲和周谔葬于京兆府樊川县洪固乡贵胄里周氏先茔。

撰文者梅安道，署"宣教郎、知陕州芮城县丞"。书并篆额者马作楫，

---

① （元）脱脱等：《宋史》卷二四五，第8713~8714页。

署"从事郎、真定府司兵曹事"。刻者李知柔、李知本，未见相关记载，刻者姚彦还刻有宣和六年《王达夫墓志》。

〔志文〕

宋秉义郎周公墓志铭

宣教郎知陕州芮城县丞梅安道撰

从事郎真定府司兵曹事马作楫书并篆额

公姓周氏，讳谔，字正孺，其先居蜀之眉，后徙京兆，占籍樊川。簪绂相继，世有显人。曾祖寔，兵部侍郎，赠开府仪同三司，守太尉。祖宗古，司农少卿，赠金紫光禄大夫。父朋锡，宣议郎，赠中大夫。中大公两娶李氏，再娶张氏，皆令人。公实张出，即中大公第五子也。崇宁元年七月，以娶皇叔嗣濮王仲御女，补授三班奉职，差监秦州天水县酒税，历京兆府临泾镇酒税监，商州洛南县铸钱监，累转左侍禁。会朝廷厘正武臣官制，换授忠训郎，迁秉义郎。公天资朴茂，慎重寡言，幼不戏弄，长以礼法自持。金紫诸孙数十人，公居兄弟间，和协辑睦，喜愠不形于色，读书绩文。初，亦有志于学，中大公特器爱之，故不欲与远乡，凡裔联婚，必慎所择焉。方是时嗣濮王实判宗事，贵重当时，为宗室俊，欲俾依之，以取膴仕。公以义命自处，卒不干以非道，故其宦游连蹇，未尝戚戚介意。初，天水时榷酤有术，增息动以万计，法应减年。会避亲解官，去后，政实受其赏。人或劝之讼者，答曰："理甚直，诚可得，然夺彼与此，又何益耶？"其在洛南也，鼓铸增美，数倍它监，例以十分为率，计息多寡，官与役工均之，公独一无所受，尽给其下，一监大喜，人人叹服，其廉洁多此类。时张太令春秋稍高，居安上里第，公彩衣娱乐，不忍去膝下，漠然无仕进意，虽伯仲强之，莫从也。一时部使者多赖其才，委摄凤翔府岐山巡检，固辞恳切，终不获命。不得已，留妻孥以奉甘旨，公乃单骑驰往，每东望庭闱，必歔欷叹息。又尝作诗自歌，以写其思亲意，至为泣下，忧勤成疾，竟以不起，卒于扶风县之官舍，远近闻者哀之，享年三十有八，实宣和二年正月二十三日也。男五人：

曰溥、曰灏、曰洼、曰湘、曰深，皆好学，有立志。女一人在室，许嫁为士人妻。六年，仲兄朝请公诩将举太令人之丧，卜以九月丙子葬于京兆府樊川县洪固乡贵胄里先茔之次。铭曰：

　　严以洁己，孝于事亲。寿胡不永，志胡弗伸。天之不报，诸子诜诜。庆流绵远，宜及后人。

刊者李知柔、知本、姚彦

何怀保买地券

宋宣和二年（1120）。砖石质，长0.33米，宽0.52米。志文楷书10行，满行15~24字。1955年出土于宝鸡市渭滨区姜城堡，现藏西安碑林博物馆。《西安碑林全集》著录。

志主何怀保，卒于宣和二年（1120），卒时年龄未详。与年代略早的嘉祐八年（1063）《孙胜墓券》和熙宁六年（1073）《任台买地券》内容比对可以看出，经过几十年的发展，此券已与之后的买地券没有太大差别。三者结合，对于研究买地券行文在宋代的变化有重要价值。

〔券文〕

维大宋宣和五年岁次癸卯十二月庚辰朔二十一日庚子，何怀保以宣和二年四月十三日殁故，龟筮协从，相地袭吉，宜于凤翔府宝鸡县散关乡车村社之原，祖茔壬穴之内，安厝宅兆。谨用阴钱九万九千九百九十九贯文，买地一段，计一料。东西九步，南北一十一步，北有张坟地三步。东至青龙，西至白虎，南至朱雀，北至真武。内方勾陈，分掌四域，丘丞墓伯，封步界畔，道路将军，齐整阡陌，千秋万载，永无殃咎。知见人岁月，掌保人今日直符。故气邪精，不得干忤。先有居者，永避万里。掌人内外存亡，悉皆安吉。急急如五帝使者女青律令。

李潮妻贺氏墓志

宋宣和三年（1121）。志长1.12米，宽0.60米，厚0.12米。额篆书3行，满行3字，题"李公夫人贺氏墓志铭"。志文楷书22行，满行26字。早年出土于榆林市绥德县定仙墕乡，现藏绥德县博物馆。《榆林碑石》、《新中国出土墓志·陕西》（壹）著录。

志主贺氏系李潮妻，卒于宣和三年（1121），卒时五十三岁，则其生年当在熙宁二年（1069）。

志载绍圣三年（1096）十月，西夏入寇延安，其时李潮为当路第七将，领兵抗击西夏，不幸卒于阵中。之后贺氏抚育李採、李拒二子，李拒早夭，李採曾任武略郎、鄜延路第十三将。

贺氏卒后，于金天眷元年（南宋绍兴八年，1138）葬于绥德县定仙岭。此时宋室南迁，与金南北对峙，绥德已为金朝辖地。

〔志文〕

李公夫人贺氏墓志铭

夫人贺氏，绥德白草人，世为右姓。夫人自幼贞顺孝谨，笃于女工，宗党闾里莫不敬爱。父母思得倜傥奇士以为之配。李公潮以乡邦甲门，兼之武略票健，一时塞上之人罕有出其右者。闻夫人之贤而委禽焉。因以妻之。夫人既归李氏，上奉舅姑，下交娣姒，旁睦姻戚，无有毫发不厌饫人意。虽逮婢仆，亦各获其欢心。绍圣三年十月，夏贼入寇延安。公部押第七将兵马应援。值贼全，军士惧众寡不敌。公毅然贾勇，负羽先登，斩将搴旗者数矣。

惜夫兵尽矢穷，殁于行阵。夫人感公壮年死节，誓断荤酒，诵佛饭僧，追奉冥福。顾诸孤并幼，无以应门。躬整葺家务，虽中外细事，其规画处置，悉有条理。又以义方训诲诸子，故子出效官，克著风绩。女既适人，不昧妇礼。且夫人为妇为母之道可谓备矣。宣和三年十一月二十六日以疾终，享年五十有三。迄今开宗望姓，治家教子，无不以夫人为法焉。子二人：长曰採，武略郎，前鄜延路第十三将；次曰拒，右班殿直，早夭。女一人，适武烈大夫、鄜延路兵马都监、兼管第十将人马冯适。孙二人：长曰公立，承节郎；次幼。以天眷元年七月十三日，葬于定仙岭东南山。襄事有期，长子武略公以状来丐铭。仆与武略公为乡人，且熟夫人行事，乃撮其大略，而系之以铭。铭曰：

猗欤夫人，幼有至性。方其在家，既惠且信。逮事舅姑，尽孝以敬。作配良人，虽顺而正。妙龄不幸，天夺其良。勤教诸子，俾知义方。子克负荷，家道益昌。显显懿德，愈久弥光。

柴炳妻茹氏墓志

宋宣和四年（1122）。志长0.58米，宽0.42米。额篆书4行，满行2字，题"宋故夫人茹氏墓记"。志文楷书15行，满行15字，题"宋故夫人茹氏墓记"。1968年出土于渭南市蒲城县龙阳镇，现为私人收藏。《新中国出土墓志·陕西》（壹）著录。

志主茹氏系柴炳之妻，卒于宣和四年（1122），卒时五十一岁，则其生年当在熙宁五年（1072）。

柴炳先娶曹氏，曹氏卒后，于崇宁元年（1102）续娶茹氏。此志关于柴炳及其子嗣的记载，可与前《柴炳墓志》相互印证。宣和四年（1122）茹氏卒后，祔葬于蒲城县善化乡孝仁里。《新中国出土墓志·陕西》（壹）将葬地释为"□龙乡"，有误。

刻者王执中，未见相关记载。

〔志文〕

宋故夫人茹氏墓记

夫人本卢州舒城人也，姓茹氏。父□议郎东启。妣刘氏，崇德县君。夫人丁□议公忧，哀毁中礼。后同母兄随□朝请郎东济寄居阙下，以崇宁元年，适华州蒲城县将仕郎柴炳，实朝请大夫知房州鼎臣之第二子也。夫人既归柴氏，□□奉下，咸得其宜。勤于治家，躬以□□。好施与，喜宾客。自将仕公丧，于今十三□，但日课佛□，月持十戒，终始如一，未尝少急,以此人皆重之。宣和四年六月初九日,以疾终于第,享年五十一。二子:曰扬、曰抡,皆有儒业。一女未嫁。卜以当年九月十一日祔葬于本县善化乡孝仁里夫之茔焉,谨记。

王执中刻

王 熙 墓 志

宋宣和四年（1122）。志长1.12米，宽0.71米。额楷书1行4字，题"王公墓铭"。志文楷书24行，满行40字，题"宋故安丰王评事墓志"。朱昕撰，王宗望书，张挥题额。1988年出土于榆林市府谷县哈镇大岔村，现藏榆林市文物保护研究所。《榆林碑石》、《新中国出土墓志·陕西》（壹）著录。

志主王熙，字光甫，卒于宣和四年（1122），卒时六十七岁，则其生年当在嘉祐元年（1056）。

王熙祖父王德，父王广川，其家于北宋嘉祐年间由河东迁居府谷。志称王熙善属文，精于星历、五行诸术，其家藏书千秩，并云"四方金石遗文，靡所不有"，可见宋代金石学之兴盛。王熙长子王廉夫举进士，次子王宗望为保义郎、河东第七将队将。

王熙卒后，与夫人郭氏同葬于府谷县乌龙川北原。

撰文者朱昕；书者即志主王熙次子王宗望；题额者张挥，署"忠翊郎、前晋宁军通秦寨兵马监押"；填讳者赵福，署"武德大夫、河东第七副将、府州安丰寨照管"；刻者席友，均未见正史记载。

〔志文〕

宋故安丰王评事墓志

沛国朱昕撰

男保义郎河东第七将队将宗望书丹

忠翊郎前晋宁军通秦寨兵马监押张挥题额

武德大夫河东第七副将府州安丰寨照管赵福填讳

公讳熙，字光甫，河东名士也。其先玉亭人。祖讳德，宝元时为石之师儒。父讳广川。母李氏，大理寺丞绶之女。嘉祐中，厥考乐安丰之土俗，因迁居，逮今三世矣。公幼孤，禀质喜文，日诣先生之席，听读亡倦。既冠，善属文，不幸偶二亲婴疾，乃废书而叹曰："命欤！时运不齐，有负米之忧，安可择地而处，阙奉甘旨哉。"遂俯首，即代充永安军衙将，以便生理。熙宁中，兵部韩公维周阅塞垣武备，公实有司，故问必专对，容止可观，俨然有吾辈体。韩公识之，问及其所顾，谓竭力之方，不必游斯道也。未几，幸引去。旋以食货为务，尤能知命，僻于文字之乐。谆谆之诲，亦励其子：星历、五行、风角、推步之术，而皆尽粹。此外，恬然无所寓其意耶。则乡关长少、清流志士、车盖宾谒乐从公游者，来无虚日。或谓时不乏人，于今士林中，唯王光甫之名字得之何多。盖此公以道利物，润色英豪，果于有为也。故如是，其如细谨小行有负于尘世者，盖亦鲜矣。昨辱知，一日候公疾，即之眷眷示长往意："余且死，子可铭诸墓。"闻命而涕零，以是不忍辞，遂舍玄丛，挫取夫出处之分，始终大节而已。享年六十七，宣和四年岁次壬寅八月十六日终于家。藏书仅千秩，以遗后昆。四方金石遗文，靡所不有。其好事也如此。娶郭氏，早亡，今同藏焉。长子廉夫，举进士，美乐众口，不幸先亡。次宗望，保义郎、河东第七将队将。女二人：长适苗基，次在室，皆早亡。孙四人：长若思，从浮图氏；次若愚、若拙、若讷，皆习文，并幼。女一人，尚幼。其孤卜以是年十月廿四日，葬于乌龙川之北原，从吉兆也。其铭曰：

猗嗟王公，名家之裔。父亡而幼，母年而瘁。母贤子孝，慈颜顺意。务学求师，克上其志。士贫何愧，甘旨未暨。负重涉远，休难择地。始志于学，中潜于吏。卒穷经术，先业不坠。训息义方，干禄有位。达宦要官，亲益把臂。老成后进，馨折相事。在涅不淄，同尘尤异。有如斯人，得之岂易。顺受其正，释然而逝。刊石传芳，以识幽邃。

席友刊

折彦文妻曹氏墓志

宋宣和五年（1123）。志正方形，边长 0.65 米。志文楷书 16 行，满行 16 字，题"宋故谯国曹氏墓志铭"。折彦文撰。1939 年出土于榆林市府谷县孤山乡，现藏府谷县东南千佛洞。《榆林碑石》著录。

志主曹氏系折彦文妻，卒于宣和五年（1123），卒时二十一岁，则其生年当在崇宁二年（1103）。

折彦文为《折惟忠妻李氏墓志》提及的折惟忠后裔折可求之子，曾知晋宁军、青州等。宣和元年（1119），曹氏嫁于折彦文。志称曹氏为宋仁宗慈圣光宪皇后曹氏侄孙、益王曹佾曾孙、忻州知州曹普之女，折彦文姑之长女，由此可略知府州折氏之姻亲关系。

志文由折彦文撰写。

〔志文〕

宋故谯国曹氏墓志铭并序

宣和癸卯岁八月甲午，折彦文之妻曹氏，蓐中缘疾卒。己酉岁十二月，祖母安康郡太夫人冯氏薨于正寝，卜吉归葬。奉吾父命，亦祔于府州西天平山祖茔之次，实庚戌岁十月癸酉也。曹氏，慈圣光宪皇后之侄孙，益王佾之曾孙，知忻州普之女，彦文姑之长女也。年十七，归于彦文。君生于华胄，不尚绮饰，若寒士家。事父母孝，事舅姑恭。自幼寓吾家，能睦上下。及讳之日，无不流涕。享年二十有一，无子。为之铭曰：

方与齐眉,竟尔归全。与汝结缘,何短也天。孝恭是致,不假其年。岂独吾伤,人皆涕涟。呜呼哀哉!

王达夫墓志

宋宣和六年（1124）。碑形墓志，高0.52米，宽0.45米。额篆书1行6字，题"宋王达夫墓铭"。志文楷书24行，满行23字，题"大宋陕州助教王达夫墓志铭并序"。时诩撰，左式书并篆额，姚彦刊。2005年出土于西安市雁塔区曲江乡，现藏西安碑林博物馆。《西安碑林博物馆新藏墓志汇编》著录。

志主王遇，字达夫，以字行，卒于宣和六年（1124），卒时八十岁，则其生年当在庆历五年（1045）。

王达夫曾祖王师文、祖父王随、父亲王继宗均无仕宦经历。至王达夫一代，以经商致富。崇宁年间，王达夫以输粟助边之功补为陕州助教。其长子王世安早卒，王世宁、王世晖、王世则三子均以家资得补陕州助教。

撰文者时诩为原州靖安寨主簿；书并篆额者左式为王达夫之孙婿，与时诩为友人。刻者姚彦，宣和六年（1124）《周谔墓志》刻工有其名。

〔志文〕

大宋陕州助教王达夫墓志铭并序

前原州靖安寨主簿时诩撰

孙婿进士左式书并篆额

达夫姓王氏，讳遇，达夫，其字也。曾祖师文，祖随，父继宗，世为京兆人。达夫赋性孝友，少孤且贫。方其幼时，已能自立。既失所怙，教育弟侄。赒给亲党，悉获有成。虽号货殖，与商旅交易，不为龙断之罔。力生十年，坐致富盛。既富矣，尤喜施与。周人之急，成人之美，惟恐不及。里中或有习为不义，谆谆勉谕。期于从善而后已，于是信义著于乡间。达夫略无德色，且不责其报。年齿弥高，视听不衰，日课内典，风雨不废。每戒儿孙侍侧，必严教诲。惟以孝悌勤谨为先，一门几百口，上下肃睦，人无闲言。达夫未尝从学，凡所施为，往往合于古人，有足称者。崇宁间，入粟助边，补陕州助教。宣和六年十二月初八日，燕坐寝室，无疾而终，享年八十。乡人闻讣，莫不感怆，顾非善称一乡，高义及人畴能致此。达夫娶向氏，再娶梁氏。向氏生四男：长世安，早卒；次世宁、世晖、世则，皆补州助教。三女皆归士族。孙男十一人：长彦之，次宜之、及之、信之、应之、悦之、益之，皆入学为士；行之，慕道出家；余尚幼。女六人。曾孙男二、女四。诸孤卜以明年乙巳岁旦，葬于樊川县春明社曲江乡之原，从先茔也。诩与达夫孙婿左式游谂，闻达夫乡誉，乃敢摭其实而次叙之。且为铭曰：

呜呼达夫，五福克全。善积若此，复何憾焉。子孙诜诜，后必有贤。夜壑移舟，乡誉蔼然。刻铭诸幽，以永其传。

姚彦刊

折可存墓志

宋靖康元年（1126）。志长0.76米，宽0.80米。志文楷书27行，满行28字，题"宋故武功大夫河东第二将折公墓志铭"。范圭书撰。早年出土于榆林市府谷县孤山乡，现藏府谷县东南千佛洞。《榆林碑石》著录。

志主折可存，字嗣长，卒于靖康元年（1126），卒时三十一岁，则其生年当在绍圣三年（1096）。

折可存为前文提及折惟忠之曾孙，其祖父折继闵曾任果州团练使、麟府路驻泊兵马钤辖，知府州军州事，赠太尉。折可存父亲折克行曾为秦州观察使、太原府路兵马钤辖，知府州，赠少师。此志所述折氏家族成员世系及任职与《折继闵神道碑》可互相佐证。[1]

折可存以荫补右班殿直。靖康元年（1126），折可存以河东第二将领兵援助雁门关，兵败后卒于中山府北寨。折可存卒后，于金天会八年（南宋建炎四年，1130）葬于府州西天平山折氏祖茔，其时府州为金辖地，故志文仅用干支纪年。

〔志文〕

宋故武功大夫河东第二将折公墓志铭

华阳范圭书撰

公讳可存，字嗣长，府州之折也。惟折氏远有世序，茅土相绍，垂三百

---

[1] 参见陕西省古籍整理办公室编《榆林碑石》，第259~262页。

年，代不乏贤豪。公为人刚直不挠，倜傥有大节。尝慨然起功名之念，耻骄矜而羞富贵。笃学喜士，敏于为政，名重缙绅间，果公家一代之奇才也。曾祖简州团练使、赠崇信军节度使，讳惟忠。曾祖妣刘氏，彭城郡夫人。祖果州团练使、赠太尉，讳继闵。祖妣刘氏，云安郡夫人；慕容氏，齐安郡夫人；郭氏，咸安郡夫人。考秦州观察使、赠少师，讳克行，谥曰武恭。妣王氏，秦国夫人。公以武恭荫补入仕，为右班殿直，俄迁左侍禁。官制行，改忠训郎，充经略司准备差使。公之仲兄，今节制承宣公也，时为统制官，辟公主管机宜文字。夏人女崖来扰我边，西陲不宁者十有五年。女崖，酋之桀黠者，伺吾虚实，洞察无遗，边民苦之。朝廷立赏御逐，统制命公率所部捕之。众不满百，公设奇谋，以伏兵生获女崖，遂奠西土。功奏，迁秉义郎、阁门祗候，升弟[第]四副将。宣和初元，王师伐夏，公有斩获绩，升阁门宣赞舍人。方腊之叛，用弟[第]四将。从军诸人藉才互以推公，公遂兼率三将兵，奋然先登，士皆用命，腊贼就擒。迁武节大夫。班师过国门，奉御笔捕草寇宋江。不逾月，继获，迁武功大夫。张孝统帅太原，辟河东弟[第]二将。雁门索援，公受命不宿，曰："固吾事也。"即驻兵崞县。城陷，被质应州。丙午岁，自应间道而南也，季秋四日，终于中山府北寨，享年三十一。庚戌十月四日，葬于府州西天平山武恭公域之东。公娶吉州刺史张世景之女，封安人。一子彦深，保义郎，早亡。女一人，许适蜀忠文公曾孙范圭。圭尝闻公之来中山，盖今太安人张氏，乃公所生母，尚在并门，公欲趋并拜母。无何，数不少延，寿止于斯。哀哉！忠孝两不得尽，在公为深憾矣。于其葬也，圭受命于承宣公而为之铭。铭曰：

既冠而仕，仕已有声。女崖巨猾，举不再征。俘腊取江，势若建瓴。雁门之役，为将治兵。受命不宿，怀忠允勤。间道自南，忆母在并。公乎云亡，天道杳冥。谁为痛惜，昭昭斯铭。

安 觌 墓 志

宋建炎元年（1127）。志长0.94米，宽0.61米。额篆书3行，满行3字，题"有宋故安府君墓志铭"。志文楷书19行，满行21字，题"宋故安君墓志铭"。安及之撰，张俊书，安勉之题盖，王彦刊。近年出土于西安市长安区郭杜镇。《宋代墓志辑释》著录。

志主安觌，字瞻叔，长安人，卒于建炎元年（1127），卒时八十四岁，则其生年当在庆历四年（1044）。

此志载安觌曾祖安守忠为左卫大将军，祖父安成永为三班奉职，父亲安育未仕。安守忠，字信臣，并州晋阳人，后唐振武军节度使安金全之孙、后周平卢军节度安审琦之子，《宋史》有传。其曾任后晋绣州刺史，后周卫州刺史，北宋永州刺史、兴元知府、汉州刺史、濮州刺史、灵州知州、夏州知州等，卒赠太尉。[①] 史载安守忠之子安继昌为供备库副使，此墓志记载之安成永则未见史书记载。据此志则有"安金全—安审琦—安守忠—安成永—安育—安觌—安寿之"之世系关系。

另据《安觌妻胡氏墓志》记载，安觌为"晋晋昌军节度使幽公彦威之后"，与此《安觌墓志》有异。安彦威，字国俊，代州崞县人，《旧五代史》《新五代史》均有传。其曾为宁国军节度使、河中节度使、徐州节度使、宋州节度使、北京留守等，开运年间卒，赠太师。[②] 胡氏墓志仅称安觌为安彦威之后，并未述其世系。

相比之下《安觌墓志》所述世系更为完整。同时，也存在另一种可能，

[①] 参见（元）脱脱等《宋史》卷二七五，第9368~9370页。
[②] 参见（宋）薛居正等《旧五代史》卷九一，第1202页。

即五代离乱，谱系不明，两志所述均为攀附之辞，有待其他材料佐证。

撰文者安及之为志主之侄，署"从事郎、前同知枢密院事主管文字"；书者张俊为志主之婿，署"从政郎、前河东路制置使司干办公事"；题盖者安勉之，署"宣教郎、前权通判清州事、借绯鱼袋"，三者未见正史记载。

〔志文〕

宋故安君墓志铭

侄从事郎前同知枢密院事主管文字及之撰文

婿从政郎前河东路制置使司干办公事张俊书

侄宣教郎前权通判清州事借绯鱼袋勉之题盖

君讳觌，字瞻叔，旧讳与，御名音同。君少孤，能自立，读书通大义，不事科举。骊山之阴有别业，优游自适，委远权幸。平居，未尝与物迕。遇事，人服其气劲不挠。高情远致，不慕荣利，真旷达人也。晚年，视听不少衰。建炎元年秋，避暑终南丰德山寺，以七月十九日卒，享年八十四。曾祖守忠，左卫大将军。祖成永，三班奉职。父育，隐德不仕。母周氏，国子博士宗范之女。君娶朝请郎胡允文女。长男寿之，母晁氏。次曰祐之，先君亡。长女适忠翊郎刘质，次适进士张俊。孙男镇，孙女三人，皆幼。以是年八月二十七日葬于京兆府长安县义阳乡贵胄里先茔之次。铭曰：

呜呼伯氏，长于自治。不事王侯，高尚其志。克己慎独，知足不辱。宇量宏达，异乎流俗。考槃在阿，独寤寐歌。仁者所得，非寿而何。

王彦刊

闰公塔铭

宋绍兴九年（1139）。志长0.33米，宽0.31米。志文楷书11行，满行14字。出土时间、地点不详，现藏泾阳县永乐镇亢营村。《咸阳碑刻》、《新中国出土墓志·陕西》（壹）著录。

志主闰公早年出家为僧，云游四方后返回泾阳，在小铲村八一院宣讲佛理。闰公卒后，弟子普从、普应、普文、普仪等为其修建砖塔，刻铭记其事。书者仇献，未见相关记载。

《咸阳碑刻》、《新中国出土墓志·陕西》（壹）均著录为《大宋闰公墓志》，志题释作"大宋国京兆府洼阳县小铲村八一院"，[1] "洼阳县"为"泾阳县"之误。

〔志文〕

大宋国京兆府洼［泾］阳县小铲村八一院

窃闻闰公戒师大德，幼别亲爱，宿缘披剃，选胜游礼于四方，返归投向于八弋，开演佛理，善诱迷徒。今则禅悦于此，有小师普从等共发心诚，迁葬在于斯地，命工起修砖塔一所。时绍兴九年岁次己未仲秋三日志。

座下小师普从、普应、普文、普仪，传法洪师孙幸满、幸希、幸信

　　　精持戒律，肃勤香火，生悟圆觉，死证佛果。

宝峰仇献书

---

[1] 陕西省古籍整理办公室编《咸阳碑刻》（下），西安：三秦出版社，2003，第495页；中国文物研究所、陕西省古籍整理办公室编《新中国出土墓志·陕西》（壹）下，北京：文物出版社，2000，第161页。

党明买地券

金皇统二年（1142）。砖质。正方形，边长0.35米，厚0.05米。正文楷体朱书12行，满行24~28字。2007年出土于铜川市新区福地苑小区，现藏铜川市考古研究所。《铜川碑刻》著录。

券文内容与其他出土买地券基本一致。志主党明卒于金皇统二年（1142）。大定二十四年（1184），其侄党显为其于耀州华原县流凤乡西原上唐家堰购置墓地安葬，并刻此买地券。《铜川碑刻》称，《长安志》卷十九载华原县辖流惠、石门、孝义、凤游四乡，其中"凤游乡"当为流凤乡之讹。唐家堰在今铜川市新区袁家村至文家村一带。其名今已不存，年长者尚知有唐堰坳之名，乃仅存之遗意。[①]

〔券文〕

维大定二十四年岁次甲辰正月辛卯朔初七日丁酉，祭主党显为堂伯党明生居城邑，死安宅兆。先于皇统二年三月二十八日殁故，龟筮协从，相地袭吉，宜于耀州华原县流凤乡西原上唐家堰安厝宅兆。谨用钱九十九贯文兼五彩信币，买地一段。东至青龙，西至白虎，南至朱雀，北至玄武。内方勾陈，分擘掌四域，丘丞墓伯，封部界畔，道路将军，齐整阡陌，千秋万岁，永无殃咎。若辄干犯封禁者，将军亭长收付河伯。今以牲牢酒饭，百味香新，都为信契。财兆交相付工匠，修营安厝，以后永保休吉。知见人岁月，

[①] 参见陕西省古籍整理办公室编《铜川碑刻》（下），西安：三秦出版社，2019，第270页。

主保人今日执符。故气邪精，不得忤客。先有居者，永避万里。若违此约，地府主吏，自当其祸。主人内外存亡，悉皆安吉。急急如五帝使者女青律令。

罗再昌买地券

宋绍兴二十七年（1157）。砖石质，正方形，边长0.27米。志文楷书9行，满行10~13字。文字正行、倒行相间而刻。1974年出土于汉中市略阳县徐家坪乡罗氏祖茔，现嵌于略阳县灵岩寺前洞右侧石壁上。《汉中碑石》著录。

此买地券内容较为简略，但采用正、倒相间方式刻字，极具特色，当为古代羌、氐等少数民族习俗。券文中之"大宋兴州长举县"，即今陕西省汉中市略阳县，又作"苌举县"，为汉代沮县地。北魏设槃头郡，以长举为治所，西魏沿之。隋代属顺政郡，唐贞观年间移治属兴州，宋代沿之。南宋开禧年后，属沔州。元至元二十年（1283）废，其地入略阳县。

券文中"保人张坚固，见人李定度"一句，《汉中碑石》将"李定度"误释为"李定青"；[①] "永〔归〕亡人罗再昌、罗怀间为住宅"一句，原文当脱一"归"字。

〔券文〕

大宋兴州长举县乾渠庄居住，未故亡人罗再昌等，今用钱五万玖千九佰九拾贯文，去青龙山下，买到墓地壹段。东至青龙，西至白虎，南至朱雀，北至玄武。保人张坚固，见人李定度。一买以后，永〔归〕亡过人罗再昌、罗怀间为住宅。急急如律令。

时绍兴二十七年十二月十七日刻

---

① 参见陕西省古籍整理办公室编《汉中碑石》，西安：三秦出版社，1996，第17页。

武元正墓志

金正隆三年（1158）。志长0.68米，宽0.56米。志文楷书19行，满行35字，题"大金故绥德监酒武公墓志铭"。包宗元撰并书，孙文奭刊。早年出土于西安市长安区，现藏西安市长安区博物馆。《长安碑刻》著录。

志主武元正，字公直，卒于金正隆三年（1158），卒时六十二岁，则其生年当在北宋绍圣四年（1097）。

武元正父亲武振为北宋洺州番部总领，武元正亦于北宋政和年间任熙河第四队将、第三部将等。宋室南迁之后，武元正仕金，权巩州管内提举备御、任同州管勾机宜文字，后权京兆第九副将、监绥德酒税等。志称武元正因绥德秩满，还居京兆府长安县华林乡塔坡村，其地在今西安市长安区西部大道附近。

撰书者包宗元，刻者孙文奭，未见相关记载。

〔志文〕

大金故绥德监酒武公墓志铭

上党包宗元撰并书

西□□孙文奭刊

公讳元正，字公直，巩州陇西人。洺州番部总领振之次子也。政和间，授武□功，初试熙河第四队将，改知临江寨，复历熙河第三部将，催督利州路粮船□□□□□□□以能称，累官至秉义郎。追皇朝天眷三年，差权巩州管内提举备御。明年，同州管勾机宜文字。当南贼杜概复据康定作乱，众已万集。时冯翊将兵屯戍陕界，即权将副率同耀步□千余，直捣其垒，贼已望风宵遁，一境复平，莫不服其筭。不席权势以为己利，无不仰其公。后权京兆第九副将，监绥德酒税，换新官修武校尉。以正隆三年三月十三日，卒于长安县华林乡塔坡西之别业，而即葬焉，寿六十二。公生平磊落有度，义重交游，兼以旅力骑射称之。凡将军伍也，主师倚任之。未尝以私而枉害人，其志可佳，其心甚美。奈时命相违，名位不□□尝慨然曰："大丈夫立功立事，在乎壮年。今甫及五旬，禄止于此，况多病，而幸及清平□□，区区希其寸进哉。"因绥德秩满，归京兆，遂家焉。述其志，放意于歌酒间。里中无贤愚，□□以诚，仍不以□□为念。落魄十二年，忽一夕，以两手掐指文，面西盘膝，端然而逝。亲戚□悟，惊呼以觉之，竟默然。得旬日，复如睡而去。此吉心善应获果以示于人。故乡同识与不识，闻□□□□□哀之。先娶范氏，生二女，已各有家。再娶傅氏，今定武军节度使傅资德之长女也。□□有法，生子安国，已娶。公之弃世也，傅氏罄妆□以备丧礼，家为一空。既葬，仍举范氏魂革而祔焉。傅氏贤义又可见耳。敢因论次，系之铭曰：

猗欤武公，壮年豪气。惟时□□，辄肆其志。心不系物，物亦不系。怡然醉□，别有天地。知身为患，安然而逝。宅兆新阡，以永来嗣。

党十三郎墓志

金大定四年（1164）。长0.31米，宽0.20米。志文楷书6行，满行6字。出土时间、地点不详，2009年入藏陕西历史博物馆。《风引薤歌：陕西历史博物馆藏墓志萃编》著录。

志主党十三郎，冯翊人，生卒年未详，葬于金大定四年（南宋隆兴二年，1164）。

〔志文〕

冯翊郡党公十三郎之坟
大定四年岁次甲申闰十一月壬子朔初九日庚申坤时葬后谨志

雷时泰墓志

金大定八年（1168）。志长 1.11 米，宽 0.52 米。额篆书 3 行，满行 3，题"前行省医官雷君墓志"。志文楷书 28 行，满行 43 字，题"大金故前陕西行台尚书省医官雷君墓志铭"。李居中撰并篆，曹谦书。出土时间、地点不详，现藏西安博物院。未见著录。

志主雷时泰，字子通，卒于金大定八年（1168），卒时六十四岁，则其生年当在北宋崇宁四年（1105）。

志主雷时泰生平，史载不详。志文称雷时泰出身医学世家，"自祖宗以来，虽明方书，间以救人之患难，意在积德，亦不专藉以为营生也"。雷时泰父亲雷震精通医卜之学，并亲自培养雷时泰和雷时明兄弟二人。

据志文记载，雷氏一家经历了两宋之交的变乱。北宋末年，志主雷时泰的父亲雷震认为时局动荡，社会不安，遂放弃长期定居的京兆祖宅，举家迁居商州上洛县，并继续行医救人，即志云"凡有疾病者，皆为诊治"。金兵南下进攻北宋，关中地区为宋金重要战场，而秦岭以南的商州则较少受到战争影响，雷时泰一家因此得保无虞。

靖康之变后，金朝尚无能力直接管理刚刚取得的广阔的中原地区，遂扶植刘豫建立伪齐傀儡政权，伪齐以阜昌为年号，以汴京为都城，自 1130 至 1137 年共存在八年，其间关中属伪齐辖地。志称雷氏一家于"废齐阜昌初，全家归府"，其由商洛重新迁回关中的原因，应当是靖康之变后，原本相对安定的秦岭南麓逐渐成为宋金争夺的重要区域，战事日渐频繁。

金天会十五年（1137），金熙宗废刘豫为蜀王，伪齐灭亡。南宋绍兴十一年，即金皇统元年（1141），宋金绍兴和议划界而治，即志文所说"皇统改元，陕西建行省"，雷时泰被推补为丞相府医官，志题中的"大金故前陕西行台尚书省医官"即源于此。之后金朝欲委任其为医学博士、兼监济民熟药局，雷时泰以母亲刘氏年高为由坚辞其职。雷时泰辞去官府委职，但从未放弃治病救人之业，志称他在京兆府城广济街率众医创建炎帝庙宇，足见其在当时京兆府医者中的影响。

关于雷氏家族墓茔，志文云"先自曾高而次葬于本县苑东乡八庄社，其后自祖及父叔，并葬于本县龙首乡修行坊"，龙首乡修行坊即雷氏家族新茔，雷时泰卒后即葬于此。据此可知，雷时泰墓志当出土于今西安市未央区龙首村一带。

撰并篆者李居中，金大定十四年（1174）《周伦墓志》亦载其名，其余未详。书者曹谦，史载不详。

〔志文〕

大金故前陕西行台尚书省医官雷君墓志铭

陇西李居中撰并篆

进士曹谦书丹

乡人雷士正等，专扣仆之门，礼意勤厚，出其父之行状，悲哀而请曰："先人虽捐馆之久，亦已葬矣。所有埋铭，当时仓卒，不克以备。然拳拳之心，未尝一日敢忘。今母氏亦亡矣，罪逆余生，尚忍能言。因葬母氏，必开先人之墓，以合祔焉。埋铭亦可为也。幸望哀而怜之，成此一事，以尽人子之心。其恩德不啻丘山之重。"予曰："如子通乡中之贤，又与予有一日之雅，其可以辞？"于是不顾鄙陋，直笔以叙。君讳时泰，字子通，其先京兆咸宁人，世居于府之城东镇。有负郭之田，以给其食；有在市之业，以济其用。故自祖宗以来，虽明方书，间以救人之患难，意在积德，亦不专藉以为营生也。祖延进，祖母王氏。父震，博通群籍，尤精医卜，崇尚释老，专教二子医术。且曰："时事方艰，惟此可以养生，兼阴功及物尔。"由是，君与其弟时明其术甚精，当时诸医无出其右者。至宋宣和季年，其父见天下扰攘，谓亲友及子弟曰："京兆不可久居。"遂挈幼子洎室家至商州上洛县锦岭川之别业，作山居之计，预戒其子曰："周岁后汝可省我。"既至所约之时，君全家省亲至彼，俱不复出。相继靖康兵革之乱，而君全家独保无虞。所居之地，近数百家，每有争讼曲直，皆诣君父子以评是非，咸皆听从。然后劝以仁义，示以礼让，而和解之，人人无不悦服。凡有疾病者，皆为诊治。废齐阜昌初，全家归府。皇统改元，陕西建行省，遴选能医。由是，众医推君为首，补为丞相府医官。非其好也，谓所亲曰："岁将不稔，可利其禄以养亲。"遂乃勉强就职。次年并省，君当迁就汴京，以亲老固辞不赴。至六年冬，骠骑萧公尹京兆，特差君为医学博士，兼监济民熟药局。君以母刘氏年高，晨昏不可离左右，坚辞其职，得罢。后居母之丧，哀毁几不胜。以孝闻于乡里。君尝友爱其弟时明，可谓人无间言。奈何先君数年而亡。抚养其侄，过于己子。有孀姊在远方，闻有暴疾，不食而往。因中暑，加之引饮，成消中之疾。尝自处方以治之，得延数年之寿。后于府城广济街，率众医创建炎帝庙宇，以便祭献。所费浩大，颇尽心力。方将毕工，于大定八年十一月二十三日以疾终。九年二月十五日，葬于本县龙首乡修行坊，享年六十四。临终之际，呼其侄士信及诸子谓曰："人谁不死，我无财与汝辈。付汝者，惟孝义尔。"君先娶王氏，生一子曰济，皆先君而亡。再娶王氏，勤俭和孝，生子五人，曰士正、士直、士平、士康、士宁。女一人，早亡。孙男七人，孙女十一人。凡居家三十余口，子孙诜诜，家道日隆，实内助之力也。年七十三，于大定二十六年正月七日以疾终。是年二月一日，与君同穴以葬焉。先自曾高而次葬于本县苑东乡八庄社，其后自祖及父叔，并葬于本县龙首乡修行坊，即今之坟也。铭曰：

医通三世，可法可则。匪以窥利，意在阴德。阴德谓何，子孙众多。诜诜满门，上谐下和。乡曲之誉，仍闻孝义。敬亲之余，友爱其弟。弟适先亡，抚养其侄。过于己子，俾长以立。临终遗言，孝义是敦。付诸子侄，以保其身。龙首之乡，修行之坊。拱树幽阡，体魄其藏。

杨 从 仪 墓 志

宋乾道五年（1169）。长2.24米，宽1.09米。志文楷书41行，满行118字，题"宋故和州防御使提举台州崇道观安康郡开国侯食邑一千七百户实封一百户杨公墓志铭"。袁勃撰，李昌谔书，王椿篆，王杰刊。现藏城固县五门堰文物管理所。《关中金石记》《汉中碑石》著录。

志主杨从仪，字子和，卒于乾道五年（1169），卒时七十八岁，则其生年当在元祐七年（1092）。

杨从仪曾祖杨怀信、祖父杨武晟均未仕，其父杨仲方因子之故，得赠武功大夫。杨从仪生平事迹，《宋史》有零星记载，如：绍兴四年（1134）十一月，"吴玠遣统制杨从仪等率兵败金人于腊家城"；绍兴十年（1140）九月，"杨政遣统制杨从仪夜袭金人于凤翔府，败之"。[1]

墓志关于杨从仪家世、生平、仕途的记载较为详细。靖康之变后，宋廷下诏，令陕西五路募兵勤王，杨从仪奋而应募从军。南宋建炎初年，杨从仪受到吴玠赏识，随其抗击金军，因功得补进武校尉、权天兴县尉。建炎三年（1129），杨从仪于同州破敌，次年又以计取凤翔，志称其进据凤翔后，"悉降其众，不戮一人，得粟三十万斛。时忠烈公方营宝鸡西南曰'和尚原'，因贮公所得之粟，以资馈饷，军不乏食，士卒感悦"。杨从仪因功任天兴知县、转保义郎、升部将。绍兴年间，杨从仪长期协助吴玠，转武德大夫、开州刺史，迁统领军马兼秦凤路兵马都监，又转武功大夫、拱卫大夫、亲卫大夫、中亮大夫等。绍兴年间，以功拜和州防御使。

---

[1] （元）脱脱等：《宋史》卷二七，第513、546页。

《宋史》载绍兴三十二年（1162）闰二月，"吴璘遣杨从仪等攻拔大散关，分兵据和尚原，金人走宝鸡"。[①] 志文于此役经过叙述颇详："三十二年闰二月，公乘势遣兵出御爱山，抵天池原，掠扰故寨及断其饷道。又密遣兵焚其东西两山楼橹，鼓躁从之，声震山谷。虏人惊骇，弃关而走。公乘胜进据和尚原，则虏亦宵遁矣。翌日，有骑数千，复来入谷，公领兵逆击之。时天大雨雹，风雾昼晦，公选神臂弓射之，虏酋中流矢，引众败去，若神助焉。宝鸡贼帅恐我师乘胜击之，尽焚大寨，退保凤翔。由是，渭水以南复归版籍。"隆兴、乾道年间，杨从仪尽管年事已高，又历任龙州知州、文州知州、洋州知州兼管内安抚使节制军马等。

"和尚原"之名在《宋史》及《杨从仪墓志》中均多次出现，其地在宋金边界争夺中有举足轻重的地位。志云："公镇守其地垂二十年，保固无虞。"由此，杨从仪得封安康郡开国侯，食邑一千七百户，食实封一百户。

此外，志文亦载杨从仪于城固兴修水利工程，即今汉中市城固县之杨填堰。《汉中碑石》称，其堰头在杨将军祠西南二里湑水河中筑坝，引水入堰，经祠南东流至洋县马畅折而向南，入汉江。此堰历八百余年，至今仍在使用。杨从仪因得百姓爱戴，被尊为水神，称为杨泗将军、东泗王、平水明王、江神王爷等，汉水流域皆祀之。[②] 杨从仪长子《杨大勋墓志》亦已出土。

杨从仪原籍凤翔天兴，其地为金占领，故致仕后，即定居于城固县安乐乡水北村（今丁家村），殁葬于其生祠（即杨将军祠）之侧，深受人民崇敬。因其抗金又兴修水利，被后人尊为杨泗将军。这些都为研究南宋军民抗金史和当地水利史提供了珍贵资料。关于杨从仪生平，有《南宋将领杨从仪事迹考述》一文可参阅。[③]

撰文者袁勃，署"左朝散大夫、新通判成州军州事主管学事兼管内劝

[①] （元）脱脱等：《宋史》卷三二，第609页。
[②] 参见陕西省古籍整理办公室编《汉中碑石》，第130页。
[③] 参见陈渊《南宋将领杨从仪事迹考述》，《安康学院学报》2017年第2期。

农事",未见正史记载。书者李昌谔,署"右朝奉郎、权知洋州军州事主管学事兼管内劝农事"。篆者王椿,署"右朝散郎、通判洋州军州事兼管内劝农事",光绪《洋县志》有载。① 刻者王杰,亦刻《杨大勋墓志》。

〔志文〕

宋故和州防御使提举台州崇道观安康郡开国侯食邑一千七百户实封一百户杨公墓志铭

左朝散大夫新通判成州军州事主管学事兼管内劝农事袁勃撰

右朝奉郎权知洋州军州事主管学事兼管内劝农事借紫李昌谔书

右朝散郎通判洋州军州事兼管内劝农事赐绯王椿篆

忠义,立身之大节;知勇,为将之要道。此古今不易之论也。使忠义立于内,而或料敌不明,临机不果,则亦无益于事功;知勇发于外,而或偷生以求安,避害以图利,则亦无取于名节。有一于此,则不足以安国家,卫社稷。乃若忠出天资,知称人杰,御大敌于扰攘,济中兴于艰棘,卓然在义勇万人中,而独成义勇之功者,其惟杨公乎。公讳从仪,字子和,凤翔天兴人。曾祖怀信,曾祖妣王氏;祖武晟,祖妣李氏,皆潜德不仕。父仲方,以公贵,累赠武功大夫;母高氏,累赠硕人。公幼慷慨,尝以功名自许。靖康丙午,金人犯顺,连破诸国,狃于常胜,侵轶中原,所过辄下,无敢撄其锋者。时太平久,兵备浸弛,乃诏陕西五路,募义勇万人勤王。诏词有"每闻边报,痛彻朕心"之言,公闻而叹曰:"国家艰难,正忠臣义士效死之秋,岂可久安田里,为一身计哉。"即奋然而起,应原州之募。太守杜平见而奇之,曰:"汝志不群,首赴义勇,所谓以义伐不义,异日唾手富贵,居吾右矣。"建炎初,三月,虏犯泾原,忠烈吴公玠破虏大将娄室于青溪岭,分遣公以奇兵邀击,斩首一百七十余级,补进武校尉,权天兴县尉。三年八

---

① 参见(清)张鹏翼等纂修《洋县志》,《中国方志丛书》本,台北:成文出版社,1969,第97页。

月，忠烈遣公觇虏动息，公被围于同州圣山庙。公仰天誓曰："若出重围，当捐躯报国。"叱左右矢石交下，杀数百人。虏治云梯，公急取竹为笼，实之以土，号曰"土牛"。有顷，云梯大集，遂以土牛摧折之。敌乱，乘胜大战而出。转承信郎，迁队将。四年九月，我师不利于富平，五路垂陷，忠烈会诸将于陇州八渡议战。公独进曰："虏入侵轶，无敢与争，惟公能挫其锋于青溪岭者，盖得形势之助也。今虏已陷泾原，将入熙河，计非半载未还。为今之计，莫若先据地理，扼其要害以制之，当为公先取凤翔，复为根本。"忠烈曰："善。"即檄公领兵进复凤翔。既入，悉降其众，不戮一人，得粟三十万斛。时忠烈公方营宝鸡西南曰"和尚原"，因贮公所得之粟，以资馈饷，军不乏食，士卒感悦，遂移府事以治之。檄公知天兴县事、本府驻扎，转保义郎，升部将。绍兴改元三月，虏自熙河复围凤翔，势益炽。公告二亲曰："为人之子，非敢蹈于不孝。今城中兵寡，守死无益，不若溃围救援。"即泣别而行。公与子大勋率戏下百余人，力战至夜半，突围得出。忠烈见而劳之曰："尔忠有余矣，奈二亲何。"公泣曰："昨在围中，势必俱死，万一天监其衷，戮力一战，取之易尔。"忠烈壮之，权选锋统领，守神岔。四月，忠烈遣公与敌战于渭南，以奇功转秉义郎，迁副将。五月，凤翔虏酋没立会阶州虏酋折合，各统五万众，夹攻和尚原。忠烈遣公逆击没立一军于神岔，大破之，获敌酋泼察胡郎君，俘斩二百五十有一，转武略郎兼阁门宣赞舍人，升正将。十月，虏元帅四太子会诸道兵十余万，必欲取和尚原，先犯神岔，以警我师，忠烈遣公击之。公贾勇先登，接战三日，虏又分兵寇龙门关，统制吴公璘掩击败之，追及神岔，虏援兵大至，再合战。公潜以精兵横贯其腹，断其首尾。吴公引兵追及，虏大溃，俘斩千余人，夺铠甲、牛、马万计。转武德大夫、开州刺史，迁统领军马兼秦凤路兵马都监。先是，虏耻屡败，遂囚公二亲于青溪寨，公内不自安。二年正月，公乞兵以往，忠烈许公带本部出北山，断虏粮道。行数日，至麻家岭，遇敌接战。翌日，至青溪，虏会诸寨兵为援，自辰合战至暮，大破虏众，奉亲以归。忠烈喜曰："公深入重地，能破强敌，迎还二亲，可谓忠孝两全。"转武功大夫。三年正月，虏寇石板谷，忠烈遣公御之。公先设伏以待，敌至，以奇兵劫之，虏众败走，追袭十余里，斩首数百。转右武大夫，升钤辖。二月，伪元帅四太子拥大军由商於侵饶凤[凤]关，犯梁洋，经褒斜道出凤州，再攻和尚原。忠烈复遣公引本部由间道应援和尚原，以功转拱卫大夫。公尝忿虏人侵暴不已，得其使，即黥剿而归之。公至和尚原，都统制郭浩厉声曰："比虏使至，公辱而使归，是激怒敌。今拥众二十万来攻，请公当之。"公对曰："虏据梁洋，遣人以书见檄，言狠而色傲，欲恃势胁我。倘不辱之，诚为自弱。今日之事，决战而已，敌众百倍，何足虑也。"统制吴公亲率公等，于是鼓行而前，径与虏战于柏村，一击破其三阵，敌余大败，追袭至渭，躁践溺死者不可胜计，水为之咽流。吴公因谓众曰："此捷，杨钤之力也。"转亲卫大夫。四年二月，虏入寇杀金平，自元帅以下，尽室而来，示无返意，全蜀震恐。既战，我师初不利，公急据第二堡，外预设鹿角之地，率强弩并力迭射，一日三战，杀伤甚众，虏引兵稍却。翌日，来攻万人堡，统领姚仲重伤，公代之，率诸将戮力鏖战五日，所向皆靡，大破敌众，余党悉遁。自是虏不敢轻举，全蜀之民，各安其里者，虽吴氏之功，然于攻战之际，公有力焉。以奇功转中亮大夫、郢州防御使。五年，辟知洋州，兼管内安抚司公事。公尝从忠烈登杀金平，过第二堡门，忠烈顾瞻形势，指虏败处，以策击鞯谓公曰："此衿喉地，往岁一战，安危所系，非公出力，几败大事。"叹赏久之。九年正月，虏归我河南侵疆。十年五月，虏复背盟。伪元帅撒离喝领大军侵犯陕右，宣抚胡公世将，擢公同统制，与诸军会于泾州回山原，大战三日，虏气未衰，议者欲潜师而还，留俾将以捍。公曰："我辈蒙国厚恩，今日当以死战，奈何移祸他人。愿留本部兵以拒之。"公张盖示以闲暇，虏人兢进，公叱咤力战，纵我军数万众得出，遂下回山，转战十余里，全师而还。转协忠大夫。七月，虏据凤翔，胡公擢公知凤翔府兼管内安抚使，就守和尚原。八月，与虏战于蒲坡河及汧阳，连败敌众，俘斩数百人，夺马千余匹。转履正大夫，升都钤辖，节制凤翔府忠义军马。九月，迁马步军副总管。十一年七月，都统杨政出凤翔，公隶焉。与敌战于陈仓鱼龙川、石鼻寨，屡战屡捷，生获虏酋珍珠孛堇，诸军凯还。后三日，伪元帅撒离喝整众再犯和尚原，公才千人，进据川金坡，敌众益盛，士有惧色。公厉声曰："当各奋壮心，以气吞之，闻鼓毕入，敢后者斩。"公率众先登，鼓躁兢进。自卯至酉，殊死力战，虏众大败。转宣政大夫，迁统制军马。和尚原素号形胜，盖秦蜀必争之地，虏屡欲以奇取之，公捍守二年，竟无可乘之隙。及因粮于敌，馈运减省，胡公嘉之，敷奏于朝。敌既不得意，遂伸和好。是时将迎奉徽庙梓宫，请还太后鸾辂，遂许割和尚原。十二年春，诏宣谕使郑刚中分画其地，而移公知凤州，而杀金平复为要地，其旁则仙人原也。四川兵费边储，萃于鱼关，三者相距皆十余里，有司谓当得人以守。遴选诸帅，无出公右者。十七年，命公以本部兵屯仙人原。公镇守其地垂二十年，保固无虞。转宣州观察使。会朝廷大臣举智谋武略可充将帅者参政，杨公椿首以公应诏，授正侍大夫。三十一年九月，虏主完颜亮遽绝和好，南自江淮，西连秦陇，舟车器之盛，亘古未有。乃分遣伪帅合喜统兵数十万，自凤翔至宝鸡，沿渭水连营列栅，占据大散关。宣抚招讨吴公谓公曰："贼据散关，扼吾衿喉，当急图之。"遂擢公节制军马知凤州。公引兵与敌对垒，且相视形势，难以力取。于是昼易旌旗，夜增火鼓，示不可测。虏益增备转粮草为持久计。吴公亲提大兵出泾秦，攻德顺军，以分其势，仍命公率制散关。伪帅合喜，果分兵赴援。三十二年闰二月，公乘势遣兵出御爱山，抵天池原，掠扰敌寨及断其饷道。又密遣兵焚其东西两山楼橹，鼓躁从之，声震山谷。虏人惊骇，弃关而走。公乘胜进据和尚原，则虏亦宵遁矣。翌日，有骑数千，复来入谷，公领兵逆击之。时天大雨雹，风雾昼晦，公选神臂弓射之，虏酋中流矢，引众败去，若神助焉。宝鸡贼帅恐我师乘胜击之，尽焚大寨，退保凤翔。由是，渭水以南复归版籍。以功真拜和州防御使，赐爵安康郡开国侯，食邑一千七百户，食实封一百户。公自壮岁从事军旅，未尝一日在告，尽瘁王事，常若不及。每自叹曰："吾奋身畎亩，荷国恩宠，誓欲捐躯，以效尺寸。今年逾七十，力所不逮，勉强而不可得矣。"会王师解严，遂丐归田里，其请甚确。吴公以公精力未衰，止听解兵职，遂辟知龙州，实隆兴元年之七月也。明年，改知文州。又明年，吴公移镇汉中，梁洋接境，实为重地，乃辟公复知洋州，兼管内安抚使节制军马。洋人闻公之来，举酒相贺曰："复得吾邦旧使君矣。"老稚欢迎，不绝于路。公暇日尝读《汉留侯传》,至愿弃人间事,欲从赤松子游之言,慨然慕之,锐意求退,上章力请归休。乾道二年九月,教授提举台州崇道观,介梁洋间居焉。五年二月十八日,以疾终于所居之正寝,享年七十有八。娶韦氏,卒;再娶苗氏,卒。皆赠令人。又娶张氏,累封令人。子男八人:曰大勋,右武大夫、果州团练使、御前右军统领权统制弹压军马、安康郡侯,食邑一千七百户;曰大亨,武经大夫、御前中军同统制本管军马;曰大节,从义郎、御前前军第三将副将;曰大昌,秉义郎、御前右军第一将队将;曰大年,忠训郎,亡;曰大林,忠翊郎、御前前军第一将队将;曰大森,曰大有,皆成忠郎。女十人:长适武功大夫左部正将丁立,亡;次适右武大夫、御前中军统制本管军马胡清;次适承信郎张祐,亡;次适承信郎郭良臣;次适承节郎彭宷;次适保义郎傅汝弼;次适右从事郎、城固县丞张滑;余在室。孙男十一人:曰祖庆,秉义郎、成都府路第二将队将;曰祖廉,承信郎、御前前军第三将队将;曰祖荣,成忠郎;曰祖显、曰祖仁、曰祖宁、曰祖椿、曰祖辉、曰祖贤,皆保义郎;曰祖诜、曰祖训,皆承节郎。孙女十七人:长适承信郎李雍,次适承信郎张师古,次适承节郎刘之义,次适保义郎侯诜,次适承信郎张实,余在室。曾孙男三人:曰世忠,保义郎;曰世辅、曰世杰,皆承节郎。曾孙女三人,在室。元孙男二人:曰绍先、曰绍光,皆承信郎。诸子以其年三月甲申,举公之丧,葬于城固县安乐乡水北村生祠之侧。维杨氏系绪远矣,自东汉太尉震起于关西,以清白遗子孙,奕世载德,代不乏人。公奋乎千载之后,自致功名,有光于祖,可谓天下伟男子矣。朝廷雅闻公名,故所赐训词有曰:知义之贵,以勇得名,益奋壮心,遂成伟绩。缙绅诵之,以为美谈。公善射,发无不中。尝偕王人刘参赞子羽行饶风岭,有虎突出丛薄间,人皆辟易,公跃马而出,以一矢毙之,故射虎之名,喧达都下。方二亲之在虏也,而青溪之民,日赡其费,赖以保全。及公破青溪,既得二亲,并载其民以归,给田庐,家之于梁洋,至今赒给不绝。朝廷闻之,以孝义特赐旌表。公之行不特此也,为郡尤以爱民为本。初,洋州有杨填等八堰,久废不治,公皆再葺之,溉田五千余顷,复税租五千余石,又增营田四十四屯,公私以济,民为立祠。宣抚处置张公浚闻于上,赐诏奖谕。初,公至凤翔也,有流民数万在境内,或疑其反侧，悉拘于山谷间。公矜其无辜，皆纵之。后岐雍大歉，流民复入关就食，公复纳之，所活甚众。西边馈运，自昔颇艰。公至凤州，首创营田四十屯，民力减省，军食充足。又预筑凤之黄牛堡，以塞散关之冲；创文之高平原，以控西羌之路，尔后皆获成效。其先见之明，古之名将所不能。公性宽厚喜士，不以其贵骄人。接物逮下，喜愠不形于色，虽部曲偏裨，率皆待以恩礼。军旅之暇，采摭诸史兵家实效，分门成帙，厘而为三十卷，目之曰《兵要事类》。汉守张行成、太学博士李石，皆蜀名士，为之序引，其书遂行于世。初，公预为送终之具，尝托门下士朱浒昆季，迹其行事，编为《升除录》。勃偶备员鱼梁总幕，得亲炙公言论。一日，公出示所录，委勃为志。勃窃惊愕，因问其故。公曰："仆以义自奋，以勇立节，每遇战事，许国一死，万一得酬素志，则区区之心，谁能表暴之，故欲先为之计。倘得名卿、巨儒特书其事，他日瞑目无憾矣。"勃叹曰："自中原傲扰，岂无忠臣谋士，力佐中兴。然于出处用舍之际，或有愧焉。"公始以数百孤军，出重围不测之亲。从吴氏伯仲，挫乘胜方张之虏。堰杨填以惠梁洋之民，复散关以壮川蜀之势。起匹夫之微，而爵通侯之贵。勤劳百战之余，而优游乎二千石之良。明哲保身，以功名始终，盖未有如公之全者也。使人人皆如公，徇国而不徇私，怀义而不怀利，则何患乎勋业之不立耶？异时载在盟府，绘像作颂，血食一方，礼必百世，其谁曰不宜？乃为之铭。铭曰：

　　炎光晦蠓，赫然而中。天佑生贤，龙飞云从。其贤伊何，翼翼杨公。公来自西，名达九重。惟天子明，喜得牙讵。料敌制胜，允兼文武。肤功上闻，天子曰嘻。利势安强，皆汝之为。忠而谡身，义而报国。智可周物，勇摧大敌。备德有四，孰与之京。风廓雾舒，伟绩用成。导利之功，惠泽无穷。粒食用挽，是敬是崇。气老愈壮，金汤是托。或云不吊，遐尔惊愕。梁山峨峨，汉水汤汤。公名与存，德音不忘。

西周王杰刊

杨大勋墓志

宋乾道九年（1173）。高长 1.30 米，宽 0.70 米，厚 0.14 米。额隶书 3 行，满行 3 字，题"宋安康郡侯杨公志铭"。志文楷书约 17 行，满行字数无法辨识，题"有宋安康郡侯杨公志铭"。黎允撰，王杰刊。志石残损严重，不可卒读。1973 年出土于城固县杨泗将军祠后院杨从仪墓附近，现藏城固县文物局。《汉中碑石》著录。

尽管志文损字较多，但据残存之"有宋安康郡侯杨公志铭""公讳大勋，字元功，凤翔天兴人""祖仲方""果州团练使""累封安康郡关内侯"等零星文字可知，志主杨大勋即杨从仪之长子。

据《杨从仪墓志》记载，绍兴元年（1131）三月，金兵围困凤翔，杨从仪"与子大勋率戏下百余人，力战至夜半，突围得出。"乾道五年（1169）杨从仪卒后，杨大勋袭封安康郡侯。《杨从仪墓志》载："大勋，右武大夫、果州团练使、御前右军统领权统制弹压军马、安康郡侯，食邑一千七百户。"此外，杨大勋尚有七位兄弟：杨大享为武经大夫、御前中军同统制本管军马；杨大节为从义郎、御前前军第三将副将；杨大昌为秉义郎、御前右军第一将队将；杨大年为忠训郎；杨大林为忠翊郎、御前前军第一将队将；杨大森、杨大有为成忠郎。

刻者王杰，亦刻《杨从仪墓志》。

〔志文〕

有宋安康郡侯杨公志铭

门人京兆黎允□国□

公讳大勋，字元功，凤翔天兴人□祖仲方，赠武□董督之任守边□十九以材力应□果州团练使，御前□将军马，累封安康郡关内侯□户，以乾道九□官，享年六□五。公□弟间怡怡□人士□必□后蒙犯□其□武郎就□卢山县□余幼在室。孙四□节郎张琬□孝宣□城固之山水村□

王杰刊

滑璋买地券

宋淳熙元年（1174）。砖石质，正方形，边长 0.34 米。券志文楷书 19 行，满行 19 字。20 世纪 80 年代后期出土于安康市张滩滑璋墓中，现藏安康市博物馆。《安康碑石》著录。

券文内容完整，书写工整，字迹清晰，是保存较好的宋代买地券。券文称"本贯永兴，流移昭化"，宋永兴军治所在京兆府，昭化军则在金州，此时宋、金南北划界，故文中有"顷缘兵革，稽奉迁茔"之句，可以看出普通百姓因战事而迁居他乡之无奈。

〔券文〕

地券

维大宋淳熙元年岁次甲午九月乙酉朔十三日丁酉，主葬滑璋，奉为先考、先妣并以亡兄，本贯永兴，流移昭化，顷缘兵革，稽奉迁茔。扪心追远，孝礼殊亏。遂同长幼之心，共启孝诚之志。卜其宅兆，安厝先灵。况乃龟筮协从，相地袭吉，宜于金州西城县界永宁乡第十一都洛河村大平坝安厝宅兆。谨用钱九万九千九百九十九贯文兼五彩信币，买地一段。南北长二十步，东西阔一十八步，四分半，东至青龙，西至白虎，南至朱雀，北至玄武。内方勾陈，分擘掌四域，丘丞墓伯，封步界畔，道路将军，齐整阡陌，千秋万岁，永无殃咎。若辄干犯诃禁者，将军亭长收付河伯。今以牲牢酒饭，百味香新，共为信契。财地交相分付工匠，修营安厝，已后永保休吉。知见人甲午岁甲戌月，主保人丁酉日直符。竹气邪精，不得干咨。先有居者，永避万里。若违此约，地府主吏，自当其祸。主人内外存亡，悉皆安吉。急急如五帝信者女青律令。

淳熙元年岁次甲午九月十三日滑璋等券

周伦墓志

金大定十四年（1174）。志正方形，边长 0.61 米。志文楷书 32 行，满行 32 字，题"大金故周府君墓志铭"。1977 年出土于西安市雁塔区西北有色地质研究院附近，现藏西安市文物保护考古研究院。《新中国出土墓志·陕西》（叁）著录。

志主周伦，字正叔，卒于金大定十四年（1174），卒时七十七岁，则其生年当在北宋元符元年（1098）。

周伦曾祖周咸美，祖父周恭得赠朝请郎，父亲周弁则未仕。志称周伦幼年即酷爱兵书战法，惜因武举科废除而未能应举。之后，周伦受到曲端和吴玠赏识，在平定终南巨寇张宗的过程中以军功补守阙，进义副尉。之后曾任泾州兵马都监、环庆屯田勾当公事、乾州永寿县令、京兆栎阳令、永寿县令、临潼县令等，累迁至敦信校尉、飞骑尉，志称其"自宣和癸卯入仕，至大定甲午，凡五十余年，循阶历级，咸以劳效取之"。

〔志文〕

大金故周府君墓志铭

大定十四年六月五日，敦信校尉、临潼府临潼县令、飞骑尉周府君以疾殁于京兆私第之正寝。其孤鉴凶服哭告于其游李居中曰："葬有日，子为我先人作志铭。已请王轩文举书石，朱孝敏有功篆。诸公皆吾友，必能成此事，幸无辞焉。"余曰："书、篆得之矣，铭文须能者，则吾岂敢。"明甫曰："葬已逼期，子固若是，是当误我。"因不敢辞，勉为之叙。公讳伦，字正叔，平凉人也。曾祖咸美。祖恭，以长子冕贵，赠朝请郎。父弁。皆以冲静自守，隐德不仕，积善弥远，余庆生公。在幼无儿戏，既长有气略。涉猎书史，长于议论。好读兵书，古之战术颇得其要。常语人曰："士不兼文武，不足任大事。"遂应武举，其科废，不克就。宣和间，泾原帅曲公端，以良家子招置效用。公应募焉，试以骑射、击刺之法，举皆精捷，加以丰神翘楚，曲公一见大喜。未几，为本路统制吴玠辟以偕行。是时，关右方扰，终南县有巨寇张宗者，自称张观察，啸聚不轨之人，摇动一境。公于是潜兵夜发，直抵终南，贼乃就擒。以功补守阙，进义副尉。居无何，泾州安抚使赵公彬辟差本州兵马都监，同收复长武县。公先用火炮焚其门，单骑突城而入，贼众大溃。为流矢所中，公乃负创安集其民，长武遂定。迁本路第八正将，改庆阳府业乐镇。徙宁州真宁、邠州三水二县。皆以廉明果断为治，吏莫敢欺，而民乐其业。后改环庆屯田勾当公事，人皆便之。又改乾州永寿县令。时皇统大饥，秦人相食，朝廷遣使赈济。公以谓方此谷贵，吏益奸黠，恐因此为弊，官有枉耗，而民无实惠。公于是恪勤奉职，百计防之，全活者甚众。赈济使傅公亮按察入境，阖县举留，颂公善政。傅公以治状闻，朝廷嘉之，改京兆栎阳令。未几，复任永寿。秩满，买田于鄠杜之间，意为长安人。居十有余年，后除临潢县令。自窝斡兵革之后，居民逃窜，井邑一空。公既至也，用宽明仁恕以怀之，敬事督罚以劝之。由是居者逸而亡者旋，故百里之氓，赖公苏息矣。累迁至敦信校尉、飞骑尉。享年七十七，以其年九月廿二日，卜葬于长安县苑西乡龙首原。娶李氏，有静好之德为令妻，有圣善之训为贤母。后公四十五日而亡，今祔焉。子四人：钢、鉴、锜、镐。女三人：长适保义校尉郭孝忠，次适供奉班祗候王佐，次适孟宁。孙男八人。公自宣和癸卯入仕，至大定甲午，凡五十余年，循阶历级，咸以劳效取之。当时陕右诸巨公争先论荐，然官不过六品，职止于县令，难进易退，不枉道而事人，于斯可见。其有巧宦躁进，闻公之行，己亦可少愧矣。尝闻位不称德者，其终有后。呜呼！公其终有后乎！诸孤其勉之。铭曰：

龙原吉地，马鬣新阡。猗欤府君，于兹息焉。才武蓄志兮，腾踏于壮岁。仕途艰梗兮，偃蹇于华颠。直无所合兮，不为之挠。方无所入兮，不为之刓。激顽懦以廉立，昌后裔兮永年。

刘宗道父买地券

金大定十四年（1174）。砖石质，共 2 块，尺寸相同。长 0.36 米，宽 0.35 米。券文楷书 20 行，满行 14 字。2005 年出土于延安市子长县，现藏子长市文物局。

此志载"维南赡部州修罗王管界大金国鄜延路延安府延川县乐业乡"，"南赡部洲"为佛教"四大部洲"之一，熙宁六年（1073）《任台买地券》亦有相关记载，称"南赡部洲大宋国耀州界"。

券文称"大金国鄜延路延安府延川县"，其地在宋、西夏、金三国征战中具有重要的军事意义，几经易手，其时之延川县已为金人辖地。

券文末题有刘宗道、刘曦道、刘晖道、刘世瑛、刘保、刘显道等多位墓主家族成员姓名以及砖匠、用工人名姓，这在其他同类买地券中并不多见。

〔券文〕

维南赡部州修罗王管界大金国鄜延路延安府延川县乐业乡刘宗道为亡父刘为元茔地迁葬于□直处，买地一亩。东至青龙，西至白虎，南至朱雀，北至玄武，中安宅兆，谨用币九万九千九百九十贯。封步界畔，丘承〔丞〕墓伯，道路将军，齐整千陌，千秋百岁，永无休咎。辄干犯者，将军亭长收付河伯。今以牲牢酒酢，共为信契。财地交相分付讫，修营安厝，已后永保休吉。知见岁月，主保人今日直符，故气邪精，不得忓咨。先有居者，永避万里。若违此约，地府主吏，自当其祸。主人内外存亡，悉皆安吉。急急如五帝使者女青律令。

时大定十四年己巳月日，男刘宗道，次男曦道、晖道，孙世瑛，弟刘保，侄显道

砖匠张仲刊字

用工人：张子元、刘任温、刘仲、刘隐、刘顺、杨大鉴、信忠、刘宋礼

张祖德墓志

宋淳熙十五年（1188）。志长0.75米，宽0.52米。额篆书1行8字，题"宋故府判张公墓铭"。志文楷书30行，满行44字，题"宋故奉议郎前武兴通守张公墓志铭"。苏德文撰，张炳篆，雷陟书。1954年出土于汉中市洋县纸坊乡，现藏洋县蔡伦祠墓文化博物馆。《新中国出土墓志·陕西》（壹）、《汉中碑石》著录。

志主张祖德，字光叟，卒于淳熙十五年（1188），卒时七十一岁，则其生年当在重和元年（1118）。

张祖德曾祖张聿赠通议大夫。张祖德祖父张存为中奉大夫、以中大夫致仕。其知济州之时，适逢靖康之变。赵构移师济州，张存曾与朝臣共谏南迁临安，即志文所称"中兴劝进之功，中奉公良有力焉"。张祖德父亲张钧为朝奉大夫，累赠朝议大夫。南宋初年，战事不断，张钧孤兵坚守开德府，城陷而殁。

志载张祖德"自将仕郎八迁至承议郎"，其最初以父祖之功补将仕郎，绍兴二年（1132）差兼潭州南岳庙，曾任鄂州户曹、襄阳府宜城知县、德安府云梦知县、武兴通守等。张祖德在武兴任职之时因僧人度牒争讼而遭贬官，遂"日修净业，不复为仕进计"。

张祖德卒后，于庆元二年（1196）葬于兴道县汉中保泉水湾西岭原，即今汉中市洋县。

撰文者苏德文，署"潼关进士"；篆额者张炳，署"迪功郎、新定差利州司法参军"；书者雷陟，署"迪功郎、前洋州司户参军"，三者未见正史记载。

〔志文〕

宋故奉议郎前武兴通守张公墓志铭

潼川进士苏德文撰

迪功郎新定差利州司法参军就权张炳篆

迪功郎前洋州司户参军雷陟书

淳熙戊申二月二十日，前武兴通守张公卒于洋之寓居。越九年，庆元丙辰十月癸酉，孤子椿举公之丧，卜葬于兴道县汉中保泉水湾西岭之原。前期踵门稽颡泣血，述其先世行实，来谒铭于予。德文敬谢不敏，具致公奕叶忠劳，流芳信史，再世名德，为时典刑，自非老于文学者，讵宜直笔。椿哭益恸，请益悲，德文逊益力。椿又泣曰："吾父初抵洋时，未有底止，侨寄僧舍，尝托邻封父子，久获缔交，历知往事，莫如君详，幸勿固辞，庶先君九原无憾。"德文清涕不忍闻。则推公之世，代为东平府须城县人。曾祖聿，故赠通议大夫。祖存，故任中奉大夫。当靖康丙午，金虏犯顺，京城失守，二圣北狩，神器久虚。明年夏四月，高宗皇帝以天下兵马大元帅，师次济州。中奉公实守兹土，首倡大义，躬率官吏军民等，屡上劝进之书，力陈祖宗社稷安危大计，御札批答，至于再四，圣意感动，开允其请，中兴劝进之功，中奉公良有力焉。后以中大夫致仕。父钧，故任朝奉大夫。建炎三年，金人再过河侵扰，独守开德府孤城，仗节陷没，累赠朝议大夫。公因祖考知济州日该，遇高宗登极，以捧表恩数，补将仕郎。绍兴乙卯，朝廷录用勋旧子孙，遂特差兼潭州南岳庙。顾公誉望已籍甚搢绅间。次任鄂州户曹时，出内公廉，用度充给。居郢州理掾日，平反冤滞，囹圄为空。后知襄阳府宜城县，赋政不扰，治绩著闻。一时，诸台交章论荐，改秩。复宰德安府云梦县，久不治，公为改弦易瑟，抚以宽平，奏课称最。逮分刺武兴，应酬开决，盘错剸裁，事靡巨细，莫不迎刃理解。西帅吴公甚敬礼之，荐才于朝，辟为戎司上幕。先是，公倅州日，奉行毁正，僧人绢度牒，指挥遂忘投鼠忌器之戒，主宾生隙，职此之由。公赋性刚方，临事敢言，凡毗赞论议之间，又不能阿顺苟容，动多矫正。入幕未几，竟罹据撼之狱，虽贬秩去官，公于俯仰，曾何少愧。公自卜居于洋，恬不以得失介意。幼尝参授道家篆书，由是日修净业，不复为仕进计。淳熙丙午，高宗寿登八秩，庆恩溥霑，人或劝公即可陈□，进陟朝郎，为垂裕后昆之地，公但笑而不答。待将东归，自有所处。惜乎！鲈薄之兴，徒老于秋风；殿槛之梦，俄惊于□夕。未终远业，遽殒其生，抑命也夫。享年七十有一，阶自将仕郎八迁至承议郎。乾道辛卯，以郊恩改赐银绯。初娶徐氏，赠安人。再娶李氏，乃邯郸公孙女，偕公之爵，累封安人，后公三年终。今俱祔公而葬，礼亦宜之。一子椿，绍替箕裘，安行仁义。力孤自振而远有立志，居贫能积而笃于掩亲，可谓知本者矣。天祐纯孝，必大其门。一女适□澄实，前郡守开府公孙，次公蚤卒。孙一人曰兴翁。女孙二人，外孙一人。愚尝闻前辈大老，不敢轻志人圹，惧有诮辞。近世名能文词者，率好谀墓射利，深所不取。德文谨撮公之世德与夫平生事业实可书者，论次于前，若□□士好贤，仁亲惠众，此又公践履中事，奚待赘述。公讳祖德，光叟其字云。铭曰：

忠节载世，庆宜有传。名德冠时，惟公象贤。表表材业，炳炳官政。老成典刑，众所景行。天爵人爵，两极其全。寿考始终，一无愧焉。西岭之原，甲山之阜。宅兆其安，克昌厥后。

郄震买地券

金明昌三年（1192）。砖质，正方形，边长 0.35 米，厚 0.05 米。正文楷体朱书 10 行，满行 24～26 字。1997 年出土于铜川市耀州区董家河镇铜川市铝厂自备电厂基建工地，现藏铜川市考古研究所。《铜川碑刻》著录。

志主郄震卒于金明昌三年（1192），次年于耀州同官县永宁乡丰择村南原购置墓地安葬，并刻此买地券。《铜川碑刻》称，明代《同官县志》载耀州交界有丰泽铺，其名当源自此券所记丰择村，丰择之名自金代沿用至明代。[1]

〔券文〕

维大金明昌四年十月十六日，郄震以明昌三年三月初五日殁故。龟筮协从，相地袭吉，宜于耀州同官县永宁乡丰择村南原，工告厝宅兆。谨用钱玖万九千九百九拾九贯文兼五彩信币，买地一段。东西各长一十步，南北各阔九步，东至青龙，西至白虎，南至朱雀，北至玄武。内方勾陈，分掌四域，丘丞墓伯，封部界畔，道路将军，齐整阡陌，千秋万岁，永无殃咎。若辄干犯封禁者，将军亭长收付河伯。今以牲牢酒饭，百味香新，都为信契。财兆交相付工匠，修营安厝，以后永保休吉。知见人岁月，主保人今日执符。故气邪精，不得干忤。先有居者，永避万里。若违此约，地府主吏，自当其祸。主人内外存亡，悉皆安吉。急急如五帝使者女青律令。

---

[1] 参见陕西省古籍整理办公室编《铜川碑刻》（下），第 273 页。

辨正大师塔铭

金明昌五年（1194）。长0.98米，宽0.49米。额篆书1行12字，题"草堂辨正大师奥公僧录塔铭"。铭文楷书20行，满行40字，题"草堂辨正大师奥公僧录塔铭并引"。释方亨撰，义金篆额，徐乂书。现藏西安市鄠邑区文物管理委员会。《户县碑刻》著录。

辨正大师俗姓王，字子深，卒于金明昌五年（1194），卒时七十二岁，则其生年当在北宋宣和五年（1123）。

志称辨正大师弱冠出家，礼草堂僧永妃为师，阜昌癸丑即绍兴三年（1133）受具。为了遍求佛理，他曾先后前往五台、燕京等地云游，学成后返回户县草堂寺，受到醴泉成戒大师称赞并付衣传戒。金大定末年，先后被推举为临坛第二座、首座，擢僧录，授紫衣，并赐号辨正大师。金明昌四年（1193），辨正大师退居草堂，讲授佛法。次年终于草堂寺。弟子于草堂寺南将辨正大师安葬。元光二年（1223），其弟子了印等刻铭立石。

撰文者释方亨，书者徐乂，未见相关记载。篆额者义金为辨正大师徒孙。

〔志文〕

草堂辨正大师奥公僧录塔铭并引

鉴山释方亨撰

法孙沙门义金篆额

九峻徐乂书

师讳道奥，字子深，俗姓王氏，乾州醴泉人也。髫稚时，天粹慧明，风标卓荦。弱冠□意出家，六亲勿能夺其志。礼草堂僧永屺为师。阜昌癸丑受具，愤志内学，服膺锐戒。师听习输金大论，展卷得入。奈见远疑深，径往五台，次诣燕京，遍历讲肆。冰释狐疑，学富而复草堂。醴泉成戒师一睹芝眉，喟然叹曰："任大法之牛车欤，佛宇之隆栋欤，苦海中舟楫欤！"于是付衣传戒。大定戊申，众推临坛第二座，次补座元，又迁僧判，四赐德号。荏下事多身率。拯圣教于湮微，振僧纲于颓弊。缁素莫不仰其德。大定庚戌，举擢僧录，改授紫衣，号赐辨正大师。明昌癸丑，退居草堂，增修讲所。梁栋宏丽，檐楹高敞，出乎师之胸量，盖豁如也。拟欲内外一新，奈缘谢时睽［暌］。明昌甲寅暮春晦日示疾，孟夏上休，入般涅槃。准教荼毗。送葬者万计，服孝者千人，载悼载伤，如失恃怙。火融舍利，灿灿若珠，光现白虹，七夜而熄。葬于寺之南，依圭峰而起浮图。俗寿七十二，僧腊六十一。剃度弟子二名：淳涓、淳□。传戒弟子四名：淳显、永超、淳凉、惠升。元光癸未，法孙了印蒙府官请宰本寺，不获，已而曲从。荷祖师之正法，提禅苑之清规，四望改观，一新宗训。每悼师之德业崇高，久必寝灭。遂撼事实，请余作铭，镂诸翠琰。扇芳风而无替意，兼激励子孙不修学行者而起。愧为铭曰：

逍遥秦观，敕赐道场。千载而下，奥公德芳。内修学行，外提纪纲。蜕身圆寂，缁素咸伤。千珠舍利，七夜白光。昭示翠琰，印公多方。激励后裔，愧心胡忘。窃拟仿佛，重荣草堂。

助缘法孙僧祖资、祖镇、法才、定操、法容、定珒、定瑥、祖曜、祖时、祖瞻、祖果、祖庆、祖鉴、祖皓、祖性，上库定恩、下库法海、殿主祖昀、知客祖瞎、庄主法演、磨主定珪
助缘知事僧直岁祖仁、典座定璨、维那祖曦、副寺祖斌、监寺义金
元光二年十二月望日法孙住持嗣祖沙门了印立石
法孙前山主沙门了颜同立石

释迦如来真身舍利棺铭

金明昌六年（1195）。棺盖三棱面，石棺长方形。棺盖高0.14米，两斜刹面宽0.10米，中面宽0.14米。石棺长0.36米，宽0.26米，高0.19米。铭文楷书4行，满行10字。石面漫漶，部分文字无法辨识。1988年出土于西安市高陵区泾渭街道毗沙村，现藏西安市高陵区文化馆。《高陵碑石》、《新中国出土墓志·陕西》（壹）著录。

铭文称"平阳府霍山塔下释迦如来真身舍利"。

"平阳府"，宋代属河东路，《宋史》载"平阳郡，建雄军节度。本晋州，政和六年，升为府。崇宁户七万五千九百八，口一十八万三千二百五十四"，辖"临汾、洪洞、襄陵、神山、赵城、汾西、霍邑、冀氏、岳阳、和川"十县。[①] 金代属河东南路，《金史》称"宋平阳郡建雄军节度。本晋州，初为次府，置建雄军节度使。天会六年升总管府。置转运司。兴定二年（1218）十二月以残破降为散府"，辖"临汾、襄陵、洪洞、赵城、霍邑、汾西、岳阳、浮山、和川、冀氏"十县。[②]

"霍山"在平阳府霍邑县境内，即今之山西省霍州市，其地在隋唐时期为河东佛寺聚集地之一，有兴唐寺、慈云寺、喝石庵、红崖寺、广胜寺、兴隆寺等多座寺院，香火极盛。此铭文所称释迦如来真身舍利来自霍山，足见霍山佛教在金代之影响。

《高陵碑石》称石棺出土地毗沙村为宋、金代隆昌寺所在。近年在此陆

---

① （元）脱脱等：《宋史》卷八六，第2132页。
② （元）脱脱等：《金史》卷二六，第634~635页。

续发现金代砖石墓及宋、金、元时期文物。[1]

〔志文〕

平阳府霍山塔下释迦如来真身舍利

时大金明昌陆年岁次乙卯拾月日分葬入塔

---

[1] 参见陕西省古籍整理办公室编《高陵碑石》，西安：三秦出版社，1993，第21页。

唐宁父母买地券

民族·盟约·边界·战争

金明昌七年（1196）。砖志，正方形，边长0.33米，厚0.06米。正文楷体朱书14行，满行19~22字。2010年出土于铜川市耀州区石柱镇阿来村，现藏铜川市考古研究所。《铜川碑刻》著录。

志主唐宁父母卒于金明昌七年（1196），唐宁于耀州同官县神水乡故县村购置墓地安葬双亲，并刻此买地券。券文中的"神水乡"之名自宋代一直沿用至明代。"故县村"，又称"故贤村"，在今铜川市耀州区石柱镇故现村，《铜川碑刻》据《魏书·地理志》《太平寰宇记》及王仲荦《北周地理志》等相关资料认为，故县村之得名，当与西魏大统五年（539）至唐贞观十七年（643）所置宜君县有关。[1]

〔券文〕

维大金国明昌七年六月初二日唐宁父母殁故，龟筮协从，相地袭吉，宜于耀州同官县神水乡故县村东南原上安厝宅兆。谨用钱九万九千九百九十九贯文兼五彩信币，买地一段。东西□□步，南北□□□□步，东至青龙，西至白虎，南至朱雀，北至□□□□□□分掌四域，丘丞墓伯，封部界畔，道□□□□阡陌，千秋万岁，永无殃咎。若辄干犯□□□□军亭长收付河伯。今以牲牢酒酢，百□□□□信契，财地交相付工匠，修营安☑保休吉知见人岁月，主保人今日值符，故气邪□□□□□先有居者，永避万里。

---

[1] 参见陕西省古籍整理办公室编《铜川碑刻》（下），第274页。

若违此约，地府□□□□□其祸。主人内外存亡，悉皆安吉。急急如五帝使者女青律令。

墓券

（以上正文）

合同分□

（位于买地券顶部侧面，文字均系左半部）

吴忠嗣墓志

宋嘉定十年（1217）。志长0.93米，宽0.46米。额篆5行，满行2字，题"皇宋洋州察推吴君志铭"。志文楷书35行，满行53字。文祁撰书，苏樵题盖，姜敏刊。1973年出土于汉中市南郑县新集镇，现藏南郑县圣水寺文管所。《新中国出土墓志·陕西》（壹）、《汉中碑石》著录。

志主吴忠嗣为宋代名将吴璘之孙，字明叔，卒于嘉定十年（1217），卒时四十七岁，则其生年当在乾道七年（1171）。

吴忠嗣祖辈吴玠、吴璘均为宋代名将，其家族几代长期在宋金边界地区抗击金兵。关于吴氏家族成员生平及相关事件，《吴玠吴璘及其子孙汉中宦途遗迹考述》一文可作参考，此不赘述。[1] 需要补充的是，据此墓志，吴忠嗣为吴抑第二子，以父荫授通仕郎，之后曾任凤州梁泉主簿、文州曲水县丞、武连县丞、普安县令、洋州观察推官等。

据墓志记载可知，吴忠嗣本名明叔。其从兄弟吴曦叛宋降金，史载"金遣吴端持诏书、金印至置口，封曦蜀王，曦密受之"。[2] 吴忠嗣则坚守拒降，以吴曦为耻，故而更名，即志文所云："耻累同姓，乞更之，特许易今名。"由于吴曦反叛，吴氏家族成员受到牵连，史载："诏曦妻子处死，亲昆弟除名勒停，吴璘子孙并徙出蜀，吴玠子孙免连坐，通主璘祀。"[3] 吴玠子孙免连坐之原因，当与吴忠嗣坚守城池、拒降金朝有关。

关于吴忠嗣葬地，志文未明确记载，仅铭文中有"金华松岗，实墓其

---

[1] 参见孙启祥《吴玠吴璘及其子孙汉中宦途遗迹考述》，《陕西理工学院学报》2016年第2期。
[2] （元）脱脱等：《宋史》卷四七五，第13812页。
[3] （元）脱脱等：《宋史》卷四七五，第13814页。

址"之句。《汉中碑石》称:"吴忠嗣墓地金华岗,宋属褒城县,1961年划归南郑县。"①

撰书者文祁、题盖者苏樵均为乡贡进士,未见正史记载。刻者姜敏,其他墓志未见其名。

〔志文〕

乡贡进士文祁撰书

前乡贡进士苏樵题盖

艺祖皇帝垂统立极,惩五闰士气衰耎,以正谊为第一事。陶谷袖禅藁,薄之终身,弗大用。卫融为其主,盛怒以霁,目为忠臣。人知趋向,国脉以寿。庆历时,任福、桑怿、耿传;皇祐时,曹觐、孙节;靖康时,李若水。死于战敌,死于骂贼,忠赤相望,未易枚举。高宗皇帝中兴绳武,益重服节死义者。为郎官出使,谊不辱命,如济源傅察。处民伍抗虏,视死如归,如下邳苏谔。事辙听闻,列圣嘉叹,或超加恤典,或宣付史馆。诸公身元虽丧,生气凛凛,国家畴其事而崇报,奋乎百世,闻者兴起。开禧丙寅,权臣用事,谋动干戈。西门贰宣招者,妄自尊大,用兵非所长,怵于敌诱。明年正月,敢窃位号,延置亲党。吴君忠嗣时宰武连,大变起,族属侍母淑人,太宗皇帝七世诸孙,伪命狎至,以夔漕处之。君怒骂曰:"祖先勋业,著在盟府,忍一旦坠地耶?我宁一死,终不为尔屈。"径却其檄。凶徒怂甚,下令后军屯将遣甲士十数,露刃庭中,迫之使行,有如其不从,函首前来语,君屹立不动。伪都运徐景望声势颂洞,家奴氏县亡状,君曰:"此赵官家世界,汝何敢尔。"杖之,仍械诸狱,逆党为沮。朝廷宪章,遵奉一如常日,今公牍存县可考。邑当孔道,弓剑旁午,父老恃以无恐。凡四十有五日,乾清坤夷,天日复见。茶马使者范仲壬行部,百里士民,其〔具〕君守正实

---

① 陕西省古籍整理办公室编《汉中碑石》,第138页。

事，遮马首欢言之。又群走府，太守知其详，亟为上利路运判赵纲、制帅杨辅、宣威令使相安公丙，连核颠末闻上。安公又以亲戚畔之为奏牍语以证。得旨："免连坐，免移徙，官使仍旧。"君耻累同姓，乞更之，特许易今名。元字明叔，赠太中大夫，集英殿修撰，夔州路提点刑狱，抑中子。由祖而上，见太中墓志。以集英遇郊恩，任通仕郎，初主凤州梁泉簿耳，转丞文州曲水、武连。秩满，令普安。丁淑人忧，外除调剑门。先是，武连政善，下至卒吏、邮传，得其欢心。总计陈晔尝报书谓："自有此邑无此令，既去它邑，幸其肯来。"君知戒令已孚，三为令，俱隆庆。嘉定十年十一月二十三日，之洋州观察推官任，客兴元府城固姨魏氏，早起无疾而逝，年四十有七。官止儒林郎。逾月，得金书合州判官厅公事。明年清明日，葬太中淑人墓次。君庄重温粹，不事华好，眉宇清润，趋进[中]礼，[雅]向学好士。当未仕时，左右经史，喜学为诗，榜书室以"喑窟"。历五任所，谈者几不容口。宽厚爱人，乐施予，遇亲旧负死无归则葬之，其幼孤则字之。昆季间奴隶，平时靡人不称，闻其亡云，悲咽有如丧所亲者。明习世务，音吐开爽，白事台府，绷绷可听，类首肯之。荐改秩者四人。安公丞郡普安日，喜其试邑能事。及转运军前，君尝为言："必斩副宣斃人赵富己，可议进取。"公悚异其语，旋以忠节逾重爱，辕门尊崇，君得见不以时。见或留弥日，公事公言，亟从无疑，许为成就通朝籍。始以内艰去官，后以大制闻趣召差跌，今书币岁犹往来。初集英五为郡持节典藩，所至称廉，物产不夥，以君故免归。有司宣威量捐金分酬之，乃买田庐大安军，食其租入，因家焉。初娶王氏，承直郎班女，再娶实淑人妹。三子：柬之、震之、损之，从进士举。嘉定九年，诏下取士，利漕使者曹彦约酌法意，许贯三泉，并闻制闻，以杜讼云。一女未行，孙男二人。予尝究观班史，新莽盗神器，愚无知者，附丽有之。乃若读书名为儒，作国师，作美新，传笑亡穷。方逆焰燎原，士自科第中出者，犹不自引去，甘心跖徒。君胄贵室，为小官明于避就，弗堕党与，不贻父母羞。虽教忠有自，亦性忠君父使然。皇明雄异，用劝方来忠孝者，于铭何辞。铭曰：

大浸稽天，砥柱弗徙。风雨如晦，鸡鸣不已。性孝与忠，惟古烈士。君崇高节，无生有死。全璧而归，持见先子。彼波荡者，颜之厚矣。金华松岗，实墓其址。清风百世，闻者兴起。

姜 敏 刊

王仁杰妻陈氏墓志

宋嘉定十二年（1219）。志长1.10米，宽0.50米。额篆书2行，满行5字，题"宋故太孺人陈氏墓志铭"。志文楷书19行，满行40字，题"宋故太孺人陈氏墓志铭"。周曾撰，吴伦书，郭邴篆。1958年出土于汉中市洋县八龙乡，现藏洋县博物馆。《新中国出土墓志·陕西》（壹）、《汉中碑石》著录。

志主陈氏系王仁杰之妻，卒于嘉定十二年（1219），卒时五十六岁，则其生年当在隆兴二年（1164）。

陈氏祖父陈远猷，《建炎以来系年要录》载："诏吴王益王府各差馆职二员兼教授、左中大夫、右文殿修撰陈远猷落致仕，久之，以远猷提举亳州明道宫"。[1]《宋史》载其曾任宣抚司参议官、四川转运副使。陈远猷之子陈牧得赠朝散大夫。此志可与史书互相补证。

陈氏丈夫承信郎王仁杰，其祖父王俊为镇西军承宣使，父亲王公辅为武翼郎、成都府路兵马钤辖。

嘉定十二年（1219）金兵进攻洋州，陈氏"因子抗虏，遂赴壑而亡"。至宝庆二年（1226），其孙王德广将王仁杰与陈氏一并安葬。

撰文者周曾，署"门下士将仕郎、新定差金州西城县主簿"；书者吴伦，署"承节郎、宜差监洋州在城商税"；篆者郭邴，署"修职郎、宜差监四川总领使所户部洋州赡军仓库"，三者均未见正史记载。

---

[1] （宋）李心传：《建炎以来系年要录》卷一四六，《景印文渊阁四库全书》第327册，台北：台湾商务印书馆，1982。

〔志文〕

宋故太孺人陈氏墓志铭

　　太孺人姓陈氏，其先河中府河东县人也。故任左中大夫殿撰远猷之孙，故赠朝散大夫知县牧之女。适承信郎王仁杰，故赠镇西军承宣使王俊之孙妇，故任武翼郎成都府路兵马钤辖王公辅之子妇也。承信公幼孤，及长，母淑人吴氏求婚于汉中，得太孺人于陈氏之门，乃淑人堂妹涪王女令人之女也。太孺人生长贵家而四德纯备，归于侯门而苹藻之奉不少怠。与承信公同室不三年而承信公卒，太孺人事姑愈严谨，其子在襁褓中，伤其不天，保抱携持，无异掌珠。待左右婢妾以恩，俾助鞠子之劳。及子稍长，白之于姑淑人，择师训教。十载后，子稍成立，承祖荫补承信郎，既中铨程，调官数考，遇朝廷行太后庆寿令典，以其母年高，特封太孺人。子以母显官，母以子受封，是皆王氏之门得贤妇之所致也。太孺人守志三十余年，喜怒不形于色，治家专尚俭素，宽严适平。性不好音乐，素不饮酒，四时享祀，必务丰洁。待宾客必使之中礼，内外咸敬服焉。嘉定己卯，不幸残虏侵犯，避寇于天井山。因子抗虏，遂赴壑而亡，享年五十有六。呜呼！舍生取义，壮夫有不能为，今太孺人节义如此，岂非名父祖家训之所及，与诸兄业儒之所自乎！是诚可书者。宝庆丙戌十月十五日，孙男王德广同母吴氏举太孺人之丧，与其祖合葬于祖茔之侧。前期德广以母之命来乞铭，曾故为之书。铭曰：

　　　　来嫔之事，德所称美。守志事姑，诚克由礼。恪奉藻苹，择师教子。子为忠臣，母能殉义。天报可期，必昌厥裔。

门下士将仕郎新定差金州西城县主簿就权周曾撰
承节郎宜差监洋州在城商税吴伦书
修职郎宜差监四川总领使所户部洋州赡军仓库郭郿篆

阿来村买地券

金元光元年（1222）。砖质，正方形，边长0.35米，厚0.06米。正文楷体朱书14行，满行19~22字。2008年出土于铜川市耀州区石柱镇阿来村，现藏铜川市考古研究所。《铜川碑刻》以及《文博》2015年第2期著录。①

志主卒于金元光元年（1222），后人于耀州同官县神水乡合水村西南购置墓地安葬，并刻此买地券。券文中的"神水乡"之名自宋代一直沿用至明代，《唐宁父母买地券》亦见此名。《铜川碑刻》称"合水村"在今铜川市耀州区石柱镇活龙村一带，金代合水村当为今活龙村之前身。②

〔券文〕

维□□□□年岁次癸未四月☑元光元年十一月二十八日殁故。龟筮协从，相地袭吉，宜于耀州同官县神水乡合水村西南平原上安厝宅兆。谨用钱九万九千九百九十九贯文兼五彩信币，买地一段。东西阔八步五分二厘，南北长一拾一步三分六厘。东至青龙，西至白虎，南至朱雀，北至玄武。内方勾陈，分擘四域，丘丞墓伯，封部界畔，道路将军，齐整阡陌，千秋万岁，永无殃咎。若辄干犯诃禁者，将军停〔亭〕长，收付河

---

① 陕西省考古研究院、铜川市考古研究所：《铜川阿来金、明墓葬发掘简报》，《文博》2015年第2期。
② 参见陕西省古籍整理办公室编《铜川碑刻》（下），第276页。

伯。今以牲牢酒酢，□□□□□为信契。财地交相分付工匠，修营安厝，□□□□吉。知见人岁月，主保人今日值符。□□□将□□□□若违此约，地府主吏，自当其祸。主人内外□□□□□□急急如□使□女青律令。

李居柔买地券

金正大三年（1226）。砖质，近正方形，边长0.29米，厚0.05米。志文楷书13行，满行21字，无题。2014年出土于西安市雁塔区西影路附近，现藏陕西省考古研究院。《陕西省考古研究院新入藏墓志》著录。

志主李居柔，曾为资政大夫、陕西东路转运使、行六部尚书，为金代陕西高级行政官员。李居柔卒于金正大三年（1226），之后在京兆府咸宁县龙首村修行北社购置墓地安葬，并刻此买地券。券文于"谨用钱九万九千九百九十九贯文兼五彩信币"之后，明确记载"置武五郎坟地一亩，于内建立新坟一座"，较其他同类出土买地券更为详细。结合墓志出土地可知，金代龙首村修行北社在今西安市雁塔区西影路与广德路附近。

〔券文〕

维大金正大三年岁次丙戌九月朔二十二日癸亥，安葬立祖故夫资政大夫前陕西东路转运使□行六部尚书李居柔，以今年八月初五日□□□。龟筮协从，相地袭吉，宜于京兆府咸宁县龙首村修行北社安厝宅兆。谨用钱九万九千九百九十九贯文兼五彩信币，置武五郎坟地一亩，于内建立新坟一座。东至青龙，西至白虎，南至朱雀，北至玄武。内方勾陈，分掌四域，丘承[丞]墓伯，封步界畔，道路将军，齐整阡陌。千秋千岁，永无殃殃。若辄干犯诃禁者，将军亭长，收付河伯。今以牲牢酒酢，百味香新，供为信契。财地交相分付工匠，主人内外存亡，悉皆安吉。急急如五帝使者女青律令。

合同

了然子同尊师墓志

宋淳祐七年（1247）。圆首方座。碑形墓志。高3.40米，宽0.85米，厚0.24米。额篆书7行，满行2字，题"羽化了然子同尊师冠履墓志之铭"。志文楷书25行，满行54字，题"羽化了然子同尊师冠履墓志铭并序"。张柔撰文，郭道容书并篆额，朱志完、井志义立石。现立于铜川市耀州区药王山南庵孙真人升仙台上。《药王山碑刻》著录。

志主了然子，俗姓同，字素友，卒于淳祐七年（1247）十二月，次年三月九日安葬并刻此铭。志文直接使用"时丁未大吕也""时大朝国太岁戊申暮春有九日"等干支纪年，"大朝国"即蒙古，其时为蒙古定宗时期，耀州为蒙古国辖地，故未使用宋或金之年号。

此墓志与常见的道教尊师道行碑基本相同，惜志文损字较多，同尊师生平事迹可知较少。文中数次提及之"伏鲁先生"为丹阳子马钰弟子，铜川药王山现存《月山伏鲁子祠堂记》载其生平事迹。[①]

撰文者张柔，署"三洞讲经师"。书并篆额者郭道容，署"池阳逸民"，"池阳"即今咸阳市三原县之旧称。

〔志文〕

羽化了然子同尊师冠履墓志铭并序

三洞讲经师张柔撰

---

① 陕西省古籍整理办公室编《铜川碑刻》（下），第295页。

池阳逸民郭道容书丹篆额

为善无近名，为恶无近刑。之所为善者，莫不近于名而已；为恶者，莫不近于刑而已。为善离于刑则为善矣，离刑至于道则忘恶矣。有人于此，为善不为人所誉，遭刑不为人所辱，伟哉。先生同姓，素友名，了然子号，频阳西□□金之子也。年一纪，六骸直寓，一条生死，□无以忘反之□□□无□则□□□□□□□□父母□□□□经五稔，遇伏鲁先生昌黎公坐□不教议往归而虚实雌雄，合乎前□，必有□异于人者也。遂而□□□□□□□□□□□□□其德保而不荡闭门□□假丐糊口往□富平、耀郡□十年矣。□巡司扑盗，以先生为□□□□□□□□死而复苏，赖李保以免，方寸如石，天光内发，□宇泰定，得不为向之所谓行善不为人所誉，虽刑不为□□□□□□□□□□□□□□伏鲁登瑕葛兄□举之□□法□□拔欲恶之□苇彻志心之教，谬诸□□□□日堂□□□□□□□□□□□□□□□□□□□之和，时正大五年也，□□年闰九月，复迁商洛山中，一日□□□□若有遗□□□□意□□□□方之□□□□□□□□□□□□之□乃留冠□而入于山中。门人步趋驰走。尾其后□奔□尘则□若此□□□□□亦□□复□□□□□□□□之哉。本朝□□□□□□真人升仙台之上，伏鲁先生墓之右穴地，以瘗昔冠履，时丁未大吕也。吁，先生以□□为□迁化人知世□□一时超□生之两谬□情，吾有所受，避世无以□□，得不为直寓六骸，死生一条者哉。门人全真子朱志完、清□子井志义，拟封圹穴，求铭于余。余谓至人无已，神人无功，圣人无名。今先生既藏其功，又泯其名迹，彼所以善善者，又何足以明哉。若如其□□□糠秕垢厉也，曰："不然。"万世之后，风摧雨剥，壅久湮垫，绝征空棺，无所考责，不乃今人之过欤。且黄帝乘天龙上升，剑履埋瘗之乔山。许生永葬于阴山，龟兹溯峡于木枥。子其□让，坚恳不已。余嘉厥至诚，而为之铭曰：

猗欤先生，天光内明。遗人离□，去奢戒盈。喜怒不形，藏乎无名。直寓六骸，屏杜七情。死生一条，□非两□。世尘土苴，道德纯精。忘年忘□，不将不迎。虚应麟德，空兹鹤鸣。槁灰□□，厌致观丘。世道交丧，入山孤茕。或煮白石，或居赤城。遗爱眷慕，景仰簪缨。冠履徒在，瘗之荒茔。考乎□迹，勒铭旌□。竭海摧岳，昕□无倾。

时大朝国太岁戊申暮春有九日，门下受业弟子朱志完、井志义立石并刻铭。

同□□门人石善□、高善能、游善□、党善从、曹善□、薛□□、杨善□、雷□□、李守玉、□□妙释

真人堂下了然□□□□冠履□净明观主持□宿李□□、王□□、似志守、毛□□、杨素立、曹素圭、尹志□

堂下法侄□□□、高志超、杨志道、席志□、李志□、张志远、戴志安、徐志青、王志□、李守真、郭守□、□守真、董守玉、王筠童、杨□童

□□会首李□□、李□□、李□□、曹立、怡春、张立、安进、□□□、雷□□、秦兴、李和

同缘会首□□□□安通事、王通事、郭通事、程通事、米通事、刘通事

功德□□□知府耀州长官兼征□百行□□□太王浩、同知赵彦、军判王丙、华原县令陈□

段继荣墓志

宋淳祐十二年（1252）。志盖尺寸相同，长0.72米，宽0.7米。盖文篆书4行，满行4字，题"京兆总管府奏差提领经历段公墓志铭"。志文楷书30行，满行30字，题"大朝故京兆总管府奏差提领经历段君墓志铭并序"。郭镐撰并书，赵忠立石，释福锦刊。志石四周均略有残损，并未损字。1956年出土于西安市雁塔区曲江池遗址公园附近，现藏西安碑林博物馆。《新中国出土墓志·陕西》（贰）著录。

志主段继荣，字子昌，卒于淳祐十二年（1252），卒时五十岁，则其生年当在嘉泰三年（1203）。

段继荣高祖段穆为通奉大夫、陕西路转运使，曾祖段好问为承直郎、蓝田令，祖父段居实为武节将军、洛交县尉，父亲段晖为信武将军、监清水县酒税。段继荣曾累迁昭毅大将军，授同知昌武军节度使事。段继荣夫人刘氏，其祖父刘建威为伪齐政权刘豫之弟，父亲刘禹川为陕州同知。关于段继荣生平、家世及墓志相关史事，《大蒙古国京兆总管府奏差提领经历段继荣墓志铭考释》《元〈段继荣墓志〉考释》已有论述，可作参考。[①]

段继荣卒后，葬于咸宁县洪固乡芙蓉原，其地为蒙古所辖，故志文卒葬时间均用干支纪年。元至元二年（1265），段继荣夫人刘氏卒，次年祔葬同地，其时元朝已建立，故志末题至元三年。

撰并书者郭镐，署"前陕西四川等路行中书省左右司员外郎"，其与立石者段继荣女婿赵忠为友人，李庭《寓庵集》收有《陕蜀行中书省左右司

[①] 参见陈玮《大蒙古国京兆总管府奏差提领经历段继荣墓志铭考释》，《北方文物》2015年第3期；曾丽荣《元〈段继荣墓志〉考释》，《学理论》2015年第27期。

员外郎郭公行状》即郭镐之行状。① 刻者释福锦，未见相关记载。

〔志文〕

大朝故京兆总管府奏差提领经历段君墓志铭并序
前陕西四川等路行中书省左右司员外郎郭镐撰并书丹

君讳继荣，字子昌，曜州美原人。高祖穆，通奉大夫、陕西路转运使。曾祖好问，承直郎、蓝田令。祖居实，武节将军、洛交尉。父晖，信武将军、监清水县酒。君幼能自树立。甫冠，值天兵下陕右，挈家避地终南石白谷。为众所推，主守御事，终岁无虞。以功超迁忠显校尉，继以荫补官，待阙方城尉、秦蓝总帅府选充令史。积劳，累迁昭毅大将军，遥授同知昌武军节度使事。岁癸巳秋，率壮士三百归投大朝。会田侯雄奉上命，复立京兆幕府，以得君为重，事无巨细一委君。戎政民事，君力为之，悉整办。田侯即世，子大成嗣，以年幼，仍以师礼事君。田氏父子前后以状荐者非一，当途诸巨公并以温言奖赉，书诸椟〔牍〕以为君荣。奈何天嗇其寿，以壬子十月初十日终于正寝，享年五十。葬于咸宁县洪固乡芙蓉原，从墨食也。娶夫人刘氏。君旧官阶三品，故刘氏称夫人焉。祖建威，齐王豫之母弟也。父禹川，陕州同知、河中李金吾其外祖也。娶状元吕子成之女，夫人吕出也。生长贵族，妇德家范，为宗族所称。忽感痼疾，竟以是终于乙丑十一月二十二日。子男一人，小字寿兴，尚幼。女一人，适行中书省奏差赵忠政卿。权厝夫人于堂。卜以明年正月十二日，启夫人之藏而合祔焉。其婿政卿具礼过仆而言曰："妻父墓木已拱，而石刻尚缺，忠无所逃其罪。今襄事在迩，已连磨二石矣，愿先生铭之，以传不朽。"仆与政卿旧尝同在省幕，义不容固拒。仅次叙其事，而系以铭曰：

---

① （元）李庭：《寓庵集》卷六，《续修四库全书》第1322册，上海：上海古籍出版社，2002，第333页。

帝命田侯，往临西陲。天赞段君，实左右之。成侯之功，非君而谁。侯亦知君，鹗书载驰。当路旌褒，蔀屋生辉。天赋君才，百不一施。复啬其寿，而止于斯。婉彼刘氏，实齐之裔。既生华族，宜配君子。淑茂柔顺，宗族称美。忽染沉疴，莫终寿祉。兰馨玉润，有子有婿。永言孝思，襄此大事。卜宅灵原，纳铭幽窆。骨瘗名存，亘千万祀。

至元三年正月十二日婿前行中书省奏差赵忠立石
奉先僧福锦刊

韩 瑞 墓 志

　　元至元六年（1269）。志正方形，边长0.51米。志文楷书30行，满行30字，题"故宣武大将军韩公墓志并铭"。孟文昌撰，骆天骧书。早年出土于西安市长安区，现藏西安市长安区博物馆。《长安碑刻》著录。

　　志主韩瑞，字国祥，生卒年未详。志称韩瑞始祖令公在辽代地位显赫，其子有韩匡嗣、韩匡美、韩匡赞、韩匡图、韩匡道五子。志文并未明确记载始祖令公名讳，但结合志文相关内容来看，其所指当为辽代名臣韩知古。即志主韩瑞为韩知古后裔。志文又记载，韩瑞高祖韩企先为金右丞相，封濮王；曾祖韩德元为东上阁门副使；祖父韩钢为沁南军节度使、河东北路兵马都总管；父亲名讳未详。但关于韩瑞高祖韩企先与韩知古之世系关系，志文并不明确。[①]

　　如果志文所指始祖令公确为韩知古，则志文相关叙述与正史及其他出土文献资料存在一定差异，如韩知古共十一子，而此志文称"有子五"；再如韩匡嗣确曾封秦王，但此志文中提及的"赐姓耶律"则未见正史记载。此外，文献记载韩知古后代主要活动区域在燕京及其周边，而非京兆长安。20世纪70年代末于辽宁省朝阳市龙城区他拉皋乡褚杖子村曾出土一方辽代墓志，志题"大辽兴中府昌黎郡公殿直墓志铭并序"，明确记载志主韩瑞为韩知古五世孙。[②] 辽宁出土之《韩瑞墓志》世系叙述清晰，出土地与韩知古及其后代主要活动区域相对吻合。

[①] 参见李月新《〈辽史·韩知古传〉研究》，《宋史研究论丛》第11辑，石家庄：河北大学出版社，第140页。
[②] 参见田立坤、张晶《辽〈韩瑞墓志〉考》，《文物》1992年第8期。

综上所述，《故宣武大将军韩公墓志》之志主韩瑞可能与韩知古并无亲缘关系，此志对于志主家族世系模棱两可的叙述，意在攀附韩知古之高门望族而已。《元〈故宣武大将军韩公墓志铭〉及墓主身份考略》一文认为，韩瑞很有可能是长期定居京兆地区的少数民族后裔。[1]

韩瑞卒后，于至元六年（1269）葬于咸宁县龙首乡九曲池西原韩氏祖茔，其时南宋尚未灭亡。

撰文者孟文昌，为韩瑞外甥，署"秦蜀五路四川行中书省奏差"，陕西传世元代碑刻多有其题，曾任王府典书、京兆路儒学教授等。书者骆天骧，字飞卿，署"前司天台判骊山"，曾任京兆路儒学教授、京兆路西安府学正等，有《类编长安志》传世。

〔志文〕

故宣武大将军韩公墓志并铭

甥男秦蜀五路四川行中书省奏差孟文昌撰

前司天台判骊山骆天骧书丹

公讳瑞，字国祥，世贯古燕。始祖令公，深天文历数之学，仕晋为司空。晋运代革，归契丹，事王姚。攀册大圣，即帝位，国号大辽，进秩令公。年四十八薨。一子职仆射，嗣圣立，辅相之。后卒，并敕葬皇坟内。有子五：一匡嗣，封秦王，赐姓耶律，兼人户一万户；二匡美，□□封邺王，亦各有赐葬地；三匡赞，户部使；四匡图、五匡道，俱登显仕。秦王九子。长曰苏司，嗣相位。次曰成古，守司徒。次曰天保，守太傅。次曰德让，年二十五，一命防御使，以战功加节度使，入朝为点检兼枢密使；三十，封楚王。景宗崩，圣宗三岁，公为丞相。太后以圣宗幼小，未能莅政，特有旨可自今后凡朝，丞相坐，怀中抱圣宗，代行政事；至十八，始能自行国政。特加十字功臣、经天纬地匡时致力立国功臣、大丞相兼政事令，封晋国王，赐

---

[1] 参见刘奕彤《元〈故宣武大将军韩公墓志铭〉及墓主身份考略》，《卷宗》2013年第3期。

连御名隆运，圣宗名隆绪。及赐手诏，称兄不名，令乘辇上殿。七十有疾，圣宗日往视之，专令仁德皇后晨昏省问。薨之日，葬礼与景宗同，葬于广宁府闾山官坟，额名皇兄大丞相晋国王。次曰万命，侍中。次合喝，户部侍中。次定哥，相公。次迷哥，郎君。次福哥，守司徒。子孙蕃盛，当代莫比。高祖企先，仕金为右丞相，封濮王。曾祖德元，东上阁门副使。祖钢，沁南军节度使，迁河东北路兵马都总管。父亡其讳，以资荫补官，累加怀远大将军。公用是宰永宁、长水县。及瓜代居民辄留，凡历六考。壬辰之乱，不知所从。郡君蒲察氏，子二：丑奴、元光奴，俱甫冠而卒。女三：长适国族完颜氏；次适翰林待制，即文昌之母也；次彩鸾，殁于兵中。甥文昌以公实（祖）妣南阳郡君之弟，痛其无嗣，谨于至元六年己巳十月二十五日丁酉，葬于咸宁县龙首乡九曲池西原先茔之左，用世其祭享云。又为之铭曰：

　　膏之沃者光必明，根之茂者枝必荣。郁哉佳城，是阡是铭，以利我后生。

时大朝至元六年十月二十五日女翰林待制同修国史孟宅韩氏、甥男孟文昌立石

参考文献

北京图书馆金石组编《北京图书馆藏中国历代石刻拓本汇编》，郑州：中州古籍出版社，1989。

（清）毕沅：《关中金石记》，清乾隆六年经训堂刻本。

陈峰主编《斜阳下的乐章：中心转移后的三秦大地》，西安：西北大学出版社，2009。

（宋）陈思辑《宝刻丛编》，《丛书集成初编》本，北京：中华书局，1985。

戴应新编著《折氏家族史略》，西安：三秦出版社，1989。

高峡主编《西安碑林全集》，广州：广东经济出版社，1999。

故宫博物院、陕西省古籍整理办公室编《新中国出土墓志·陕西》（叁），北京：文物出版社，2015。

郭茂育、刘继保编著《宋代墓志辑释》，郑州：中州古籍出版社，2016。

国家文物局主编《中国文物地图集·陕西分册》，西安：西安地图出版社，1998。

胡戟、荣新江主编《大唐西市博物馆藏墓志》，北京：北京大学出版社，2012。

（元）李庭：《寓庵集》，《续修四库全书》第1322册，上海：上海古籍出版社，2002。

（宋）李心传：《建炎以来系年要录》，《景印文渊阁四库全书》第327册，台北：台湾商务印书馆，1982。

（后晋）刘昫等：《旧唐书》，北京：中华书局，1975。

（清）陆耀遹：《金石续编》，上海：上海古籍出版社，2020。

毛远明：《碑刻文献学通论》，北京：中华书局，2009。

（宋）欧阳修：《新五代史》，徐无党注，北京：中华书局，1974。

（宋）欧阳修、（宋）宋祁：《新唐书》，北京：中华书局，1975。

齐运通主编《洛阳新获墓志百品》，北京：国家图书馆出版社，2020。

秦晖：《陕西通史·宋元卷》，西安：陕西师范大学出版社，1997。

秦晖：《王气黯然：宋元明陕西史》，太原：山西人民出版社，2020。

荣丽华编集《1949~1989四十年出土墓志目录》，北京：中华书局，1993。

（宋）阮阅编《诗话总龟》前集，周本淳校点，北京：人民文学出版社，1987。

陕西历史博物馆编《风引薤歌：陕西历史博物馆藏墓志萃编》，西安：陕西师范大学出版社，2017。

陕西省地方志编纂委员会编《陕西省志·文物志》，西安：陕西人民出版社，2016。

陕西省公祭黄帝陵工作委员会办公室编《黄帝陵碑刻》，西安：陕西人民出版社，2014。

陕西省古籍整理办公室编《陕西石刻文献目录集存》，西安：三秦出版社，1990。

陕西省古籍整理办公室编《咸阳碑石》，西安：三秦出版社，1990。

陕西省古籍整理办公室编《安康碑石》，西安：三秦出版社，1991。

陕西省古籍整理办公室编《高陵碑石》，西安：三秦出版社，1993。

陕西省古籍整理办公室编《昭陵碑石》，西安：三秦出版社，1993。

陕西省古籍整理办公室编《华山碑石》，西安：三秦出版社，1995。

陕西省古籍整理办公室编《楼观台道教碑石》，西安：三秦出版社，1995。

陕西省古籍整理办公室编《汉中碑石》，西安：三秦出版社，1996。

陕西省古籍整理办公室编《重阳宫道教碑石》，西安：三秦出版社，1998。

陕西省古籍整理办公室编《潼关碑石》，西安：三秦出版社，1999。

陕西省古籍整理办公室编《澄城碑石》，西安：三秦出版社，2001。

陕西省古籍整理办公室编《咸阳碑刻》，西安：三秦出版社，2003。

陕西省古籍整理办公室编《榆林碑石》，西安：三秦出版社，2003。

陕西省古籍整理办公室编《户县碑刻》，西安：三秦出版社，2005。

陕西省古籍整理办公室编《大荔碑刻》，西安：陕西人民出版社，2013。

陕西省古籍整理办公室编《富平碑刻》，西安：三秦出版社，2013。

陕西省古籍整理办公室编《药王山碑刻》，西安：三秦出版社，2013。

陕西省古籍整理办公室编《长安碑刻》，西安：陕西人民出版社，2014。

陕西省古籍整理办公室编《铜川碑刻》，西安：三秦出版社，2019。

陕西省考古研究院编《陕西省考古研究院新入藏墓志》，上海：上海古籍出版社，2019。

陕西省文物局编《陕西第三次全国文物普查丛书》，西安：陕西旅游出版社，2012。

（清）舒其绅等修，（清）严长明等纂《西安府志》，党斌、高叶青校点，西安：三秦出版社，2011。

（明）宋濂等：《元史》，北京：中华书局，1976。

（元）脱脱等：《辽史》，北京：中华书局，1974。

（元）脱脱等：《金史》，北京：中华书局，1975。

（元）脱脱等：《宋史》，北京：中华书局，1977。

（清）王昶：《金石萃编》，上海：上海古籍出版社，2020。

（宋）王溥：《五代会要》，上海：上海古籍出版社，2006。

（清）王士俊等纂《河南通志》，《景印文渊阁四库全书》第537册，台北：台湾商务印书馆，1982。

（宋）王象之：《舆地碑记目》，《丛书集成初编》本，北京：中华书局，1985。

吴敏霞主编《陕西碑刻总目提要初编》，北京：科学出版社，2018。

（清）吴任臣：《十国春秋》，徐敏霞、周莹点校，北京：中华书局，1983。

武树善：《陕西金石志》，民国23年陕西通志馆铅印。

西安市长安博物馆编《长安新出墓志》，北京：文物出版社，2011。

西安市文物稽查队编《西安新获墓志集萃》，北京：文物出版社，2016。

新文丰出版公司编辑部编《石刻史料新编》，台北：新文丰出版公司，1982。

（宋）徐梦莘：《三朝北盟会编（附索引）》，上海：上海古籍出版社，2008。

（清）徐松：《宋会要辑稿》，北京：中华书局，1957。

（宋）薛居正等：《旧五代史》，北京：中华书局，1976。

（宋）曾巩：《隆平集》，《景印文渊阁四库全书》第371册，台北：台湾商务印书馆，1982。

曾枣庄、刘琳主编《全宋文》，上海：上海辞书出版社，合肥：安徽教育出版社，2006。

（宋）张耒：《柯山集》，《景印文渊阁四库全书》第1115册，台北：台湾商务印书馆，1982。

赵超：《古代墓志通论》，北京：紫禁城出版社，2003。

赵力光主编《西安碑林博物馆新藏墓志汇编》，北京：线装书局，2007。

赵力光主编《西安碑林博物馆新藏墓志续编》，西安：陕西师范大学出版社，2014。

（宋）赵明诚：《金石录》，刘晓东、崔燕南点校，济南：齐鲁书社，2009。

（宋）朱熹：《伊洛渊源录》，《景印文渊阁四库全书》第448册，台北：台湾商务印书馆，1982。

中国文物研究所、陕西省古籍整理办公室编《新中国出土墓志·陕西》（壹），北京：文物出版社，2000。

中国文物研究所、陕西省古籍整理办公室编《新中国出土墓志·陕西》（贰），北京：文物出版社，2003。

后　记

　　2000年初秋,与绵绵细雨相伴,我来到古都西安,遂在陕西师范大学度过了七年的美好时光。其间,2004年,我投入贾二强教授门下攻读历史文献学专业,恩师的谆谆教导、悉心培养令我受益终生。虽然我从小就对历史有几分兴趣,却从未想过日后会以此为业。2007年毕业后,我进入陕西社会科学院古籍整理研究所工作至今。现在回想起来,能够将自己的兴趣与学习专业结合,在毕业之后继续从事与专业密切相关的工作,实属幸事。

　　古籍整理是陕西省社会科学院的特色专业,全国地方社科院中以古籍整理为主要研究方向的仅此一家。与此同时,陕西省社会科学院古籍整理研究所还兼有陕西省古籍整理办公室的行政职能,负责组织、督导、协调、规划全省古籍整理出版工作,自20世纪80年代以来,陆续出版了《全唐文补遗》《陕西金石文献汇集》等大型古籍整理丛书,成果丰硕。

　　入职当年,恰逢由古籍办策划的《陕西古籍总目》《陕西碑刻总目提要》《陕西金文集成》等陕西省"十一五"古籍整理出版规划重大项目正式启动。适应工作需要,我的研究方向逐渐转向了陕西地方文献,尤其是石刻文献整理。陕西石刻资源十分丰富,传世碑刻和出土墓志数量在全国首屈一指,其中隋唐时期碑刻、墓志颇受历代学者关注。相较而言,学界对时代较晚的宋、元、明、清碑刻关注度较低。于是,我从2012年开始留心搜集和整理陕西宋代墓志资料,此后相关工作时断时续,直至2016年才完成了初稿。同年,我重回陕西师范大学,跟随拜根兴教授攻读博士学位,宋代墓志的整理只好暂时搁置一旁。2020年整理资料时,发现这一满是灰尘的旧稿,于是决定集中精力完成延误数年的工作,也算对自己有一个交代。以上便是这本小书的由来。作为陕西出土宋代墓志的首次系统的文献整理成果，文稿疏误在所难免。新出墓志陆续得见，勘误补正之务，庶几待于来日。

本书付梓之际，谨向在我求学、工作、生活中给予莫大指导、帮助和关怀的各位良师益友表示诚挚的谢意。感谢社会科学文献出版社赵晨、郑彦宁老师的辛勤审读和大力支持。最后，感谢陕西省社会科学院古籍整理研究所吴敏霞研究员引领我走上石刻文献研究之路。

辛丑仲秋于古都西安

图书在版编目(CIP)数据

民族·盟约·边界·战争：陕西出土宋代墓志辑释 / 党斌著．－－北京：社会科学文献出版社，2021.10（2022.11重印）
ISBN 978－7－5201－9085－5

Ⅰ．①民… Ⅱ．①党… Ⅲ．①墓志-汇编-中国-宋代②碑刻-汇编-中国-宋代 Ⅳ．①K877.45 ②K877.42

中国版本图书馆 CIP 数据核字（2021）第 193825 号

民族·盟约·边界·战争
——陕西出土宋代墓志辑释

著　　者 / 党　斌

出 版 人 / 王利民
责任编辑 / 赵　晨
文稿编辑 / 郑彦宁
责任印制 / 王京美

出　　版 / 社会科学文献出版社·历史学分社（010）59367256
　　　　　　地址：北京市北三环中路甲29号院华龙大厦　邮编：100029
　　　　　　网址：www.ssap.com.cn
发　　行 / 社会科学文献出版社（010）59367028
印　　装 / 唐山玺诚印务有限公司

规　　格 / 开　本：787mm×1092mm　1/16
　　　　　　印　张：25.25　字　数：370千字

版　　次 / 2021年10月第1版　2022年11月第2次印刷
书　　号 / ISBN 978－7－5201－9085－5
定　　价 / 128.00元

读者服务电话：4008918866

版权所有 翻印必究